Paradigmas Metamórficos

Desvelando a natureza dionisíaca do real

Yusaku Soussumi

Paradigmas Metamórficos
Desvelando a natureza dionisíaca do real

Casa do Psicólogo®

© 2011 Casapsi Livraria e Editora Ltda.
É proibida a reprodução total ou parcial desta publicação, para qualquer finalidade, sem autorização por escrito dos editores.

1ª Edição
2011

Editores
Ingo Bernd Güntert e Juliana de Villemor A. Güntert

Assistente Editorial
Luciana Vaz Cameira

Capa e Pintura de Capa
Ricardo Quero Luque

Projeto Gráfico, Editoração Eletrônica e Produção Gráfica
Najara Lopes

Coordenador de Revisão
Luciano Torres

Preparação de Original
Patrícia de Fátima dos Santos

Dados Internacionais de Catalogação na Publicação (CIP)
(Câmara Brasileira do Livro, SP, Brasil)

Soussumi, Yusaku
  Paradigmas metamórficos / Yusaku Soussumi. -- São Paulo : Casa do Psicólogo®, 2011.

  Bibliografia.
  ISBN 978-85-8040-130-1

  1. Neurociências 2. Psicanálise 3. Psicanálise - Metodologia 4. Psicologia clínica 5. Psicoterapia I. Título.

11-08384	CDD-150.195

Índices para catálogo sistemático:
1. Clínica psicanalítica : Psicologia 150.195

Impresso no Brasil
Printed in Brazil

As opiniões expressas neste livro, bem como seu conteúdo, são de responsabilidade de seus autores, não necessariamente correspondendo ao ponto de vista da editora.

Reservados todos os direitos de publicação em língua portuguesa à

Casapsi Livraria e Editora Ltda.
Rua Simão Álvares, 1020
Pinheiros • CEP 05417-020
São Paulo/SP – Brasil
Tel. Fax: (11) 3034-3600
www.casadopsicologo.com.br

*A meus pais
e a Sonia*

A Marizilda, minha paciente interlocutora, que tornou possível este livro; a Marcos de Moraes, amigo, parceiro e irmão, pelo permanente incentivo; aos companheiros do CEINP e do Rukha, coparticipantes desta aventura transdisciplinar; a Ruy Galvão de Andrada Coelho, grande mestre, com quem percorri veredas intelectuais ainda não exploradas; a Laertes Moura Ferrão, grande guia, nem sempre compreendido, que me mostrou a arte da flexibilidade dentro do rigor; a meus pacientes, que me ensinaram a importância do outro significativo e me concederam o privilégio de acompanhá-los no caminho de suas transformações; a Dilma, pela busca incansável em me proporcionar bem-estar; a Liliana, pelo exemplo de eficiência e dedicação sincera; a meus filhos e netos queridos, pela compreensão das minhas esquisitices e ausências,

meus agradecimentos sinceros.

À guisa de prefácio

Ao leitor que se dispuser a me acompanhar no percurso que empreendi rumo ao desvendamento possível da complexidade do ser humano, gostaria de explicar a razão da existência deste livro, o método e os sentimentos que presidiram a sua escritura, ainda que talvez esclareçam apenas parcialmente a escolha de um registro menos sisudo, desvinculado das preocupações com o formalismo acadêmico que já vi pontuar o trabalho dos estreantes no ramo da divulgação científica.

Trata-se, acima de tudo, da reunião em livro de achados investigatórios que venho pesquisando há pelo menos cinco décadas, organizados e articulados num construto teórico que, espero, permita ao leitor entender meus pressupostos e minha metodologia de trabalho. Resultam de longa experiência com a prática clínica médica, com a psicoterapia psicodramática e gestáltica, com a psicoterapia de abordagem corporal e com a prática clínica psicanalítica e neuropsicanalítica. Resultam também da investigação científica das diversas disciplinas que me servem de base de sustentação na prática clínica, e da observação atenta e cotidiana do comportamento humano, individual e coletivo, da mais variada extração social e nos mais variados contextos culturais, em função de um trabalho educacional e de desenvolvimento humano ao qual me venho dedicando desde os tempos da faculdade.

São esses achados investigatórios, resultado de um espírito possuído por uma inquietação exageradamente inesgotável, que tenho sido convidado a publicar em veículos de divulgação científica e a comunicar nos encontros científicos das instituições a que pertenço e nos congressos das disciplinas pelas quais me interesso.

Devo confessar que grande parte do público que tem acesso a meus trabalhos – psicanalistas, colegas da Sociedade Brasileira de Psicanálise ou não, neurocientistas, neuropsicólogos, psicólogos, etc. – não lhes costuma fazer referência, e aqueles que garantem ter lido o que escrevi, não demonstram ter entendido, apesar de se referirem, em suas comunicações e publicações, a questões por mim tratadas particularmente.

Reconheço que escrevo de forma não usual, que gosto de me expressar por figuras de linguagem que, às vezes, obscurecem em lugar de esclarecer o texto, e que tudo isso se deve talvez à minha origem oriental e à minha língua materna.

No entanto, sempre me surpreendeu o fato de que pessoas próximas, que me têm acompanhado e acompanhado meu trabalho por anos, não consigam entender minhas imagens, minhas metáforas, minhas comparações. De que lado estaria a dificuldade de comunicação, nessas pessoas ou em mim? Ou em ambos os lados?

Atento a essas questões, pus-me a refletir sobre o que escrever e de que modo fazê-lo, quando me vi pressionado por meus companheiros a colocar sob a forma de livro minhas ideias, que em geral têm seguido um percurso diferente do estabelecido. Tenho claro, nesse sentido, que meu espírito livre desde sempre me fez optar por ficar longe da academia e do constrangimento de suas regras, repudiando a ideia de escrever trabalhos segundo esses cânones, embora acredite sinceramente que a disciplina acadêmica seja essencial para a produção e o avanço do conhecimento. Assim, abdiquei da árdua tarefa da produção científica acadêmica para me dedicar à mesma atividade de forma lúdica, descompromissada, livre da tirania do método e da comprovação rigorosa, pelo puro prazer da observação, da reflexão, da descoberta e do seu registro, numa articulação de ideias rumo a um caminho possível de desvendamento do real. Muitas vezes, verificava

À guisa de prefácio

depois que o mesmo caminho fora percorrido por outros investigadores, que, como eu, chegavam às mesmas conclusões, revelando que o fenômeno da sincronicidade acontece com mais frequência do que podemos imaginar.

Por isso, seguindo meu desejo inegociável de liberdade, vou logo revelando que, na questão do método, estou com Machado de Assis, ou, melhor dizendo, com Brás Cubas, quando afirma:

> Que isto de método, sendo, como é, uma coisa indispensável, todavia é melhor tê-lo sem gravata nem suspensórios, mas um pouco à fresca e à solta, como quem não se lhe dá da vizinha fronteira, nem do inspetor de quarteirão. É como a eloquência, que há uma genuína e vibrante, de uma arte natural e feiticeira, e outra tesa, engomada e chocha.[1]

Assim, o leitor descobrirá que alguns assuntos recorrem em alguns capítulos, não porque o autor, coligindo escritos esparsos, esqueceu-se de editá-los – e tal não foi o caso desta obra –, mas porque a referência a eles é naquela altura indispensável ao bom entendimento do tema maior no qual se inserem. Nesse aspecto também alinhamo-nos a Machado de Assis, acreditando que ". . . há conceitos que se devem incutir na alma do leitor, à força de repetição".[2]

Além disso, decidi manter um tom coloquial, mais à vontade, na construção dos textos, bem distante do gosto dos acadêmicos, por entender que assim ficam reveladas ao leitor as raízes de minhas produções. Vejo-as, antes de tudo, como pontos de vista, abordagens possíveis do real a partir de pressupostos que procurei deixar bem explicitados, não pretendendo para elas nada além da parcela de verdade que lhes cabe no atual estado das investigações científicas em diversas áreas do conhecimento. Considero essas contribuições decisivas para entender a complexidade do ser humano,

---

[1] Machado de Assis, J. M. (2008). *Memórias póstumas de Brás Cubas.* São Paulo: Saraiva. p. 30.
[2] Machado de Assis, J. M. (2008). *Dom Casmurro.* São Paulo: Saraiva. p. 79.

revelada no que chamamos natureza humana, e o sofrimento daqueles que nos procuram nos consultórios.

Isso posto, gostaria de esclarecer que pretendo mostrar, nesta obra, por que as conquistas da neurociência são tão importantes para a psicanálise, e por que, do meu ponto de vista, a neuropsicanálise, como uma modalidade de neuropsicologia, pode representar, hoje, o passo adiante que Freud tentou dar em sua época – que seria uma neurologia dos fenômenos psíquicos –, mas não conseguiu concretizar, uma vez que a neurologia oficial não tinha as respostas de que ele precisava para entender o psiquismo humano.

Quando primeiro explorou as implicações dos processos mentais inconscientes do comportamento, o modelo neurobiológico baseado na localização cerebral – a frenologia –, que era aceito pela maioria dos neurologistas, não era adequado para seu propósito de desenvolver uma psicologia científica. Por outro lado, a neurologia não tinha descoberto ainda os neurônios, suas ramificações, suas formações em redes através das conexões das ramificações, nem as sinapses, que são o local onde as terminações nervosas de um neurônio se comunicam com outro neurônio, transmitindo as informações. Pelo esboço dessa neurologia que Freud apresentou no *Projeto para uma psicologia científica* (1895), verifica-se que sua construção se baseava nesses elementos que o *establishment* neurocientífico não tinha descoberto ainda! Assim, devido à imaturidade da ciência do cérebro àquela altura, Freud teve de adequar seu modelo puramente biológico à sua descoberta genial da concomitância entre os fenômenos neurofisiológicos e a emergência do psíquico, entendido este como uma instância engendrada por aquele substrato biológico. Antecipando-se às construções teóricas do final do século XX, que buscavam novos paradigmas para pensar a complexidade do real e entender o fenômeno da emergência no bojo dos sistemas adaptativos complexos, Freud foi capaz de ver o psíquico como uma instância que apresentava qualidades próprias, inimagináveis a partir do sistema que a havia gerado, cujo dinamismo, todo

À guisa de prefácio

próprio, assegurava-lhe autonomia e permitia ao ser humano relacionar-se consigo mesmo, com outros seres e com o meio, numa rede de mútuas interações e influências, capaz de modificar inclusive o próprio substrato biológico que a sustentava. Nesses termos, Freud também se deu conta de que, através da observação acurada dos fenômenos psíquicos, através do vislumbrar de seu dinamismo de funcionamento, podia deduzir os fenômenos neurofisiológicos subjacentes. Assim, ainda que mal interpretada, a psicanálise continua sendo o ramo do conhecimento que conseguiu prover um modelo de funcionamento cerebral extremamente valioso, que serviu de suporte para futuros desenvolvimentos científicos, o que tem sido reconhecido por importantes nomes da pesquisa contemporânea, como Eric Kandel, Gerald M. Edelman e Jaak Panksepp, por exemplo.

O fato de Freud ter abandonado seu modelo puramente biológico do comportamento de forma explícita, e privilegiado a vertente psicológica, apenas sugerindo a importância do substrato biológico em algumas passagens de seus trabalhos (embora referências ao biológico estejam presentes em toda a extensão de sua obra), foi em grande parte responsável pela leitura enviesada de sua produção feita por seus seguidores, principalmente após a sua morte.

Os herdeiros de seus despojos, como Ernest Jones e Max Eitington, e mesmo Anna Freud e outros, demonstraram, em muitos aspectos, não ter apreendido na essência as ideias integrativas de Freud. Essa situação talvez explique em parte o que, no passado, e quiçá ainda hoje mais raramente, eu via registrado na base das estruturas de funcionamento mental e emocional de psicanalistas. Partindo de uma visão terapêutica estreita, pasteurizada e padronizada, serviam-se de referências de certo e errado para lidar com as teorias, o *setting*, a prática clínica. O resultado foi a institucionalização de uma rigidez extremada no manejo da prática clínica, com base em concepções tidas como a verdade última em psicanálise, que foram transmitidas de geração em geração pela metodologia de formação estabelecida pelo próprio Freud. Esse engessamento de conceitos e métodos, por si só mal interpretados, conduziu, naquela altura, a um negligenciamento dos aspectos biológicos do corpo na emergência do psíquico e a um enclausuramento da psicanálise dentro de limites cada vez mais estreitos e pobres na abordagem do que é distintivamente humano, sem poder beneficiar-se dos avanços operados em outras áreas do conhecimento, que poderiam lançar novas luzes sobre o funcionamento cerebral e o comportamento humano.

Não nos admiramos de encontrar na construção do "ser psicanalista" o modelo exemplar da influência decisiva da cultura do meio, seja esse meio a família, a escola, ou o próprio instituto de formação em psicanálise. Nesse sentido, observamos que essa influência se inscreve de forma indelével nos circuitos neuronais das estruturas cerebrais como memórias inconscientes ou implícitas, ou memórias procedurais de longa duração, as quais constituirão os alicerces sobre os quais se constroem os modos de ser, de existir, de pensar e de vivenciar situações, identificáveis para cada pessoa, inclusive o modo de ser psicanalista, e que se transformam no seu modo característico de estar no mundo no decorrer da existência, aí incluído o modo de exercer a profissão pela vida afora.

Voltando ao que é primordial, o que pretendemos deixar aqui demonstrado é que a construção do que é distintivamente humano se faz a partir de uma relação dinâmica inextricável entre o biológico e o cultural, em todos os momentos, em todas as situações, em todas as relações, de tal forma que não se pode falar na espécie humana sem considerar as conquistas sociais que ocorreram ao longo de sua história a partir de um substrato biológico. Essas conquistas, é bom lembrar, vão acontecendo ao longo do processo evolutivo como fruto das relações de cada ser consigo mesmo, com os demais seres e com o meio, num processo dinâmico e ininterrupto de acoplamentos que determinam uma rede de múltiplas inter-relações e recíprocas influências.

Do nosso ponto de vista, no princípio é o substrato biológico humano, animado para manter viva a vida organizada na relação com o meio externo, do qual emerge na condição de ser vivo, num processo de ações mútuas e influências recíprocas. Num segundo momento, trata-se

À guisa de prefácio

da relação do substrato biológico humano com o nicho humano e cultural dentro de um meio externo mais amplo, criado, esse nicho cultural, por uma rede de ações, reações, transformações e influências inesgotáveis estabelecidas entre os atores de um determinado grupo. E, finalmente, o substrato biológico humano, já modificado, expressa-se como uma modalidade resultante da mediatização do nicho humano, que cada ser herda, em princípio, dos ancestrais. Assinalamos que a sede estrutural orgânica onde ocorrem esses fenômenos de transformações biológicas humanísticas é o cérebro humano, do qual emergem as manifestações psíquicas que constituirão, além da consciência de diversos níveis, as funções mentais psíquicas que caracterizam o homem.

Quero deixar claro, correndo o risco de estar me repetindo, que o nicho humano, ou seja, a cultura, é criação do próprio homem, obedecendo às determinações do instinto de sobrevivência. Trata-se de construções externas, para garantir uma memória externa, para que o que deu certo não se perca, e assim fique mais facilmente assegurada a sobrevivência da geração presente no correr de seu tempo psicológico, e a de seus descendentes, e a dos descendentes de seus descendentes. Essa é uma das leis que pode ser apreendida por todos aqueles que estudam com atenção o processo de evolução sobre a Terra.

Antropólogos, psicólogos, psicanalistas, médicos, etc. nunca se dão conta desse fenômeno, e falam da cultura como uma entidade autônoma, descolada do biológico propriamente dito. Queremos crer que essa percepção nunca passou pela consciência de Descartes e de seus seguidores.

Os infinitos recursos de que é dotado o cérebro humano, em especial quando se vê privado de exercer todas as funções em sua inteireza, e que temos tido a possibilidade de descobrir nas últimas décadas, mostram-nos que a natureza e a cultura, como as concebemos em sua complexidade, são separadas e ao mesmo tempo indissociáveis; trabalham logicamente juntas para a construção do humano numa relação dinâmica de reciprocidade de tal forma estabelecida que é possível falar nelas como as duas faces de uma mesma moeda. Vemos o ser humano como um dos muitos sistemas adaptativos complexos sobre a face da Terra, capaz de criar outros tantos sistemas semelhantes pela sua alta capacidade de aprendizagem, como a própria cultura, todos eles tendo como característica distintiva um processo de evolução não linear a partir de determinado ponto, por saltos qualitativos, pela emergência de propriedades que só se explicam pela dinâmica própria do sistema – esse todo ativo que funciona de forma integrada –, e não pela existência isolada de cada uma das partes que o constituem. Esse mesmo ser humano só pode ser entendido nessa complexidade se abordado numa perspectiva transdisciplinar, que o considere em sua dimensão biopsicossocioespiritual, como parte de um todo maior a partir do qual foi criado, do qual depende fundamentalmente para sobreviver, e ao qual retornará.

Essa postura nos conduz a uma ousada concepção: a de que os circuitos neuronais de todos os bilhões de pessoas sobre a face da Terra, que constituem uma rede multidimensional e multinatural que se prolonga para além dos limites da cabeça, do crânio humano, conectam-se, por meio de emanações possivelmente energéticas provenientes das funções organopsíquicas dos indivíduos, enquanto vivos e em pleno funcionamento, às construções energéticas igualmente em rede, multidimensionais e multinaturais, que envolvem as pessoas e todos os seres, animados e inanimados, presentes no cosmos, e circulam ao seu redor, em múltiplas dimensões do espaço, produzindo elementos que são colocados nesse meio circundante (éter) sob a forma de mensagens, que serão captadas por todos aqueles que estiverem aparelhados para percebê-las e lhes atribuir um sentido.

As redes de circuitos que se formam a partir do cérebro, carregando conteúdos psíquicos plenos de significado nesse universo dentro do qual circulam, conectam-se com os objetos do espaço, com o próprio espaço, impregnando-os de significado, significado esse que é apreendido e compartilhado, nos limites do universo simbólico desse entorno particular, pelas pessoas que encontram motivos para construir significação.

À guisa de prefácio

Tudo tem início quando a mãe se conecta com o filho em estado telepático, através do hemisfério cerebral direito, em especial por meio dos neurônios-espelho, dando suporte às primeiras autopercepções do bebê e definindo os significados das conexões que o bebê realiza através de redes neurais projetadas nesse meio, que vão ao encontro da mãe, dos objetos e dos eventos. Essa relação vincular, afetiva por excelência, é o nascedouro das redes neurais do bebê, que se projetam nesse meio, começando de forma simples, baseadas nos circuitos pré-programados, para depois se desenvolverem para além dos programados e constituírem um complexo emaranhado de circuitos. Cabe referir aqui, ainda que de passagem, a importância decisiva do papel da linguagem nesse processo, entendida no seu sentido mais amplo, como uma forma de comunicação transverbal, que é, ao fim e ao cabo, energia pura, pura vibração.

Estas conjeturas certamente não encontrarão respaldo total na ciência. Dirão os cientistas que, por não serem passíveis de comparação, refutação e replicação, tais concepções não são científicas. Mas, se ficarmos restritos antes de criarmos modelos conjeturais para essas situações, na tentativa de dar sentido ao que é observável na experiência, talvez fiquemos privados de acionar nossos mecanismos mais criativos de observação e percepção, capazes de capturar o que até então não se cogitava. No âmbito da pesquisa, tal como se apresenta hoje, tudo se passa como se a premissa maior fosse suspender o julgamento e o descrédito e permanecer o investigador aberto à verdade demonstrada no decorrer da própria investigação.

Entendemos que cada ser humano é humano e único no sentido mais amplo que humano possa ter. Cada um nasce num meio social e cultural que vai influenciar diretamente o seu desenvolvimento biológico. Cada um recebe um determinado tipo de atendimento para suas necessidades primordiais por um determinado cuidador. Cada um reage a esse atendimento em função de suas particularidades e predisposições intrínsecas e genéticas, motivo pelo qual cada qual vai ter uma história que não se confunde com a de nenhum outro ser da sua espécie.

As vicissitudes presentes nesses momentos precoces, as quais, repito, são particulares para cada ser, e às quais cada ser reage de uma determinada maneira, serão responsáveis pelos registros básicos de memória do indivíduo, em grande parte determinantes do comportamento futuro e motivo de todo tipo de desconforto, perturbação e desordem que o conduz a nos procurar em nossos consultórios.

Do nosso ponto de vista, à psicanálise caberia levar o indivíduo ao conhecimento do seu ser original, dotado de desejos e potencialidades que foram ficando perdidos ao longo de sua história, em função do processo de repressão por que foi passando para poder aculturar-se e viver de forma adaptada na estrutura social à qual pertence. Caberia à psicanálise restaurar ao indivíduo o acesso a esse sujeito original, dar a conhecer ao indivíduo esse sujeito original, assim como o que nele foi reprimido e o que nele restou depois da repressão, da mesma forma que é importante entender que mecanismos e que forças foram usados para operar a repressão, uma vez que a globalidade dessas vivências ficaram registradas no seu inconsciente. À medida que esse indivíduo tivesse, pela psicanálise, a possibilidade de ter acesso ao homem essencial que nele originariamente existiu, nesse percurso ele certamente teria a possibilidade de desenvolver uma série de recursos que lhe permitiriam lidar com todos os aspectos de personalidade presentes nesse sujeito original sem ter de usar a repressão para poder viver de forma adaptada para si próprio e para o meio. É esse o papel que, no nosso entender, a psicanálise deveria desempenhar e é esse o objetivo que deveria nortear todo trabalho psicanalítico.

Depois de cem anos de relevantes serviços prestados ao desenvolvimento humano, cabe aos psicanalistas conscientizar-se da tarefa que está à sua espera, no mundo conturbado e desencontrado em função do despreparo humano para as grandes e rápidas mudanças sociais que a própria humanidade engendrou. É o momento necessário e também propício para os psicanalistas poderem voltar-se corajosamente para uma legítima e profunda autopercepção, e se libertarem de seus aprisionamentos internos e inconscientes, determinados pelos registros básicos de memória, patrocinados pelo instinto de sobrevivência.

É chegado o momento de quebrar as correntes aprisionadoras das posturas defensivas que suas formações nos institutos impuseram como forma de conceber a psicanálise e exercê-la em *setting* rígido. A humanidade está a exigir um trabalho construtivo, flexível, específico para cada indivíduo, adequado para cada momento da vida, numa corrente contínua de mudanças, num contexto marcado pelo imprevisível e pelo puramente emergencial. Precisamos nos habilitar a compreender, lidar e intervir psicanaliticamente na dinâmica social para atendermos não só grupos familiares, de adolescentes, de pais, mas mais ainda a comunidade como um todo, sem a justificativa atribuída a problemas de *setting*. Freud não nos proibiu nem nos impediu de experimentar e criar. Vamos impedir que a inexistência de uma teoria e de uma prática nos mantenha nesta posição acomodada, confortável e justificadora da ausência de ação?

Yusaku Soussumi

Sumário

A quem possa interessar 23

    Considerações preliminares ao entendimento
do ser humano na perspectiva freudiana 24

    A diferença entre *Instinkt* e *Trieb* 38

    A força dos instintos numa espécie em evolução 49

**1. Entendendo o bicho homem:
uma aventura transdisciplinar** 59

    O menino é o pai do homem, dizia o
nosso Machado 59

    A cronologia dos fatos 63

    As vicissitudes da psicanálise
no seu processo epigenético 69

    Meus pressupostos de trabalho 79

    A abordagem transdisciplinar do ser humano 86

2. *Fiat lux* 99

    A origem do universo e da vida 99

    O universo 108

3. Teoria dos registros básicos de memória 121

    Pensamentos intrusivos quando o assunto
é memória 121

O conceito de memória 126

A teoria dos registros básicos de memória
(ou de como cheguei à confirmação de que o
menino é o pai do homem) 134

Afetos, emoções e homeostase na
teoria da sobrevivência e sua importância para
a teoria dos registros básicos de memória 157

Como afetos e emoções se transformam em
sentimentos e dão origem à cognição 162

As experiências precoces na vida do bebê:
um futuro de esperança ou violência? 180

Impulsos motivacionais narcísicos e de alteridade:
como emerge o narcisismo e como se
instala a sexualidade 186

4. A neuroplasticidade cerebral e a abordagem neuropsicanalítica 191

Uma abordagem neuropsicanalítica da
prática clínica 191

5. O trabalho educacional sob o enfoque neuropsicanalítico 217

Entendendo a miséria humana: o peso da
instintividade animal numa espécie em evolução 217

Considerações preliminares a qualquer
proposta educacional 245

Uma proposta educacional abrangente e includente:
a pedagogia do vínculo afetivo 250

Referências **259**

Breve currículo do autor **285**

A quem possa interessar

Ao leitor criterioso, que, como eu, gosta de tecer, a partir de suas leituras, uma trama de significados que faça de fato sentido, recorrendo ao contexto para entender o texto, de um modo que permita conhecer os caminhos, desvios e atalhos que conduziram às ricas formulações presentes numa teoria, ofereço, antes de apresentar a minha própria, estes três esboços em que procuro esclarecer aspectos esquecidos da trajetória de Freud e conceitos importantes, mas pouco entendidos, ou mal elucidados, de sua teoria, e que, do meu ponto de vista, são decisivos para bem compreendê-la, assim como à sua obra na integralidade e aos interesses pessoais que o nortearam nessa construção. É com esse espírito que convido o leitor a percorrer as "Considerações preliminares ao entendimento do ser humano na perspectiva freudiana", "A diferença entre *Instinkt* e *Trieb*" e "A força dos instintos numa espécie em evolução", não sem antes deixar duas palavrinhas de explicação sobre o título desta obra.

A ideia de paradigmas metamórficos quer chamar a atenção do leitor para a necessidade de que o paradigma da racionalidade, ao qual estamos tão acostumados e sob o qual tem se processado o conhecimento do mundo no Ocidente desde Sócrates, Platão e Aristóteles, seja abandonado em favor de modelos que se autoconstruam dinamicamente no próprio processo do conhecimento, moldando-se a partir do sujeito que conhece, obediente este a uma única regra: a de suspender todo juízo e todo pré-conceito diante de um real imprevisível, caótico, descontínuo, incontrolável, trágico, dionisíaco. Em uma palavra, não racional.

Considerações preliminares ao entendimento do ser humano na perspectiva freudiana

Antes de iniciar nossa trajetória de desvendamento da complexidade do ser humano segundo a nossa compreensão, gostaria de explicitar meu entendimento pessoal do ponto de vista freudiano a respeito do ser humano, ressaltando para o leitor as influências que acredito terem sido decisivas na construção do seu modo de pensar e da própria teoria psicanalítica. Talvez por não serem frequentemente consideradas, essas influências conduzam minha leitura da obra freudiana por caminhos absolutamente particulares, me levem a conclusões nem sempre compartilhadas pelos colegas do *establishment* científico e me autorizem a incorporar numa perspectiva transdisciplinar as contribuições de diversas áreas do conhecimento, em especial a neurociência, resultando num manejo heterodoxo da prática clínica, quase sempre ao arrepio daqueles e de outros colegas.

É preciso ter em mente que Freud, muito precocemente, desenvolveu vivo interesse pelo fenômeno da vida e pelo fenômeno da evolução a partir da leitura da obra de Darwin. Para ele, as ideias de Darwin representavam, sobretudo, a possibilidade de um extraordinário progresso na compreensão do mundo e da natureza. Foi ainda na escola que se decidiu pela medicina, ao ouvir o belo ensaio de Goethe sobre a natureza, mas seus interesses eram primordialmente os de um biólogo, tanto que, em seu estudo autobiográfico, refere que, já na universidade, os vários ramos da medicina não exerciam sobre ele qualquer atração, exceção feita à psiquiatria. Atraía-o, sim, o fenômeno da evolução, muito particularmente as primeiras formas dos sistemas nervosos.

Por esse motivo, quando foi trabalhar no laboratório do fisiologista Ernst von Brücke, seu professor na universidade, aceitou com prazer a incumbência de solucionar um problema antigo na histologia do sistema nervoso: a investigação das células nervosas próximas à medula espinhal de um peixe muito inferior na cadeia evolutiva, conhecido como lampreia, cujo nome científico é *Petromyzon*. Freud conseguiu identificar as células precursoras dessas células nervosas na forma larval da lampreia, não só desincumbindo-se com sucesso da tarefa proposta por Brücke, mas prosseguindo depois na pesquisa por conta própria, até chegar ao sistema nervoso central. Assim, foi estudar, em seguida, o sistema nervoso de um invertebrado, o camarão-d'água-doce. Era suposição corrente, naquela altura, que os elementos que compunham o sistema nervoso dos invertebrados eram completamente diferentes dos elementos presentes nos vertebrados. Freud constatou, no entanto, que as mesmas células encontradas no *Petromyzon* estavam presentes no sistema nervoso do camarão-d'água-doce, o que apontava para o fato de que os elementos morfológicos dos sistemas nervosos eram os mesmos ao longo da cadeia evolutiva, mudando apenas sua organização e as relações estabelecidas.

Do meu ponto de vista, esses estudos foram fundamentais para o futuro desenvolvimento de sua teoria, já que ele pôde verificar, a partir de estudos comparativos em diferentes níveis de evolução, que as mesmas células nervosas presentes no *Petromyzon* se repetem em outros organismos mais complexos, variando apenas a organização e o nível das estruturas em que elas se situavam. Em outras palavras, constatou que, ao longo da cadeia evolutiva, as células nervosas eram exatamente as mesmas; mudavam a organização e as relações que elas estabeleciam, que explicavam a mudança das funções que desempenhavam. Penso que esse achado foi decisivo para Freud, porque naquela época já existia toda uma abordagem a respeito da evolução, trazida por Spencer, Lamarck e Darwin, que ele conhecia e que o atraía profundamente. Aquele era um indício a mais a comprovar a existência de um processo evolutivo dos seres vivos, por meio do qual sistemas nervosos cada vez mais complexos puderam ser construídos a partir dos mesmos componentes celulares anatômicos dos sistemas mais simples.

No início da década de 1880, Freud tornou-se neurologista, carregando consigo todo o aporte de conhecimentos trazidos da biologia e de suas pesquisas de laboratório, às quais deu prosseguimento já agora no Instituto de Anatomia Cerebral, concentrando-se no sistema nervoso humano, sob a orientação do neuroanatomista e psiquiatra Theodor Meynert. Naquela altura, Freud ficou famoso pela precisão de seus diagnósticos, que podiam ser checados pela confirmação *post-mortem*.

Convencido de que o fenômeno da evolução era uma evidência, considerava que o ser humano, assim como todos os animais, estava sob o influxo de forças instintivas, responsáveis por impulsionar os movimentos da vida. Assim, acredito que, quando começou a trabalhar como neurologista e a estudar as doenças nervosas, vistas como manifestações do cérebro que fugiam da "normalidade", já tinha para si que eram, de alguma forma, determinadas por forças instintivas.

Naquele momento, na Áustria e na Alemanha, o principal método de abordagem das doenças mentais era o método anatomopatológico, por meio do qual a todo sintoma, a toda manifestação de sinais de uma doença correspondia uma lesão anatômica, que era visível no exame anatomopatológico. Essa era a base fundamental da metodologia médica naquela altura, a base do entendimento de toda e qualquer doença, inclusive da doença mental. No entanto, naquele momento, a neurologia estava diante de um grande enigma, representado pela existência de algumas doenças mentais, entre as quais se destacava a histeria, nas quais existia uma exuberância de sinais e sintomas, sem as lesões cerebrais correspondentes. Por mais bem feitos que fossem os exames anatomopatológicos naqueles casos, não se conseguia identificar nenhuma lesão cerebral anatômica.

Por essa razão é que Freud foi à procura de Charcot, na França, nome que se destacava no tratamento das histerias. Sua metodologia de abordagem das doenças mentais era menos rígida do que aquela à qual Freud estava acostumado; nela se privilegiava o método anatomoclínico, e eram levados em conta os sinais e os sintomas dos quadros patológicos, independentemente de haver ou não lesão anatômica correspondente.

Para Charcot, o médico deveria observar o paciente de forma acurada e continuada, e considerar, no seu diagnóstico, aquilo que era proveniente da observação, os sinais e os sintomas que o indivíduo apresentava, até que esses sinais e sintomas, por si só, falassem a respeito da natureza da doença. Era essa metodologia eminentemente clínica, ou clínico-fisiológica, que Charcot utilizava no trabalho com histéricos, e foi ele o grande mestre de Freud, quem lhe mostrou a importância de o médico desenvolver sua capacidade perceptiva para poder, através da percepção e da observação acuradas, fazer um diagnóstico.

Freud voltou para Viena com uma mentalidade mais aberta em relação às doenças mentais, certamente considerando a possibilidade de que, para além das lesões anatômicas, pudesse existir alguma outra coisa que as explicasse. Começava a se desenhar para ele uma visão mais dinâmica do funcionamento cerebral, tanto é que vai ao encontro de Bernheim, uma das grandes autoridades em hipnose, criador da sugestão pós-hipnótica.

Bernheim fazia trabalhos de hipnose também inexplicáveis naquela altura, por meio dos quais o paciente, durante o transe hipnótico, ouvia sugestões de comportamento, e, quando acordado, obedecia às determinações dadas pelo hipnotizador, sem que se pudesse lembrar da razão pela qual estava executando aquele ato. Essa experiência também foi extremamente importante para Freud por se tratar do primeiro contato com algo que apenas se descortinava: a existência de fenômenos que ocorriam no cérebro, porém fora da consciência, e que eram desconhecidos da neurofisiologia.

À custa de muita investigação clínica e de acurada auto-observação, Freud descobriria, mais tarde, que o fenômeno da sugestão pós-hipnótica funcionava exatamente da mesma forma que a conduta de um indivíduo saudável diante de uma intenção concebida previamente: a intenção dormita na pessoa até se aproximar o momento de efetivá-la. Nesse momento, algo chama a atenção do indivíduo, fazendo-o lembrar-se, por associação, da intenção, e o impele para a ação. Já aqui aparece uma primeira referência à importância da associação na manifestação da vida psíquica, o que significa dizer a representatividade do papel da memória no jogo entre presente e passado que é a vida presente.

Freud tomou conhecimento, ao mesmo tempo, dos trabalhos do neurologista inglês John Hughlings Jackson, um apologista dos aspectos anatômicos evolutivos presentes nos seres vivos, que estava tendo sucesso no tratamento da epilepsia. Jackson trabalhava solitário na Inglaterra, em meio à euforia localizacionista que tomara conta do ambiente científico depois da descoberta de Broca de que a perda altamente especializada da função da linguagem expressiva (afasia expressiva) se devia a lesões numa parte específica do cérebro no lado esquerdo.

Grandemente influenciado pelas ideias de Darwin (assim como Freud) e do filósofo evolucionista Herbert Spencer, Jackson postulava níveis hierárquicos de funcionamento do sistema nervoso por força de mecanismos evolutivos, entendendo que o cérebro era constituído por diversas camadas, as mais inferiores sendo as mais primitivas, sobre as quais outras se haviam constituído para formar o cérebro dos animais mais evoluídos, até chegar ao cérebro do homem. Freud deu-se conta de que era essa exatamente a sua concepção, de que o entendimento de Jackson retomava, de alguma forma, seus estudos sobre biologia evolutiva, feitos por ocasião da pesquisa com o *Petromyzon*: as células nervosas iniciais eram as mesmas em diversas estruturas ao longo da cadeia evolutiva, embora desempenhando diferentes funções.

A convergência entre os trabalhos de Jackson e suas próprias pesquisas de laboratório começou a lhe dar uma noção ampliada de algo assemelhado a um processo evolutivo, abrindo-se, então, o caminho para novas descobertas. Além disso, o próprio Jackson, a partir de sua concepção sobre o funcionamento cerebral na saúde e na doença, também incursionara pelo terreno das afasias, entendendo que se observava, na doença, uma involução ou regressão do funcionamento cerebral, responsável então pela supremacia de funções cerebrais mais primitivas, enquanto no estado de "normalidade" estas se mantinham sob o controle das funções superiores. Assim, uma concepção extremamente dinâmica do funcionamento cerebral permeava toda a teoria de Jackson, aproximando-o dos pontos de vista de Freud – para quem evolução e história tinham de ser considerados para o entendimento dos mecanismos cerebrais –, e contrapondo-o às concepções localizacionistas vigentes, apoiadas na ideia de que existiam no cérebro centros responsáveis por funções específicas.

Num futuro próximo, Freud também daria sua contribuição a respeito das afasias, não sem antes reconhecer o importante tributo devido a Jackson. Muitos dos sintomas da afasia, para Freud, pareciam admitir associações do tipo psicológico, sugerindo a existência de um processo dinâmico mais complexo, para além do nível anatômico e fisiológico do funcionamento cerebral, em que o que contava era o universo da linguagem e o universo da manifestação psíquica, *ambos com seu cortejo de incontáveis associações possíveis*, entrelaçados numa construção de sentido absolutamente dependente da história pessoal e individual de cada um. Freud já se dera conta, com Bernheim, da importância do papel da associação na manifestação da vida psíquica. A assinalar duas conquistas nesse momento: a consolidação de uma visão eminentemente dinâmica do funcionamento cerebral e uma primeira evidência, ainda mal delineada, da presença da memória na construção da vida psíquica.

As ideias do filósofo alemão Franz Brentano foram outra fonte de influências decisivas sobre Freud e a geração de grandes pensadores contemporâneos a ele, como Edmond Husserl, da fenomenologia, Koeler, fundador da psicologia da *Gestalt*, e o próprio William James. Nessa época, Brentano lecionava para todos eles na Universidade de Viena, tendo deixado grande contribuição no campo da psicologia, que ele chamava de ciência dos fenômenos psíquicos, ele mesmo o primeiro pensador a postular uma integração biopsíquica. Deve-se a ele a concepção segundo a qual as emoções e os sentimentos se originam no corpo e o racional tem origem nos sentimentos. Essas ideias de Brentano deixaram raízes profundas em todos esses pensadores, Freud inclusive e Husserl, o qual, por sua vez, também influenciaria Freud com a sua fenomenologia, ao afirmar que o que existe de concreto é a realidade do presente, o aqui-agora do fenômeno que se desdobra no momento à nossa frente, para o qual é preciso olhar com os olhos atentos da percepção, e não da memória. Freud, afinal, já aprendera com Charcot a importância de desenvolver a percepção acurada na clínica, de observar atentamente os sinais e sintomas apresentados pelo paciente. Não se pode negar também a influência das ideias de Schopenhauer e de Nietszche, principalmente, que alimentarão Henri Ellenberger (1970) na formulação do conceito de inconsciente.

Ao nos aprofundarmos na investigação da teoria dos afetos e emoções em Freud, livres das determinantes estabelecidas pelo conhecimento psicanalítico transmitido pelas instituições de ensino, que se baseiam nos textos dos grandes seguidores, observamos a convergência entre as ideias de Freud e as concepções de James e Lange, em estudos posteriores, iniciados pelo mesmo William James, que compartilhava com Freud a influência das concepções de Brentano a respeito da dinâmica psicológica. São essas ideias que servem, na atualidade, como a base das concepções mais avançadas dentro da neurociência relativamente à integração mente-corpo, e que se traduzem, por exemplo, no conceito de marcadores somáticos em Antonio Damásio. Os afetos, segundo Freud, são percepções dos estados corporais, estados esses que se modificam a cada momento nas diferentes situações do viver, na luta pela sobrevivência, e que determinarão as percepções psíquicas, a consciência e as atividades motoras decorrentes para o restabelecimento do equilíbrio homeostático do organismo.

Mais tarde, Freud pôde trabalhar em parceria com Breuer em alguns casos de histeria, com quem escreveu, em 1893, "Sobre o mecanismo psíquico dos fenômenos histéricos – uma comunicação preliminar", e, em 1895, *Estudos sobre a histeria*, em que, mais do que discutir a natureza da histeria, procuravam esclarecer a origem dos sintomas. Freud, no entanto, começava a render-se à presença de um elemento fundamental, que vinha observando nos histéricos, que era o que ele chama de memória. Ele observava que o histérico, na realidade, trazia no presente uma memória de alguma coisa que vinha do passado, o que o levou a cunhar uma frase lapidar: "O histérico padece de reminiscências". Naquele momento, Freud fez uma grande descoberta, ao dar-se conta da existência de memórias inconscientes. Como já observado, certamente já tinha também entrado em contato com os trabalhos de Nietszche, que falavam a respeito delas. Mas o importante é que ele se deu conta de que as memórias eram essenciais no processo de perpetuação da vida: se o instinto de sobrevivência é fundamental para a preservação da vida é porque ele está baseado nas memórias; elas é que davam condições para que esse impulso de sobrevivência pudesse realmente se consolidar e acontecer, já que Freud estava convencido de que a própria forma de perpetuação da vida na Terra era feita por intermédio da memória. Esclarecera-se para ele, então, a importância da memória para a vida, para a sua manutenção e perpetuação.

Explico-me: as memórias fazem com que o passado seja revivido no presente; o passado é presentificado e é sempre conservador, porque faz com que o presente seja vivido de forma semelhante a ele. As memórias permitem que o ser humano possa antecipar o futuro, embora na perspectiva de um futuro semelhante ao passado, que está na memória, e é por isso mesmo que o homem tem propensão a ficar imaginando o futuro com base naquilo que aconteceu no passado. Por mais diferenciado que seja o futuro que o homem é capaz de descortinar, ele é sempre baseado no passado. *A memória perpetua essa continuidade, ainda que, a cada momento que seja acionada, passe por um processo de atualização e ressignificação, segundo a teoria freudiana.* Por isso, o lembrar nunca é absolutamente exato.

A partir dessas descobertas, Freud começou a estabelecer uma série de relações que o levaram à conclusão de que, na base da cadeia evolutiva, existe uma forma de funcionamento característica dos seres vivos inferiores, chamada de processo primário, presente também no ser humano nos seus momentos precoces de vida, quando suas estruturas cerebrais ainda não se desenvolveram. Segundo ele, num primeiro momento, quando o ser vivo acaba de nascer, são essas estruturas cerebrais mais básicas e primitivas que estão funcionando no processo primário. Nesse momento, o impulso instintivo orienta o ser no sentido de assegurar sua sobrevivência corporal, orgânica, pura e simplesmente. Esse ser vivo, que funciona tão só no processo primário, está colocado num meio fixo, com o qual tem de estabelecer uma relação de dependência estreita para poder sobreviver, e traz dentro de si uma memória, por meio da qual está pré-programado para, diante de determinadas situações apresentadas pelo meio, poder responder-lhe de forma adequada e assim sobreviver.

Podemos dizer que essas são as formas primeiras de funcionamento dos seres vivos, necessárias e suficientes para garantir a sua sobrevivência; no entanto, ao surgirem formas mais elaboradas, mais sofisticadas, mais complexas, aquelas se mostram rudimentares em comparação a estas. Assim, podemos dizer que essas formas de funcionamento presentes no início da vida do ser humano são rudimentares, mas eficazes, baseadas simplesmente em carga e descarga de energia em excesso, visto que a energia acumulada traz consequências deletérias ao organismo, quando ultrapassado o limite do acúmulo suportável. Salientemos que nesses primeiros momentos de vida as experiências são exclusivamente corporais. Trata-se de corpos sensibilizados, e não de corpos inertes, sem reação. Eles reagem a determinados estímulos, que desencadeiam reações em artefatos sensoriais surgidos no seu interior, reações essas que são reconhecidas como aceitáveis ou não aceitáveis, "aproximativas" ou "afastativas". Ainda não podemos dizer que sejam reações prazenteiras ou desprazenteiras, porque estas são qualidades psíquicas, e nesse momento não existe um psíquico formado, nem sabemos, na realidade, em que momento isso vai acontecer.

Transpondo esse raciocínio para o domínio do humano, poder-se-ia dizer que o ser humano, nos momentos precoces de vida, diante das necessidades de vária ordem de seu corpo para poder sobreviver, entra em estado de sofrimento, em virtude de um acúmulo de energia, o que aciona um sinal que se expressa no corpo por uma sensação de desprazer. A essa sensação, o organismo imediatamente reage, por meio de um processo chamado de homeostase, que promove a descarga da energia acumulada para a recuperação do estado de equilíbrio, o que significa alívio, ou, se se preferir, ausência de desprazer ou prazer, através da satisfação de uma necessidade corporal premente, que ameaça a sobrevivência. Na realidade, o prazer é uma decorrência da ausência de desprazer, pela satisfação de uma necessidade que se tornou presente e premente, gerando o desprazer.

Freud se deu conta de que os seres vivos dotados de estruturas cerebrais inferiores, mais primitivas, apresentam esse modo de funcionamento em que a forma de regulação do organismo é puramente corporal. No entanto, à medida que os seres vivos conquistam novas estruturas cerebrais, representadas no homem pelo surgimento de estruturas que pertencem ao nível córtico-límbico, surge uma outra modalidade de funcionamento, chamada de processo secundário. Nesse processo, existe um abrandamento da necessidade de satisfação imediata das necessidades corporais e o ser desenvolve maior capacidade de suportar situações de privação, ao mesmo tempo que adquire condições de buscar, por si só, as fontes de satisfação de suas necessidades. Esse processo culmina no ser humano, por força de alguns fenômenos que ocorreram ao longo do processo evolutivo, em que possivelmente o primata superior que o antecede na cadeia evolutiva teve de enfrentar uma série de desafios em termos de adaptação, ao vivenciar situações climáticas catastróficas, como a glaciação. Um contexto com essas características levou a um abrandamento do instinto sexual na relação com o objeto de satisfação das necessidades e a atitudes mais flexibilizadas, o que permitirá, inclusive, que o instinto sexual derive para satisfações de outra ordem, não necessariamente de ordem corporal. Assim, no caso do ser humano, diferentemente dos outros animais, o instinto sexual acaba criando vínculos de interesse com outros objetos, inclusive objetos de outra natureza, como os valores, que serão fundamentais na constituição do comportamento e do psiquismo humanos, como uma forma mais elaborada e sofisticada de funcionamento. No caso do ser humano, essa situação é levada a tal ponto que o indivíduo muitas vezes acaba preferindo morrer, sacrificar a própria vida, em lugar de abrir mão de seus valores.

Nessa perspectiva, pode-se dizer, *grosso modo*, que o processo primário é um processo eminentemente corporal, enquanto o processo secundário acontece quando o ser humano adquire essa condição que surge sobre o próprio corpo, que é a condição psíquica. Já não se trata mais de um processo puramente corporal, mas de um processo corporal que é envolvido pelo aspecto psíquico, que é uma emergência desse corpo. É o psíquico que permite toda essa abertura que caracteriza o ser humano na sua relação consigo próprio, com o outro, com o social, com o todo maior, com o universo, e inclusive com aquilo que está fora dos seus sentidos, como esse outro mundo que ele é capaz de apreender através de deduções psíquicas como possibilidade de existência, que é o mundo da transcendência.

A conquista do processo secundário se dá pelo desenvolvimento de estruturas cerebrais mais elevadas, situadas no nível córtico-límbico, como já referimos, que os animais inferiores não têm, motivo pelo qual permanecem na forma de funcionamento típica do processo primário, que se caracteriza pelo privilegiamento do instinto de sobrevivência a qualquer custo. O processo secundário começa a surgir nos animais mais evoluídos, como os mamíferos superiores, e tem sua culminância no ser humano.

O que importa frisar, em relação a esse assunto, é que, diferentemente do que se poderia esperar, apesar de o ser humano ter alcançado essa forma extraordinária de funcionamento, que lhe permitiu construir civilizações, a base de funcionamento do processo secundário é o processo primário, que continua presente e continua funcionando. Com isso queremos dizer que estamos baseados nas memórias; estamos baseados, o tempo todo, nos aspectos de sobrevivência, nos instintos de sobrevivência e de perpetuação da espécie. Assim, estamos sempre cumprindo uma determinação instintiva, que poderá adquirir outra expressão, outra manifestação, mas nunca deixaremos de obedecê-la porque somos, acima de tudo, seres vivos e animais.

O processo secundário é uma forma de funcionamento que ocorre na estrutura incorpórea; forma-se a partir da consciência primitiva que caracteriza o processo primário, e, à medida que vai se desenvolvendo, se descola do corpo e vai constituir uma instância emergente. É fundamental entender que o processo secundário surge em função dessa instância, que emerge da própria estrutura corporal. Na vigência do processo secundário, o corpo continua a se regular pelo processo primário, ou seja, pelo princípio do prazer, embora orientado por uma nova modalidade de dar satisfação às necessidades, que tem a ver com as questões da realidade.

Quando o homem deveria estar funcionando sob o processo secundário, Freud se surpreende, porque o imaginava, então, livre dos aspectos que caracterizam o indivíduo que funciona no processo primário. No entanto, observa que, mesmo nessa forma mais elaborada de funcionamento, continuam as atitudes, os comportamentos mais elaborados, mas *compulsivos*, que se repetem, e principalmente por meio de neuroses obsessivas, que são modelos de manifestações psíquicas que se caracterizam pela repetição de situações primevas. A maior parte de seus pacientes apresentava esses aspectos, o que o levou a dar-se conta de que, na neurose obsessiva, ocorriam situações compulsivas de repetição.

Ao estudar a memória e referir o *Nachträglichkeit*, Freud concluiu que a retranscrição é uma forma conservadora de dar continuidade a uma nova situação, só aparentemente nova, porque a ideia é que a forma antiga não se perca. Ele refere que novas camadas vão surgindo, mas sobre a memória antiga, que se conserva. Há uma nova configuração, uma atualização que implica resignificação, *que mantém, no entanto, a continuidade da memória*. Segundo ele, o trauma, que sugere a fixação da libido em algum ponto no curso de seu desenvolvimento, leva à repetição, e é nessas situações traumáticas que ele consegue dar-se conta da repetição, porque nelas esta fica muito mais evidente. As situações se repetem porque de alguma forma ficaram inscritas nos circuitos neuronais como situações que asseguraram àquele indivíduo que permanecesse vivo; por isso se repetem.

Em 1915, Freud escreve um manuscrito que se perdeu, intitulado *Neurose de transferência: uma síntese*, do meu ponto de vista outro texto decisivo, porque nele aborda indiretamente a questão da transferência como uma situação em que a compulsão de repetição ocorre na relação com as pessoas, manifestando-se como uma tendência a repetir o tempo todo as situações do passado. Segundo ele, esses aspectos eram observados principalmente na neurose de histeria, neurose de transferência, neurose obsessiva e em outras neuroses. Freud localiza a origem desses comportamentos repetitivos na filogênese, possivelmente relacionados a situações primevas extremamente adversas enfrentadas pelo ser humano, em que estava ameaçada a própria sobrevivência da espécie sobre a face da Terra.

Em 1920, Freud produz outra obra monumental, *Além do princípio do prazer*, em que estabelece a dualidade dos instintos regendo a vida humana sob um outro vértice. Nesse texto, ele refere que essa forma compulsiva de repetição representa uma obediência extrema à necessidade de conservação da vida, sugerindo que o atendimento a essa necessidade exige sempre atitudes conservadoras, e, como em tudo o que tem um caráter conservador, existe sempre a tendência à manutenção do *status quo*, à manutenção do equilíbrio para que tudo permaneça como está. É preciso lembrar, nesse sentido, que, na natureza, aquilo que busca o equilíbrio está sempre direcionado ao estático, ao que não se movimenta, e o que é imóvel é a morte. É nesse sentido que Freud define esse instinto como instinto de morte, quando diz que é como se o ser humano estivesse buscando o estado inicial de ausência total de movimento, anterior à própria vida, que é um estado de morte, porque a vida é, em si, essencialmente dinâmica, é movimento. Assim, o próprio instinto de conservação da vida pode levar, em situações extremas, a esse paradoxo, que é a morte, na ânsia de conservar a qualquer custo a vida. É o que podemos observar no funcionamento dos sistemas complexos: o sistema complexo, que funciona num determinado sentido, se levado ao extremo, vai acabar no sentido oposto.

Freud observa que as situações de maior manifestação de vida são aquelas que propõem ao indivíduo o desafio, lhe fazem solicitações, o obrigam a enfrentar riscos, nas quais o organismo se vê exigido a sair do equilíbrio para vencer os obstáculos, e, buscando situações novas, poder alcançar novos patamares – a isso ele chama de instinto de vida. Do meu ponto de vista, diria que, se observarmos o ser humano, a regra é o instinto de morte e não o instinto de vida, porque o que observamos é o repetir, o compulsar. O compulsar é a forma de sobrevivência pela imutabilidade, que contraria a mudança, o movimento, o caos, a agitação, características de um estado que está de acordo com o princípio de realidade. A realidade é imprevisível, incontrolável, é algo sobre o que não temos domínio. Para poder lidar com ela, temos de estar o tempo todo num estado de instabilidade. Por isso mesmo, a tendência do ser humano é negar esses aspectos e buscar o oposto. Em função da memória, de um lado, pela transmissão genética do que deu certo para as gerações seguintes, e pela própria cultura, que também se encarrega de transmitir as conquistas epigenéticas e ontogenéticas de uma geração para outra, é próprio da natureza do ser humano o repetir, o compulsar, por força do instinto de sobrevivência. Essa constatação nos faz entender as situações de resistência à mudança, de resistência ao novo, de intolerância com o diferente, tão presentes no mundo globalizado de hoje, e que tornam o caminho da evolução um percurso com avanços e recuos tão significativos na história da humanidade.

Do nosso ponto de vista, talvez o processo evolutivo encontre, neste momento, um grande obstáculo pela frente, porque estamos no limiar de um novo salto qualitativo, representado pela passagem a um outro nível de complexidade, que pode ou não acontecer. Enquanto isso, o ser humano permanece na eterna repetição daquilo que deu certo para a sobrevivência, nas diversas modalidades de compulsão. As tão decantadas *new fashions* dos costumes e movimentos culturais, tão admiradas pela intelectualidade conivente, que se compraz com as pseudonovidades, talvez não passem na realidade de compulsões camufladas, bem ao gosto da alienação, que tem na reificação da consciência sua maior arma.

O fato é que pesa sobre nós a ameaça da mais cabal destruição biológica, material e espiritual do planeta de todos os tempos. É possível que se trate, agora, de contrariar a própria lei da sobrevivência que nos trouxe, aos seres vivos e ao planeta, até aqui; talvez seja o caso de contrariar a nossa tendência ao conhecido e de voltar lá atrás, quando no universo se formou a vida, contrariando a segunda lei da termodinâmica. Talvez seja o momento de, inspirando-nos nesse exemplo, contrariar a lei da sobrevivência e ousar fazer o novo, para permitir que um novo salto qualitativo seja alcançado pelo ser humano no seu processo evolutivo e uma nova condição de *ser* (verbo) *humano* possa emergir.

Em outras palavras, talvez estejamos assistindo, aqui e ali, ao surgimento de indivíduos mutantes que, contrariando a lei da sobrevivência, alcançaram uma condição de transcendência que lhes permite abrir mão da própria vida, se necessário, em favor de valores que lhes são mais importantes do que a sobrevivência material. Talvez faça parte do percurso evolutivo desse ser vivo, que nasceu contrariando a segunda lei da termodinâmica, contrariar, de quando em quando, as determinações mesmas que asseguraram e asseguram sua existência para atingir um novo patamar de complexidade na sua história sobre o planeta.

A diferença entre *Instinkt* e *Trieb*

Há muito tempo me intriga a razão pela qual os psicanalistas do mundo inteiro têm uma dificuldade tão grande em reconhecer a presença do *instinto* no ser humano. Do meu ponto de vista, criaram a palavra *pulsão* para substituir a palavra *instinto*, sem dúvida para atender uma necessidade cultural relacionada ao paradigma da cisão mente-corpo. Buscando entender essa dificuldade, tenho pesquisado bastante e gostaria de apresentar aqui as minhas conclusões, que, acredito, podem contribuir para elucidar alguns aspectos importantes da teoria freudiana naquilo que ela tem de mais genial e pioneiro.

Em primeiro lugar, é preciso lembrar que o paradigma da cisão mente-corpo foi estabelecido no pensamento filosófico ocidental no momento em que a Santa Madre Igreja fez a separação entre alma e corpo e os filósofos concordaram com essa dicotomia. A alma derivava da essência divina e esta estava contida no sopro divino com que Jeová animara o corpo do homem, que ele havia criado a partir do barro. O corpo iria apenas albergar esse sopro de Deus, sendo por isso uma coisa grosseira, sem importância. A essência do homem era a alma, o que realmente importava, a tal ponto que enaltecer o corpo era incorrer em atitude pecaminosa, pois no corpo estavam localizadas as impurezas e as fontes de perdição do ser humano.

Minhas investigações me levam a acreditar que essa concepção tem a ver com o estabelecimento do papado em Avignon, na França, no século XIV, visto que é na França – e não fora dela, na Inglaterra ou Alemanha, por exemplo – que os filósofos absorvem com mais intensidade a ideia da separação entre mente e corpo. E, embora não seja seu autor, Descartes, no século XVII, acaba postulando como ponto central da sua filosofia a separação entre mente-corpo, ao dar expressão aos conceitos de *res cogitans* e *res extensa*. A partir daí, começa a existir uma valorização sem precedentes de tudo o que é mental, racional – ponto de partida, inclusive, do movimento iluminista, com a consequente desvalorização do corpo.

Além disso, naquele momento observava-se o nascimento da ciência, especialmente da ciência biológica, e a existência dessa dicotomia muito contribuiu para que a Igreja acabasse concordando com a manipulação de cadáveres, tão essencial para o avanço do conhecimento científico. A ideia de que manipular a alma era proibido, mas manipular o corpo, que era desimportante, era possível – desde que apartado da alma – contribuiu para que a Igreja autorizasse a manipulação de cadáveres.

Essa dicotomia teve e tem uma repercussão muito grande no pensamento ocidental, principalmente na filosofia de linhagem francesa, desde o iluminismo, passando pelo positivismo, até os dias de hoje. Assim, não é por acaso que o termo *pulsão* surja exatamente na França para nomear essa energia que existe no ser humano, mas que, para evitar que tenha qualquer relação com o corpo – o que é a força do paradigma! –, refere uma energia autóctone, uma energia mental, uma energia psíquica, que surge por geração espontânea, desenraizada do corpo.

Assim, quando se pergunta a um psicanalista, hoje, de onde vem essa *pulsão*, ele dirá, baseando-se num contexto em que Freud refere esse conceito *en passant*, que se trata de um conceito intermediário entre o corpo e a mente, um conceito-limite. No entanto, do meu ponto de vista, Freud queria significar que era uma energia que passava do corpo para a mente, que nascia do corpo e demandava extracorporalmente o surgimento da mente em função do trabalho necessário para a autorregulação, e não que se tratava de uma energia intermediária, que surgia de forma autóctone, desenraizada do corpo, como sugerem, por exemplo, Laplanche e Pontalis, Pierre Fédida, e, em alguns momentos, André Green. Segundo se pode deduzir da leitura sem preconceito dos textos freudianos, em *Notas psicanalíticas sobre o relato autobiográfico de um caso de paranoia* – Caso Schreiber (*dementia paranoides*), escrito em 1911, Freud descreveu o instinto como sendo "o conceito na fronteira entre o somático e o mental . . ., o representante psíquico das forças orgânicas". Em *Três ensaios sobre a sexualidade*, de 1905, descreveu o instinto como sendo "o representante psíquico de uma fonte de estímulo endossomática, continuamente a fluir . . . um conceito que se acha na fronteira entre o mental e o físico". Em *Instintos e suas vicissitudes*, de 1915, apresenta-o como "um conceito situado na fronteira entre o mental e o somático . . . o *representante* psíquico dos estímulos que se originam de dentro do organismo e alcançam a mente".

Do meu ponto de vista, para Freud, o conceito de instinto passa a existir quando, na sua manifestação como energia mobilizadora que se origina no corpo sob a forma de impulso motivacional, se torna apreensível ao atingir a dimensão mental. Podemos dizer, em outras palavras, que, ao construir a mente, o instinto se vê nela representado como impulso motivacional intrínseco, reconhecido pela consciência. Os aspectos do instinto em

A quem possa interessar

si, derivados da mobilização endossomática e presentes no inconsciente, não podem alcançar a consciência por faltarem os elementos da representação. Somente seus efeitos corporais são apreensíveis, cabendo lembrar que ideias, em Freud, se referem aos efeitos, que podem ser corporais ou psíquicos. No trabalho de construção da mente, feito pelo instinto, a própria ideia que acompanha o instinto e lhe dá sentido é um produto do trabalho do instinto a serviço da sobrevivência individual e da espécie.

James Strachey, editor da *Standard Edition*, versão em inglês, comenta:

> Essas três descrições parecem tornar claro que Freud não estabelecia qualquer distinção entre um instinto e seu "representante psíquico". Aparentemente considerava o próprio instinto como sendo o representante psíquico de forças somáticas. Se agora, contudo, passarmos aos artigos ulteriores dessa série, teremos a impressão de que Freud traça uma distinção muito acentuada entre o instinto e seu representante psíquico. Isso talvez seja indicado com o máximo de clareza num trecho de "O Inconsciente" (ver em [1]): "Um instinto jamais pode tornar-se um objeto da consciência – somente a ideia [*Vorstellung*] que representa o instinto é que pode. Mesmo no inconsciente, além disso, um instinto não pode ser representado de outra forma senão por uma ideia... Quando, não obstante, falamos de um impulso instintual inconsciente ou de um impulso instintual reprimido... referimo-nos apenas a um impulso instintual cujo representante ideacional é inconsciente". Esse mesmo conceito aparece em muitos outros trechos. Por exemplo em "Repressão" (ver em [1]) Freud refere-se ao "representante (ideacional) psíquico do instinto" e prossegue: "... o representante em questão persiste inalterado e o instinto permanece ligado a ele"; e de novo, no mesmo artigo (ver em [1]), escreve sobre o representante instintual como sendo "uma ideia, ou grupo de ideias, que é catexizada com uma quota definida de energia psíquica (libido, interesse) proveniente de um instinto", e continua, dizendo que "além da ideia, algum outro elemento que representa o instinto tem de ser levado em conta". Nesse segundo grupo

de citações, portanto, o instinto não é mais considerado como sendo o representante psíquico de impulsos somáticos, mas antes como sendo ele próprio algo não psíquico. Esses dois conceitos, aparentemente divergentes, da natureza de um instinto encontram-se em diversas passagens dos escritos subsequentes de Freud, embora o segundo predomine. Pode ser, contudo, que a contradição seja mais aparente do que real, e que sua solução esteja precisamente na ambiguidade do próprio conceito – um conceito de fronteira entre o físico e o mental.

Tudo se encaixa e faz sentido quando se tem em mente que Freud, naquele momento, vinha trabalhando o surgimento do mental justamente no contexto do processo evolutivo, em que o psiquismo aparece como uma expressão emergencial do corpo, derivada das forças instintivas que presidem o fenômeno da vida. Como já referido, uma leitura livre de preconceitos mostra que Freud já tinha uma visão evolucionista, desenvolvimentista do ser humano. Segundo ele, no início da cadeia evolutiva, é propriamente o corpo; depois, algo acontece que surge a mente, o mental, que transborda os limites do corpo, e que vai possibilitar a consciência e permitir a regulação desse corpo (porque a regulação passa a ser psíquica, com possibilidade de interferência da consciência, da volição, e da criação de condições favoráveis pela transformação do meio externo e pelo controle relativo, até onde é possível, do funcionamento interno).

Essa energia que emerge para a construção da mente é originária do corpo; o mental emerge da energia corporal. E o que é essa energia corporal? Nada mais é do que o instinto de sobrevivência, que possibilitará o processo da vida, aliás, um pressuposto bem conhecido da biologia evolutiva: todo ser vivo já nasce com o instinto de sobrevivência e o instinto de perpetuação da vida sobre a Terra, sob a forma de perpetuação da espécie, para que a experiência da vida não se perca.

E o que caracteriza o fenômeno da vida? A vida pode ser identificada a determinadas características de que são dotados os seres chamados vivos:

a capacidade de responder a determinados estímulos, de ter movimentos próprios e de ter sensibilidade. Tais características permitem identificar um certo nível de consciência no ser vivo, mesmo nos unicelulares, ainda que muito primitiva, muito primordial, uma protoconsciência, uma consciência restrita à sensibilidade, como advertiu a bióloga Lyn Margulis, ao referir as reações de uma célula diante das ameaças do meio externo, no Congresso Cajal y Conciencia, em 1999, em Zaragoza, causando grande desconforto à plateia. Essa consciência, primitivíssima, está fundamentalmente ligada àqueles dois instintos que estão pré-programados no ser vivo, que permitem, inclusive, que a vida não se perca pela ação das forças antientrópicas que ela mesma cria, e que se perpetue. Assim, seguindo as concepções modernas que tratam dos sistemas adaptativos complexos, podemos dizer que a consciência é uma emergência do corpo, visto que os sistemas complexos, ao atingir determinado grau de desenvolvimento, fazem emergir fenômenos de outra natureza, de outra qualidade, os quais, ao emergir, passam a ser parte constituinte daquilo que lhes deu origem, formando com aquilo que lhes deu origem uma unidade indissociável. As relações que se estabelecem entre o emergente e o que lhe deu origem são de tal ordem e tão dinâmicas, baseadas incessantemente em *feedback* e *feedforward*, que a unidade resultante desse processo será completamente diferente daquilo que lhe deu origem e do que era no momento da origem. É como se, a partir de um sistema complexo, surgisse outro ainda mais complexo.

É possível pensar nesse mesmo processo quando, das combinações de diferentes substâncias inorgânicas em infinitas possibilidades de arranjos, algo aconteceu que surgiram as primeiras moléculas de proteínas e, a partir delas, os ácidos nucleicos e, a partir destes, os seres vivos. É como se de repente um determinado fenômeno acontecesse, instaurando um verdadeiro salto qualitativo na cadeia da evolução. Da mesma forma é possível pensar que cada animal, nessa cadeia, vai ter um nível de consciência de acordo com o nível de complexidade alcançado pelo seu corpo, até chegarmos nesse ser que é o homem, que se diferencia dos demais animais por possuir uma unidade chamada psique-corpo, capaz de alcançar diferentes níveis de consciência – um corpo complexo capaz de produzir um nível de consciência também complexo.

Do meu ponto de vista, essa era uma ideia que Freud já acalentava, a de que era a energia instintual que permitia essa interligação, esse trânsito de um nível de evolução para outro. Essa energia, de início puramente instintual, biológica, de sobrevivência, de autopreservação, é que fazia todo o trabalho da evolução, o trabalho da complexificação, que acabou permitindo o surgimento de uma espécie cada vez mais aprimorada, cada vez mais adaptada, se pensarmos na espécie humana. Só que esse objetivo, puramente de sobrevivência, no caso do ser humano, tendo em vista o nível de complexidade que ele alcançou, acaba se diluindo para dar lugar àquilo que chamamos de qualidade de sobrevivência: já não basta para esse ser, no nível de complexidade psique-corpo alcançado, a pura sobrevivência biológica e a sua perpetuação, mas impõem-se outros valores, gradativamente construídos pela cultura que o próprio instinto de sobrevivência permitiu ao homem forjar.

Freud deu-se conta dessa energia e estabeleceu claramente a seguinte separação: *Instinkt*, para nomear essa qualidade que o ser vivo tem, que o dirige para mantê-lo vivo e perpetuar a espécie, que se chama instinto. Quando esse *Instinkt* está em movimento, está cumprindo sua função, trata-se de *Trieb*. Corresponderia ao que, na moderna biologia, nomeamos impulsos motivacionais intrínsecos. Em língua portuguesa, esses dois conceitos são indistintamente nomeados de instinto, ficando a distinção entre o fenômeno e o movimento por conta da capacidade elucubrativa e criativa de nossa latinidade.

Como o instinto não é algo captável pela consciência, não é da ordem do consciente, não posso dizer que vou representar a ideia do instinto. Mas a ideia de instinto eu descubro através de uma representação que se faz no nível do inconsciente e é por isso mesmo que eu não tenho noção, no nível do consciente, do que ela está representando de imediato. Dar nome ao *Trieb* é um processo consciente, mas o que se tornou consciente é algo originariamente inconsciente, que não depende da vontade; o próprio processo de representação da ideia de instinto é originariamente inconsciente.

O *Trieb* possibilitará o surgimento e o aperfeiçoamento dos recursos de sobrevivência, recursos esses que serão responsáveis pelo aperfeiçoamento dos mecanismos de autorregulação corporal, homeostáticos, orgânicos. Assim, possibilitará o aperfeiçoamento do sistema de captação sensorial nos seres vivos, essencial à sobrevivência, por ser o radar a indicar algum desequilíbrio do meio interno, alguma ameaça iminente à manutenção da vida. Quanto mais aperfeiçoado for esse sistema de captação sensorial, maior a capacidade de sobrevivência do ser. No processo evolutivo, chega a tal ponto o aperfeiçoamento desse sistema de captação sensorial, que até o instinto é captável por ele. Quando o instinto é captável pelo indivíduo, não se trata mais de um fenômeno de natureza biológica tão somente, mas de um fenômeno de natureza psíquica. Nesse ponto, o instinto passa a ser chamado de *Trieb* para diferenciar do puramente biológico, o *Instinkt*.

Há uma coincidência entre a conquista da consciência, que possibilita inclusive perceber essa força instintiva e nomeá-la, e a frouxidão do instinto em relação ao objeto. Como diz Freud em *Os instintos e suas vicissitudes*, de 1915, essa frouxidão permitirá que, na ausência desse objeto primordial que satisfaz a necessidade, um outro objeto possa ser colocado em seu lugar, ou seja, ele possa ser substituído por um outro objeto, na ausência do objeto originário. Essa frouxidão abre a possibilidade de que também essa força instintiva possa ser contida, de modo que a satisfação da necessidade à qual esse instinto se refere possa ser adiada, o instinto possa ser domado. O modo pelo qual o ser humano conseguirá domar esse instinto pode deixar de ser um modo cego para ser um modo controlado. Podemos dizer que essa frouxidão é a abertura para a transcendência: o homem passa a ser direcionado não mais pelos instintos, de forma cega, mas pelos valores, de natureza psíquica. Esse processo se chama transcendência ao aprisionamento da sobrevivência.

Podemos dizer que todo ser que nasce já traz uma consciência bem primitiva, sob a forma de uma sensibilidade e uma irritabilidade que Freud nomeia de afetos, e que permite que esse ser se dê conta das alterações que ocorrem no seu meio interno. À medida que esse ser se desenvolve, essa consciência primitiva também se desenvolve e extrapola os limites do corpo, transformando os afetos em emoções, quando emergem estruturas mais aperfeiçoadas e evoluídas de captação dos estímulos corporais e formas de memorização. Posteriormente, as emoções transformam-se em sentimentos, com o surgimento de outras estruturas mais sofisticadas de elaboração dos dados do organismo como um todo na relação com o meio. Pode-se dizer que, nesse momento, surge algo que, de fora do corpo, já é capaz de ver o próprio corpo, dando origem ao psíquico-mental, produzido pelo *Trieb*, pelo instinto em movimento. Estabelece-se, já aí, uma forma mais aperfeiçoada de regulação e, a partir do surgimento dos sentimentos, surgirá uma série de funções, de fenômenos representativos do psíquico sob a forma de imagens, em primeiro lugar, depois de símbolos, que irão ligar-se a essas imagens, e, finalmente, de palavras, até que surge, a partir das palavras, o pensamento, a atividade do pensar. Nesse momento, estabelecem-se as chamadas funções executivas no ser humano, que serão capazes de fazer todo o trabalho de administração mais elaborada, mais profunda, da autorregulação, por meio de uma consciência superior, a consciência de ter consciência. O ser humano é o único ser sobre a face da Terra que tem a capacidade de fazer essa autorregulação mais elaborada, que lhe permite criar instrumentos fora do seu corpo para se proteger, para se adaptar nos meios, para se defender, etc. Ele é o único ser capaz de criar complementos que aumentem a capacidade de seu sistema imunoendocrinológico e, em consequência, a sua condição de sobrevivência. É justamente essa condição que lhe permitirá transcender, ou seja, rebaixar a preocupação com a sobrevivência pura e simples, para poder ocupar-se de outras questões além dela, conquistando outros valores, como a capacidade de poder relacionar-se com o outro, de poder cuidar do outro e do próximo, e de preocupar-se efetiva e genuinamente com eles, com o social, com o planeta, etc.

Do meu ponto de vista, esse é o Freud biólogo e é a leitura que faço de suas obras. A pergunta que se coloca é: o que deve ter acontecido com Freud para que ninguém o entenda dessa maneira? Ou, inversamente, o que deve ter acontecido com os leitores de Freud para que a importância da dimensão biológica, animal, instintual, na emergência do psíquico lhes escape?

A meu ver, seus discípulos, ou pelo menos aqueles que o seguiram depois de sua morte, possivelmente não se deram conta de que Freud colocava o instinto como esse elemento que lastreia todo o processo de desenvolvimento evolutivo do ser vivo, e, como tal, do ser humano, desde o momento de sua concepção até sua morte, da mesma forma que ocorre na filogênese, quando surge o ser vivo, e até seu desaparecimento; é o instinto que está presente e preside todo e qualquer fenômeno que ocorra no seu meio interno e na relação desse ser com o meio externo.

Novamente me pergunto: o que se passava com os seguidores de Freud, que não se interessaram em conhecer a biologia que o mestre parecia dominar tão bem, como nos mostra seu texto monumental *Além do princípio do prazer*?

Até hoje não me lembro de ter lido qualquer texto, na literatura psicanalítica, que abordasse Freud e o seu entendimento do ser humano desse ponto de vista. Acredito que isso se deva à força do paradigma e dos registros culturais que estão na base da formação de cada indivíduo, o que eu chamo de registros básicos de memória, responsáveis pelo fato de pessoas extremamente esclarecidas terem, muitas vezes, diante do novo, do diferente, do inusitado, uma atitude de repulsa e resistência surpreendentes.

Por isso, não me surpreende o fato de médicos, que tiveram toda uma formação baseada no orgânico, no funcionamento corporal, ao se tornarem psicanalistas, não conseguirem ver o ser humano de uma forma integrada, como uma totalidade, e só se darem conta do psíquico, porque foram formados sob o paradigma da fragmentação. Possivelmente, no meu caso, a leitura que faço de Freud seja por força do paradigma da integração em que me criei, pela minha origem oriental e pela grande influência do pensamento budista na minha formação.

Acredito que Freud, precocemente influenciado pelas ideias de Darwin, depois de concluir sua pesquisa com o *Petromyzon*, já tinha a noção da existência de um processo evolutivo, em que há algo que permanece. O fato de as células nervosas serem as mesmas ao longo da cadeia evolutiva chamou sua atenção e ele certamente buscou a explicação para esse fenômeno na nascente teoria evolucionista. Freud fora mordido pelo bicho da evolução, que nunca mais o abandonou. Tanto é que, no momento em que se dá conta dessa força instintiva, igualmente se dá conta da memória, e, associando ambas, mostra que essa força instintiva, agindo sob a forma do movimento que ele chama de *Trieb*, vai determinando os fenômenos adaptativos na relação do ser consigo próprio e com o meio, sob a forma de afetos e emoções. É essa tríade: *força instintiva – afetos, emoções e sentimentos – memória*, que vai lastrear todo o desenvolvimento do ser humano, desde a concepção até a morte. Essa é a razão pela qual os psicanalistas não puderam dar-se conta de que Freud, o tempo todo, está falando dessa força chamada instinto, agindo, construindo o desenvolvimento do ser, presente nas diversas manifestações, daí resultando os inúmeros fenômenos que ele descreverá e aos quais ele dará o nome de metapsicologia: repressão, memórias encobridoras, fenômenos narcísicos, ansiedade, angústia, etc. Todos esses fenômenos se originam desse movimento do *Trieb*.

Na impossibilidade de os psicanalistas de formação dicotômica poderem aceitar o corpo e alcançar essa visão integrada do ser humano, tiveram de se restringir a tentar decifrar os textos do mestre, atendo-se à dimensão semântica, muitas vezes estabelecendo comparações com a semântica do alemão e imputando a dificuldade de entendimento a uma questão de tradução.

Acredito que até possam existir de fato problemas de tradução na passagem de uma língua para outra, mas a questão fundamental reside no fato de os psicanalistas não conseguirem perceber no que efetivamente Freud estava baseado para construir sua teoria. *A teoria psicanalítica foi baseada nesses aspectos de natureza biológica. O psíquico é uma construção biológica a partir dos instintos*. Essa é a razão da dificuldade de entendimento da obra de Freud. Como, para mim, esse entendimento era tão óbvio, levei algum tempo até me convencer de que a dificuldade de meus colegas residia justamente aí. Hoje, estou plenamente convencido.

Como tive a oportunidade de apresentar no XXVII Congresso da Federação Latino-Americana de Psicanálise (FEPAL), em Santiago do Chile, em setembro de 2008, no painel "Hay una resistencia de los psicoanalistas a una integración mente-cuerpo?", uma das hipóteses que levanto para essa dificuldade é o sólido paradigma cultural da separação entre alma e corpo, imposto à civilização ocidental, que se arraigou no núcleo da base do pensamento e do sentimento ocidentais. Vejo uma resistência à integração mente-corpo por vezes raivosa, que beira a agressão, e, mais ainda, uma total impossibilidade de sequer pensar que a mente tenha se originado da construção dos instintos, que se originam do corpo, de forma similar ao horror do crente ao pensar que a alma, compartilhada com a essência divina, possa ser confundida com o invólucro impuro, grosseiro, bestial, do corpo.

Qual seria a razão para não se permitir pensar no maravilhoso trabalho da natureza, pelo qual ela constrói, a partir de um corpo inanimado, um corpo com vida, na longa sequência trazida pela evolução, dos animais mais simples aos mais complexos, corpos com consciência primária, que vão se complexificando até surgirem seres dotados de psiquismo em toda a sua complexidade, corpos dotados de consciência secundária, capazes de transcender e de se autocontrolar, dominando-se a si mesmos? Onde estaria o desdouro para o homem, ao aceitar que seu psiquismo nasce do corpo, graças ao maravilhoso trabalho do instinto de vida?

A força dos instintos numa espécie em evolução

No processo de evolução dos seres vivos, que conduz ao aparecimento do homem sobre a face da Terra e, com ele, ao surgimento dos fenômenos psíquicos e de toda a rica construção cultural própria do ser humano, é preciso considerar uma força presente desde o momento da concepção, que, correndo paralela ao instinto de sobrevivência, será responsável pelas mais altas realizações do espírito humano. Trata-se do instinto sexual, que surge à medida que os seres vivos vão se desenvolvendo e se tornando complexos em termos estruturais e funcionais.

Hoje, os experimentos realizados pela teoria da complexidade demonstram como foi possível, por ensaio e erro, a partir da combinação aleatória de substâncias orgânicas (provindas, elas próprias, da combinação aleatória de substâncias inorgânicas), criar-se um campo eletromagnético dentro e fora desse conteúdo combinado, que fez engendrar uma condição chamada vida, dotando o produto daquela combinação de qualidades sensíveis, um composto orgânico sensível, de tal forma que ele pudesse definir-se como um corpo sensível. Isso se explica pelo fato de não haver uma simetria perfeita no universo, que permite que ocorram na natureza, em determinados momentos, em determinadas situações, em determinados contextos, fenômenos imprevisíveis, que simplesmente emergem e contrariam as leis fundamentais do cosmo. Foi no contrariar dessas leis, a segunda lei da termodinâmica, mais precisamente, que emergiu o fenômeno da vida, permitindo que de um corpo inanimado de repente emergisse um corpo sensível.

Esse corpo era sensível porque era dotado de afetos, que são expressões corporais presentes no ser vivo desde os primórdios de sua existência, por meio dos quais foi possível garantir a manutenção da vida: os afetos são os sensores do corpo, que alertam para alterações no equilíbrio do meio interno, capazes de ameaçar a continuidade da vida. Fazem parte dos mecanismos engendrados pela natureza para garantir aos seres vivos a sobrevivência.

Os afetos constituíam a sensibilidade daquele corpo até então inanimado, que de repente conquistara pela evolução uma nova condição – a condição de ser vivo. O que diferenciava esse ser dos demais era uma qualidade de que era dotado, a qual se convencionou chamar de irritabilidade e depois de sensibilidade, que permitia a esse corpo dar-se conta de seu estado, do estado do seu meio interno, e assim poder acionar os mecanismos incipientes de que dispunha para poder se defender, se preservar contra as forças destrutivas que tentavam desfazer aquela estrutura energética que constituía a vida. No decorrer do processo evolutivo, observa-se que o ser vivo busca o tempo todo recursos mais aperfeiçoados para fazer face às forças destrutivas internas e externas, através do desenvolvimento de um processo chamado homeostase, que deverá evoluir para um sistema de autorregulação corporal.

Esse ser dotado de vida possuía, além disso, a propriedade de perpetuar-se indefinidamente pela simples duplicação, em virtude do fenômeno da divisão celular, a partir do qual de uma única célula criam-se duas exatamente iguais, num processo que se pode chamar de narcísico, invocando Freud, já que se trata de um organismo fechado em si mesmo, que se perpetua pela duplicação. Do meu ponto de vista, é como se a natureza quisesse perpetuar aquela experiência que deu certo, depois de milhares de anos de experiências aleatórias, de reações físico-químicas engendrando produtos os mais diversos, até surgir, da combinação das substâncias inorgânicas, as substâncias orgânicas que vão gradativamente evoluir para os aminoácidos, peptídeos, etc. Estes, combinados num conglomerado que se separa do meio externo por uma membrana, produzem macromoléculas com características específicas, que originarão o que eu chamo de vida, resultando um corpo sensível, diferente da substância orgânica pura e simplesmente, tão só uma macromolécula.

Quando isso acontece, observa-se que esse corpo sensível tem a capacidade de manter-se (vivo) contra as tendências do ambiente, as chamadas forças entrópicas, que querem fazer com que o estado de energia concentrada que caracteriza o ser vivo desapareça. Um dos aspectos fundamentais nesse processo de fazer face às forças entrópicas foi a descoberta, por esses corpos individualizados, depois de uma sucessão de experiências, de que a aproximação, a proximidade entre eles aumentava a probabilidade de defesa contra as ameaças do meio externo. Essa aproximação, esse aconchego, visto do nosso referencial humano, dava àqueles seres nascentes a condição de maior segurança e proteção, porque juntos compartilhavam maiores recursos de sobrevivência.

Como tudo o que ocorre na natureza, tanto o que deu certo como o que deu errado, aquelas experiências ficaram registradas naqueles seres como memórias para si próprios e para as gerações futuras, de modo que seus descendentes não tivessem de começar do zero, mas pudessem utilizar, escolher, selecionar, naquele reservatório de experiências acumuladas, as bem-sucedidas e eliminar as mal-sucedidas. Assim, a partir das ações e comportamentos que deram certo ao longo do processo evolutivo, os seres foram levados a consolidar determinadas atitudes, determinadas formas de ser e existir, que acabaram repercutindo no próprio caminho de estruturação daqueles organismos em processo de desenvolvimento e evolução. Essas memórias foram sendo transmitidas não só de uma geração para outra, mas também dos seres mais simples para os mais complexos. Não podemos nos esquecer de que a natureza é econômica e quer perpetuar a experiência da vida, pois, ao perpetuá-la, é como se ela não se perdesse. Por isso, ela perpetua a vida através da perpetuação da espécie.

Nesse momento, o instinto de perpetuação da vida é simplesmente um processo de divisão, de tal forma que um corpo sensível se desdobra em dois, em quatro, em oito, em múltiplos, que originam os clones. Na clonagem dessa experiência existe apenas a divisão do corpo em dois exatamente iguais, através de mecanismos internos.

No entanto, à medida que o processo evolutivo foi caminhando e os seres vivos se tornando mais complexos, uma série de exigências tiveram de ser cumpridas para que esse ser mais complexo pudesse reproduzir-se, e a solução encontrada pela natureza para a perpetuação desse ser, por ensaio e erro, foi a presença de um outro ser com o qual se combinar, semelhante mas nem tanto, com o qual o primeiro irá se acoplar para que surja um terceiro ser, um quarto ser, e assim por diante.

Nesse momento, instala-se a divisão sexualizada da geração de outro ser, para a qual é necessária a concorrência do outro, por meio de uma relação que se estabelece entre dois seres a fim de produzir um terceiro. É nesse momento que aparece o instinto sexual como uma força impulsionadora, correndo em paralelo ao instinto de sobrevivência, que já existia, e tão importante quanto. A partir daí, essas duas forças passam a impulsionar o ser num só sentido, a sobrevivência.

O sexo se caracteriza por essa relação que se estabelece entre dois seres da mesma espécie, por meio da qual surge um terceiro, através da união de células altamente especializadas, que são os gametas. Assim, o processo de reprodução, inicialmente pura duplicação, é gradativamente aperfeiçoado, transformando-se num processo de perpetuação da vida sexualizado, presente não só no ser humano, mas em algumas espécies animais inferiores.

Mas não é só esse processo de reprodução que conta para a sobrevivência e a perpetuação da vida. Um outro aspecto é decisivo nesse processo: a capacidade de relacionar-se, de juntar-se, de aproximar-se. Assim, podemos observar já nos seres vivos primordiais o surgimento de dois aspectos fundamentais, representados por duas forças instintivas relacionadas à sobrevivência: uma que diz respeito ao indivíduo fechado em si mesmo, voltado para seu próprio corpo, para dentro de si próprio, e outra que diz respeito ao indivíduo voltado para fora de si, para o contexto do meio que lhe é próprio.

Freud captou muito bem esses aspectos dos seres vivos, ao referir o momento do narcisismo primário no homem, quando o ser está inteiramente voltado para si próprio, num meio totalmente fechado, que tudo provê, de tal forma que é como se o meio não existisse. Depois, o ser nasce para o mundo, e, num primeiro momento, tudo se passa como se ainda estivesse dentro do útero, porque o meio em que ele é colocado também lhe provê tudo. Gradativamente, no entanto, quando o meio não responde adequadamente ao pronto atendimento de suas necessidades, ele começa a discriminar a figura do outro, num primeiro momento ainda tendo como referência a si próprio, portanto autorreferente, para depois ser vista como separada de si próprio, até se dar conta da existência do outro, poder se colocar no lugar do outro, etc. Estão aí representados os primórdios da passagem de uma relação intrasubjetiva para uma relação intersubjetiva.

O protótipo do objeto que o ser busca para poder realizar a sua satisfação, e inclusive o seu próprio projeto de sobrevivência, é o outro significativo, que num momento precoce da existência foi a mãe ou o cuidador. Assim, desde então, já está presente o instinto sexual, por meio da relação que ele estabelece com a mãe, que é uma relação eminentemente de afeto, podendo-se mesmo dizer que é por força do instinto sexual que se constituem as bases da relação afetiva. O instinto sexual, nesse primeiro momento, é também um instinto de sobrevivência, porque o ser humano vem ao mundo completamente imaturo, completamente dependente do outro para sobreviver, e o objetivo fundamental desse instinto que orienta para a busca do outro, para a busca de uma relação externa, é a sobrevivência. Assim, trata-se de um objetivo de sobrevivência que está na base da expressão do instinto sexual, responsável pela busca do outro.

Essas duas forças juntas, instinto sexual e instinto de sobrevivência, são utilizadas pelo homem para poder estabelecer uma relação com os objetos de fora, inclusive com objetos que não são concretos. A partir do momento que o ser humano se torna um ser consciente, ele empreenderá uma busca por objetos que essa mesma consciência vai criando. Deixa de ser um ser que necessita só de objetos concretos para necessitar também de objetos que não são concretos, objetos metafóricos, objetos simbólicos, e inclusive objetos de outra natureza, que são os valores. Todos esses objetos são buscados por ele através da sexualidade.

No ser humano, há o coroamento desse processo, podendo-se falar num instinto sexual propriamente dito, que desempenhará uma série, de funções que levarão esse ser a adquirir determinadas características, como ser vivo e como animal, que os outros animais não têm e não desenvolverão.

É possível afirmar, do nosso ponto de vista, que as funções superiores que o ser humano acaba adquirindo, na passagem dos afetos, emoções e sentimentos para a cognição, ocorrem em função da presença desse instinto sexual acoplado ao instinto de sobrevivência, visto que esse animal que se transforma no ser humano é um ser eminentemente de relação. Do meu ponto de vista, em termos psicanalíticos, essa característica eminentemente humana é também a grande responsável pelas mazelas e misérias do ser humano.

Certas conquistas humanas dependerão dessa procura do outro, dessa necessidade de entrar em relação com o outro, porque já não se trata mais de um corpo sensível fechado em si próprio, narcísico, que se basta a si mesmo. Trata-se, antes, de um ser complexo, que começa a descobrir o outro fora, que tem necessidade de buscar esse outro fora, identificado como o objeto do seu desejo, e o motor dessa busca para fora é a sexualidade.

Cabe aqui um parêntese: é importante referir outra grande descoberta de Freud no mesmo sentido, a de que toda atividade intelectual deriva dessa força impulsionadora, que é a libido sexual. Da mesma forma, é preciso que haja um investimento afetivo dessa energia para que o processo de aprendizagem na criança aconteça satisfatoriamente, como uma experiência de prazer, de satisfação, uma experiência em que ela se encontre emocionalmente envolvida. Daí a importância de se proporcionar às crianças esse tipo de experimentação, para que descubram, por si próprias, o prazer que pode estar presente nas experiências de aprendizado.

É também a partir dessa força que ele poderá sair desse estado primitivo de narcisismo, egocentrismo e egoísmo, para um estado em que ele ultrapassa o aprisionamento ao estado de sobrevivência e passa de fato a considerar o outro na relação. Quanto mais desenvolvido o indivíduo, mais ele transcende o puro instinto de sobrevivência e consegue se interessar autenticamente pelo outro.

Evidentemente, uma minoria consegue transcender; a maioria permanece no estado de predominância do instinto de sobrevivência, em que o instinto sexual é puramente sexual e o indivíduo busca o outro para usá-lo, para que esse outro satisfaça suas necessidades. No entanto, o instinto sexual, no contato com a cultura, pode transformar-se, permitindo que o indivíduo possa derivar muitos de seus desejos e de suas necessidades, primitivamente orientados para a sobrevivência, para outros valores, inclusive não materiais. É a isso que Freud se refere ao falar sobre a frouxidão dos instintos no ser humano, em comparação com os outros animais, para os quais o objeto de desejo é fixo, sem possibilidade de ser substituído.

No caso do ser humano, desde muito precocemente, ele tem a possibilidade de substituir o objeto do desejo natural e dessa capacidade de substituir esse objeto por outros é que surgirá a possibilidade de simbolização, a ponto de o ser humano ser capaz de substituir o objeto concreto, natural, pelo símbolo, intangível. Muitas vezes, é preciso ficar atento para entender o nexo causal existente entre o objeto de desejo final e o objeto de desejo inicial. O objeto de desejo final sempre guarda uma relação com o objeto de desejo original, com o instinto sexual, em última instância; é essa mesma força que está canalizada para atingir determinado valor, no caso, um objeto simbólico, que foi colocado no lugar do objeto original. Assim, o objeto de desejo original foi transformado pela cultura, de forma que outros objetos simbólicos o foram substituindo, e o ser humano caminha em direção a uma realização não mais relacionada com a sobrevivência, mas com a transcendência. Esse é o conceito de sublimação, que não se refere a uma rejeição do objeto original. Absolutamente. Se não existisse o objeto original, não existiria o objeto sublimado nem a transcendência.

Por outro lado, o enorme progresso alcançado pelo desenvolvimento tecnológico nos mais diferentes ramos da atividade humana, bem como as mais sofisticadas criações do espírito humano respondem à necessidade primitiva que o ser humano tem de assegurar de forma cada vez mais completa e acabada a própria sobrevivência. Toda a sofisticação ditada pelas conquistas de última geração da tecnologia, presente no modo de vida contemporâneo de pequena parcela da população mundial, se insere no âmbito dessa necessidade.

Do meu ponto de vista, o homem encontra-se em meio a um processo de evolução biológica, de conquistas que aperfeiçoam as funções adaptativas e lhe asseguram uma maior garantia de sobrevivência. Todo o desenvolvimento da racionalidade, que leva o homem à conquista do conhecimento, do domínio da natureza e da tecnologia, que lhe permitem ações inimagináveis, existe em função do incremento de sua capacidade de sobrevivência e de perpetuação da espécie sobre a Terra.

Ou seja, o homem, na sua forma de funcionar, mobilizado pelos instintos – impulsos motivacionais intrínsecos que fazem parte de sua natureza e do estado de evolução em que se encontra –, só é capaz, na sua forma automática e primária de ser, de produzir uma sociedade que tem por objetivo assegurar cada vez mais sua adaptação ao meio, na qual ele constrói todo um aparato cultural para se aliviar do medo do aniquilamento e se assegurar de que têm, ele e seu grupo, maiores chances de sobreviver.

Essa forma de comportamento do ser humano se deve ao fato de que a evolução se processou de um modo que os organismos animais foram se tornando cada vez mais complexos para poder suportar as alterações do meio. Os animais foram ganhando recursos de adaptação maior a seus meios e à capacidade de mudança desses meios. Mas, por mais que se desenvolvessem, os organismos só podiam adaptar-se às qualidades do meio que eles conheciam e reconheciam. Assim, uma situação totalmente nova, por não poder ser reconhecida pelo organismo, não podia ser aceita nem incorporada por ele.

O homem, hoje, é resultado de um processo de evolução que o dotou de uma série de qualidades que o distinguem de todos os outros animais, em especial sua relativa adaptabilidade aos diversos meios. A mente, a simbolização, a linguagem, enfim, tudo o que caracteriza e distingue o homem de outros animais é produto de impulsos inerentes aos seres vivos em seu contínuo movimento de evolução. O que caracteriza hoje o homem é sua extraordinária condição de adaptabilidade e a capacidade de libertar-se de um meio fixo para sobreviver. O homem é capaz de transformar em habitável o ambiente em que se encontra pela criação de artifícios e de sobreviver em meios antes considerados inóspitos e inabitáveis. Podemos dizer, *grosso modo*, que a adaptação que antes ocorria no meio interno do organismo humano, na sua relação com o meio externo, agora se torna possível e visível externamente ao ser humano.

O homem se libertou de seu meio quando foi capaz de descobrir o que lhe era essencial para a sobrevivência. E, uma vez que ele tenha condições de criar em determinado meio o que lhe é essencial para a sobrevivência, é capaz de sobreviver nele ou em qualquer outro em que isso seja possível. Dessa forma, está livre do aprisionamento a um dado ambiente, no qual viviam seus ancestrais. Observamos, no entanto, que ficou livre do meio físico específico que produz os elementos essenciais à sua sobrevivência, mas não desses elementos essenciais. Na realidade, graças à sua condição mental, à sua capacidade de pensar e à consequente capacidade de criar, o ser humano adquiriu uma relativa liberdade de um meio fixo, que o dispensava de dar-se conta daquilo que era essencial à sua sobrevivência e da necessidade de criar esses elementos. Do nosso ponto de vista, o homem libertou-se da dependência ao meio físico pela sua capacidade de pensar e de se comunicar.

Entretanto, o homem, nos momentos precoces de vida, é totalmente dependente do outro, devido à extraordinária imaturidade com que nasce. Na realidade, o bebê humano nasce para um meio fixo, que é um meio especificamente humano e composto também de elementos próprios da natureza, como o ar que respira, o calor que aquece, a energia de que seu organismo necessita, que lhe é oferecida pela mediatização do outro. Esse meio, que tem toda a transformação dada pela criação humana ao longo do processo evolutivo, do qual o bebê depende e com o qual estabelece uma relação íntima e fixa, é fundamental para que as programações de que ele nasce dotado possam começar a ser estimuladas, a fim de impulsionar a forma de funcionar e existir desse novo ser em direção à humanização.

Capítulo 1
Entendendo o bicho homem: uma aventura transdisciplinar

O menino é o pai do homem, dizia o nosso Machado

Escrever uma autobiografia detalhada foi um dos exercícios que me foi proposto há muitos anos, num dos trabalhos psicoterapêuticos que busquei para me compreender e me situar na vida, visto que me via desencontrado e totalmente fora dos padrões pelos quais se pautavam as pessoas com quem convivia em diferentes circunstâncias e momentos, além de meus próprios amigos.

A partir desse exercício, pude identificar, na minha história, algumas situações e acontecimentos marcantes, que acabaram originando o que chamo, na minha teoria, de *registros básicos de memória*, que determinaram (e sempre determinam, para cada um de nós) uma forma muito peculiar e estranha (para muitos) de pensar e ver o mundo, de lidar com os fatos e com o entorno, de agir, e que, no meu caso, se traduziu sempre como um desencontro em relação aos modos de ser e estar da maioria das pessoas.

Desse modo, como já antecipei no prefácio, gostaria de referir possíveis explicações sobre este livro, sobre o modo como foi escrito e os pontos de vista nele contidos. Certamente, ao relatar aspectos marcantes da minha história de vida, muitas das esquisitices aqui presentes, se é que se pode dizer assim, ficarão mais compreensíveis para o leitor.

Começo com a imagem de uma das lembranças que me são mais caras, a de uma cena noturna em que eu, um menino de seis ou sete anos, estou deitado bem agasalhado sobre um acolchoado estendido na relva, que não posso enxergar na escuridão, mas da qual posso sentir o frescor e a umidade no contato com as mãos desprotegidas. Uma brisa fresca sopra suave, trazendo o aroma da vegetação. Sinto a presença de meu pai, sentado do meu lado esquerdo, e as mãos de minha mãe, sentada à minha direita, que me afagam os cabelos como que querendo me assegurar de sua presença naquela escuridão. Meus olhos fitam o céu, iluminado por infinitos pontos brilhantes. Vou acompanhando o dedo que me indica determinado ponto nesse infinito, que se destaca como uma sombra escura no tapete do céu iluminado, e vou seguindo a nomeação que meu pai faz das estrelas, das constelações...

Num determinado momento, essas mãos descrevem um movimento giratório que procura abranger todo o céu, e ouço a voz de meu pai como se fosse agora:

— Tudo isso, todas as estrelas, todas as galáxias, todo o espaço, todo o vazio, a Terra, a Lua, nós e tudo o que existe na Terra fazemos parte do todo. Estamos todos ligados pelo todo. Eu, você, sua mãe, sua irmã, seus tios, seus primos no Japão, nosso vizinho, os índios na Amazônia, os povos da África, os leões, os cavalos, os insetos, todos estamos ligados, fazendo parte do todo juntamente com as estrelas.

Essa lembrança é emblemática, pois ilustra à perfeição o paradigma de pensamento com o qual convivi desde a infância, por influência de meu pai e de minha mãe, zen-budistas nas menores expressões de suas vivências cotidianas, que me ensinaram a raciocinar em termos de totalidade. Eles me mostravam sempre a natureza intrinsecamente dinâmica do universo, a unidade e inter-relação existente entre todos os fenômenos que nele ocorrem, de tal modo que a noção de um todo integrado e interdependente, que é fundante de todo processo de conhecimento na cultura oriental e no pensamento budista, acabou naturalmente incorporada em mim.

Meu pai sempre me advertia de que o passado e o futuro não existem, o que existe é o presente. O passado e o futuro se manifestam de alguma forma no presente, daí a importância fundamental de dar-se conta do que se passa no momento presente. Segundo ele, o presente estava acontecendo graças à minha presença no presente; sem ela, o presente não existiria, por isso era preciso dar-se conta dessa presença no presente. Assim, ao ver uma flor, era preciso olhar para ela e captar a sua beleza intrínseca, a sua beleza em si, sem buscar o referencial de outra flor para compará-la. Ao buscar o referencial de outra flor, ele dizia, eu deixaria de apreciar a beleza daquela flor à minha frente e desviaria minha atenção para a beleza da outra e com isso perderia a fruição daquela experiência única. A ideia era também mostrar que cada ser era dotado de uma identidade própria, que o fazia único, ainda que pudesse encontrar outros da mesma espécie.

Aliás, cedo aprendi de meu pai a importância de se observar a natureza e de se observar mais uma vez e mais uma o mesmo fenômeno, pois a cada observação novas descobertas se realizavam. Ele dizia que o mesmo acontecia com a leitura: a cada nova aproximação de um texto, novas descobertas, novas relações e novos sentidos emergiam das ideias ali colocadas.

Hoje entendo que ele me fazia exercitar a percepção o tempo todo, com receio de que eu incorresse no grave equívoco de só usar a memória e com isso perder o prazer da grande aventura do conhecimento – segundo ele, a verdadeira viagem do ser humano – de fazer novas e importantes descobertas, inclusive a partir do conhecido, na tentativa de me mostrar que o conhecimento, seja de que natureza for, sempre será relativo, exigindo do sujeito uma percepção ativa e atenta, por meio da qual é possível avançar sempre mais, quando se está aberto para isso. Era preciso ter olhos para ver e liberdade para encarar o já conhecido, despido de preconceitos, como uma novidade – essa era a sua mensagem. Mensagem que, aliás, aprendi e incorporei tão profundamente que vai aparecer em tudo em que tenho deixado a minha marca ao longo da vida, desde meus interesses pessoais até minha metodologia de trabalho na prática clínica neuropsicanalítica, no trabalho socioeducacional com as pessoas e com as comunidades, nas teorias que tenho desenvolvido para entender a complexidade do *ser* (verbo) *humano*.

Além disso, com aquela atitude, meu pai procurava me introduzir num conceito fundamental do pensamento budista, que é a ideia de impermanência, de que a realidade está em mudança constante, não só no mundo visível, mas também no nível do infinitamente pequeno, tanto no tempo quanto no espaço. Por isso, ele dizia, a cada nova observação de um mesmo fenômeno, descobrem-se novos aspectos dele, não só porque a nossa apreensão do real é necessariamente parcial e fragmentada, mas também porque a manifestação do fenômeno pode ter mudado mesmo. Aos poucos fui entendendo que mesmo aquilo que consideramos estável do ponto de vista físico está o tempo todo sofrendo mudanças imperceptíveis para nós, pois, se assim não fosse, as coisas não envelheceriam.

A verdade é que determinados temas da biologia relacionados ao universo e à sua origem, ao mistério que envolve o surgimento da vida, aos seres vivos, sempre me fascinaram e intrigaram desde tenra idade. Foram na minha adolescência motivo de vivo interesse e curiosidade de minha parte e de real preocupação da parte de meu pai, tendo em vista que, na qualidade de meu interlocutor privilegiado, ele sabia que aquele interesse e aquela curiosidade, da forma como se manifestavam em mim, me conduziam por caminhos distantes e distintos dos interesses e das preocupações da garotada da minha idade.

Se, de início, minha trajetória profissional não exigia o cultivo de tais interesses como condição necessária para o aprimoramento, por outro lado não me afastou deles, de tal forma que continuei me dedicando, como autodidata, ao estudo de determinadas disciplinas como a biologia, a antropologia, a filosofia, na tentativa de responder a questões que me acompanhavam desde sempre. Hoje, um olhar retrospectivo me permite ver que, por trás desses questionamentos e interesses, estavam meus registros de memória, formados a partir de experiências precoces vivenciadas em situações de estreitíssima convivência com um pai humanista e uma mãe zen-budista até nas mais banais expressões cotidianas de sua personalidade, o que não só orientou meu processo de busca de conhecimento ao longo da vida, mas também me permitiu redirecionar, sempre que necessário, minhas escolhas pessoais e caminhos profissionais.

A cronologia dos fatos

Sou o primeiro filho do sexo masculino de uma família japonesa que imigrou para o Brasil em 1927, vindo ao encontro de parentes aqui estabelecidos já há alguns anos.

Meus pais tinham o propósito de permanecer no Brasil por dez anos, no máximo. Tempo suficiente, na avaliação deles, para que ganhassem o dinheiro necessário para retornar ao Japão em melhores condições financeiras, pois naquela época o país enfrentava séria crise econômica, que obrigava a maioria da população a viver precariamente. Dois anos depois da chegada do casal ao Brasil, nasceu minha irmã mais velha. Nessa altura, já instalados em Cerqueira Cesar, meus pais haviam arrendado um pedaço de terra para o plantio de algodão, que meu pai, com os conhecimentos adquiridos aqui mesmo, sabia manejar com maestria, de tal forma que a produtividade era excepcionalmente alta. Ao aproximar-se o ano de 1937, data prefixada para a volta ao Japão, minha mãe ficou grávida e o retorno foi adiado. Foi o ano em que nasci.

A chegada de um bebê do sexo masculino na família Soussumi foi muito comemorada, já que até então só meninas haviam nascido, doze para ser mais exato. Meu pai, filho caçula, tinha agora um menino, que seria o herdeiro do clã, mais uma boa razão para apressar a volta à terra natal e a reinstalação na propriedade da família.

Ao saber do nascimento do sobrinho, um tio de minha mãe, que pertencera ao corpo diplomático do Japão Imperial e do qual se afastara por discordar das diretrizes belicosas que os ministros militares estavam imprimindo ao país, advertiu a família da iminência da guerra. Segundo ele, era certo que meu pai seria convocado a engajar-se no exército assim que pisasse em terras japonesas, de modo que o filho tão esperado seguramente ficaria sem ele.

Diante disso, meu pai resolveu esperar que a situação serenasse, ainda que tivesse de abafar seus sentimentos de lealdade à pátria. Minha irmã estava, então, na idade de estudar, por isso minha família decidiu deixar a zona rural e instalar-se em Marília, à época uma cidade em plena expansão.

O Japão entrou na guerra ao lado da Alemanha e da Itália, constituindo o Eixo, e o Brasil, ao lado dos Estados Unidos e da Europa, formava com estes os Aliados. Essa divisão de forças teve um significado terrível para todos os imigrantes japoneses instalados aqui no Brasil. Lembro-me de um dia, já à noite, minha mãe me carregando às costas, de forma típica, no caminho para a casa de meu tio, seu irmão, para lhe dar a notícia do início da guerra tão temida.

Com uma cultura completamente diversa da cultura da terra que os acolhia, hábitos completamente diferentes, uma língua de difícil compreensão, que em nada facilitava a aprendizagem recíproca, os japoneses viviam isolados e eram alvo de preconceito. Na verdade, as barreiras culturais facilitavam a proliferação dos preconceitos de parte a parte. Não só o governo, mas figuras proeminentes da vida pública e da sociedade brasileira não escondiam sua rejeição ao povo japonês, que acabou confinado, cada vez mais isolado, sofrendo maus tratos e toda sorte de discriminação. Até mesmo as crianças não escapavam a essa situação: éramos agredidos física e moralmente não só por crianças brancas e negras, mas por adultos, nas ruas, nos estabelecimentos comerciais e nas escolas. Éramos discriminados pela polícia, pelas autoridades judiciais e até nas avaliações escolares.

Nossas casas eram o único lugar seguro. Fui muito beneficiado por essa situação, já que podia usufruir diariamente da companhia mais próxima de meus pais, que buscavam me transmitir conhecimentos e valores segundo os preceitos do zen-budismo. Diferentemente da grande maioria dos imigrantes japoneses, meus pais eram pessoas cultas, que procuravam educar os filhos o tempo todo. Lembro-me da família reunida ao lado do fogão, nas noites de inverno, ou após o jantar, ao redor da mesa. Meu pai sempre me acompanhava ao deitar, contando-me histórias folclóricas, fábulas, contos, mitos.

Ele adorava me mostrar as maravilhas da natureza e me ensinava a apreciá-las; adorava me acordar para mostrar os cometas e outros astros celestes, como as constelações, tentando me fazer compreender a noção de distância do infinitamente grande das estrelas, em oposição ao infinitamente pequeno das partículas elementares. Adorava contar histórias de Gandhi, do Dr. Albert Schweitzer, de Einstein e dos grandes samurais, como Miyamoto Musashi, nas quais salientava os valores e as práticas do *bushidô*. Dissecava ensinamentos de filosofia, para que eu pudesse compreendê-los, sobretudo a ética budista aplicada à vida na perspectiva zen.

Essa convivência estreita com meus pais me ajudava a superar as situações aterrorizantes que em alguns momentos tinha de enfrentar nas ruas, contra bandos de crianças às vezes bem maiores do que eu, quando tinha meus sete ou oito anos. Desde cedo me dediquei ao aprendizado das artes marciais para poder me defender. Por outro lado, o fato de as famílias viverem fechadas em suas casas promoveu um distanciamento entre as crianças de mesma origem, de tal forma que, nas poucas situações de convivência, eu percebia não ter muitos pontos em comum com elas, que tinham uma formação cultural diferente da minha, embora fôssemos todos japoneses.

Sempre preocupado com minha formação intelectual, meu pai se dispôs a me colocar no ginásio, assim que terminei a escola elementar, apesar de todas as barreiras do preconceito. Essa atitude foi condenada pela colônia japonesa, por contrariar os preceitos de fidelidade à cultura pátria. Meu pai respondia com tranquilidade que eu tinha excelentes conhecimentos da língua e da cultura japonesas, pois me destacava na escola japonesa, que frequentávamos na clandestinidade.

Lembro-me bem da profunda decepção que tomou conta de meu pai no pós-guerra com a ignorância e credulidade de seus conterrâneos, quando surgiu a seita *Shindo-Renmei*, de japoneses que não aceitavam a derrota e a rendição do Japão na guerra. Lembro-me que essa situação ilustrava as suas falas sobre a condição do ser humano, um ser imperfeito, em processo de evolução, segundo ele, independentemente de raça, nacionalidade ou identidade, tendo de se desenvolver muito para chegar à humanidade plena como desejavam Buda, Krishna, Jesus e outros avatares.

Os ensinamentos de meu pai e as leituras que ele me recomendava, ajudaram-me a aproveitar de forma peculiar tudo o que aprendi no segundo grau. Lembro-me de que eu entendia a importância e a conexão que existia entre as diferentes disciplinas, enquanto meus colegas não sabiam por que estudavam física, química, biologia, matemática, para eles disciplinas totalmente separadas, que não se comunicavam. Na minha compreensão, a biologia era a disciplina geral central; a física, a química e a matemática serviam para dar sentido aos fenômenos que ocorriam no universo biológico, abrangente, que se comunicava com o universo maior, com o cosmos, onde também ocorriam fenômenos físico-químicos, regidos pela matemática, constituindo o todo indiviso. Quando, no colégio, na aula de biologia, decifrei a continuidade entre as energias cósmicas, representadas pelos fótons, capturados pela fotossíntese sob a forma de substâncias orgânicas como a glicose e as gorduras, liberadas na respiração celular, como um processo que perpassava a dinâmica da vida, eu literalmente pulava de alegria.

A possibilidade de entrever sempre a estreita ligação entre o ser e o meio, entre os fenômenos que ocorrem no universo, em geral, aliada à condição de aprender com a experiência e a observação, foram fundamentais para dar significado a todos os fatos que ocorreram na minha vida desde essas situações precoces, em que era guiado pelos ensinamentos de meu pai.

A espera pelo fim da guerra foi fatal para as economias de meu pai. Ele teve de consumir parte significativa do que ganhara na lavoura para manter a família. Por outro lado, usando seus conhecimentos e talentos, resolveu fabricar saquê e *shoyu* em parceria com um amigo japonês, adaptando os métodos e os ingredientes disponíveis às condições locais.

Ao cabo de muitos anos, viu-se obrigado a deixar a sociedade, sem poder extrair nenhum ganho econômico do empreendimento, apenas a satisfação pela dedicação e pelo sucesso alcançado, enquanto seu sócio reunira um grande patrimônio para si e seus filhos.

Tentou desesperadamente construir sua própria fábrica, já com a minha ajuda. Porém, sem recursos para investir, o empreendimento não vingou, apesar da excelência da qualidade dos produtos. Dedicamos dez longos anos a esse trabalho, até o momento em que eu deveria prosseguir nos estudos superiores. Às vésperas de minha partida, faltando dois meses para o vestibular da Faculdade de Medicina da Universidade de São Paulo, a escola de nossos sonhos, minha mãe veio a falecer vítima de hemorragia esofágica, que não houve como estancar.

Seu falecimento foi um choque terrível para todos nós. Para meu pai, por ser ela sua companheira amorosa, seu esteio, sua alma, seu incentivo. Para mim, por ser ela a grande timoneira, que iluminava o meu caminho, dando-me sempre a esperança e a confiança necessárias para enfrentar sem abatimento, com dignidade, honra e espírito de luta, as situações mais adversas – esses sempre foram os seus ensinamentos. O dinheiro reservado para a minha ida a São Paulo fora consumido com a doença de minha mãe. Restava muito pouco. Mesmo assim, prestei vestibular e fui aprovado. Naquele momento, a preocupação era saber como prosseguir os estudos.

Confesso que aqueles foram os dias mais difíceis de suportar de toda a minha vida. Mas aquela situação me fortaleceu e me ensinou muito sobre a vida, sobre a tristeza da perda, a solidão, o sentimento de abandono, e sobre a humanidade. Fiz um pacto comigo mesmo e com meus familiares de que construiria meu caminho.

No dia 17 de novembro de 1956, na estação ferroviária de Marília, via-se em pé na plataforma um garotão alto, nos seus 1,82 metro, magro, mais ou menos 69 quilos, vestindo um terno bege de casimira barata, mas de corte irrepreensível, caprichado – feito pelas mãos amorosas de uma mãe cuidadosa –, segurando uma mala enorme, de couro marrom brilhante, fora dos padrões, desgastada e envelhecida. Estava à espera do trem que ali pararia às 12h05 para levar os passageiros em viagem a São Paulo. Aguardava imóvel como uma estátua, com o semblante transtornado, em que se percebiam a tristeza e a contração intensa dos músculos do rosto na tentativa de segurar o choro convulso, sem se perturbar com as gotas de suor que brotavam da fronte, ameaçando escorrer pelos olhos perdidos num ponto longínquo. Eu tinha preferido estar só no momento da partida para evitar a turbulência das emoções, que receava poderiam abalar-me tão profundamente as resistências, que talvez quebrantassem a determinação que levava dentro de mim, de que voltaria vitorioso, custasse o que custasse.

Foram muitas as dificuldades econômico-financeiras e existenciais que tive de enfrentar durante o curso de medicina. Foram muitos os desvios de rota para atingir os objetivos desejados, a escolha de opções secundárias, nem sempre interessantes, a necessidade de mudar os caminhos, de renunciar a sonhos, de reconstruir, recomeçar, arriscar, e muitas vezes perder. Essas situações criaram em mim registros de memória que me levaram a adotar uma base de funcionamento invariante para uma forma variável e flexível de ser, estar, pensar e agir, totalmente descompromissada das determinantes estabelecidas pela maioria das pessoas, e, por isso, muitas vezes desencontradas e incompreensíveis aos olhos de quem está de fora.

Sem a possibilidade de contar com a ajuda da colônia japonesa, que criara uma instituição cultural que se propunha a ajudar os "nisseis" destacados na vida escolar e sem recursos, por não ter padrinhos conceituados e reconhecidos pelo *establishment*, cada vez mais se fortalecia em mim o sentimento de que só poderia contar comigo e de que era um estrangeiro mesmo entre meus compatriotas.

Jamais poderia imaginar que essa vivência, que muito me ajudou na formulação da *teoria dos registros básicos de memória*, me levaria a modos de ser e existir ao gosto do existencialismo e da fenomenologia, que considero altamente positivos e construtivos para mim, se não tivessem a tendência de me levar ao extremo de me fazer sentir "estrangeiro dentro de mim mesmo", em face da impermanência dos estados de ser e existir, ao acompanhar a imprevisibilidade da natureza, da própria vida e das emergências decorrentes das situações complexas, tão caracteristicamente próprias do humano.

O estrangeiro é aquele que se sente numa terra, num *locus* diferente daquele que reconhece como seu, onde se sente familiarizado, naturalizado, enraizado, capaz de dominar física e mentalmente o ambiente, os usos, os costumes, as regras, a cultura, a língua e a comunicação. Outrora, eu não conhecia o *locus*, não dominava a língua, a comunicação, a cultura, os costumes e as regras da cultura que me acolheu. Hoje, nesse mesmo *locus*, vivo a experiência de que o *locus*, a língua, a comunicação, a cultura, as regras e os costumes que eu conheço e domino são diferentes do *locus*, da língua, da cultura, das regras e dos costumes daqueles que compartilham comigo desse mesmo espaço. E eu próprio, a cada momento, me vejo falando uma língua estranha, me comunicando numa língua estranha, sem me fazer entender, apesar de pretender que entendo o que tentam partilhar. Ocorre que, em face da constância e consequente familiaridade com a ausência de fixação em algo estabelecido e instituído normativamente, começo a encarar esse estado como natural, e a sensação de estranhamento surge quando me deparo com o estático, com o inflexível, com o rígido.

Esse pano de fundo talvez em parte esclareça para o leitor o modo pelo qual deixo aqui registrados meus pontos de vista, que gostaria de compartilhar, para os quais nem sempre encontro escuta, provavelmente porque nem sempre o circuito da comunicação sequer se estabeleça.

As vicissitudes da psicanálise no seu processo epigenético

Se existe uma unanimidade entre todos os que militam na área da psicologia e afins, ela repousa no reconhecimento de que a psicanálise, durante a primeira metade do século XX, representou uma verdadeira revolução no entendimento da vida mental. Sua contribuição mais significativa talvez tenha sido a de chamar a atenção para a dinâmica da vida psíquica, desferindo um duro golpe contra a teoria do localizacionismo para as funções mentais, por entender o cérebro como um conjunto que funciona integrado, espalhando-se as funções pela estrutura cerebral como um todo. Além disso, a psicanálise mostrou o papel decisivo dos afetos e das emoções na dinâmica da vida psíquica e sinalizou a existência de uma instância chamada inconsciente, presente o tempo todo no ser humano, que é responsável pela quase totalidade de seus comportamentos, embora o indivíduo não se dê conta, e que, sendo a sede das emoções, é responsável pela "suposta" irracionalidade da motivação humana.

Se aquele foi de fato o período de florescimento da psicanálise, em que ela pôde oferecer contribuições verdadeiramente novas, úteis e originais para o entendimento da mente, amparada num método novo de investigação psicológica, baseado na associação livre de ideias e na interpretação, já a partir dos anos 1950 o progresso representado pela evolução do pensamento psicanalítico, agora capitaneado pelos seguidores próximos de Freud, foi bem menos impactante, de tal forma que os achados psicanalíticos desse período pouco contribuíram para fazer avançar o conhecimento sobre a vida mental.

Para Eric Kandel, uma das causas da estagnação da psicanálise poderia ser atribuída à falta de uma base científica sobre a qual pudesse apoiar rigorosamente seus achados clínicos. Diferentemente das ciências biológicas, a psicanálise não evoluiu cientificamente no sentido de desenvolver métodos próprios, rigorosos e independentes, que pudessem testar seus achados clínicos. Embora tenha sido científica em seus objetivos, não o foi em seus métodos, por isso não pôde submeter suas considerações a experimentações testáveis.

Do meu ponto de vista, entendo que a psicanálise pertence ao grupo de disciplinas que alguns estudiosos têm chamado de *soft*, para diferenciar das disciplinas *hard*. Disciplinas *soft* seriam aquelas que, pela natureza de seu objeto, lidam com fenômenos que não são passíveis de serem mensurados, ou que, em função de contínua mudança, por não apresentarem fixidez ou rigidez na sua expressão num espaço de tempo determinado, não permitem mensuração. Em geral, as disciplinas *soft* abrigam as disciplinas humanísticas, sociais, ou que pertencem a um nível dentro das dimensões da física em que os fenômenos se regem pela imprevisibilidade, por uma forma caótica de expressão e não linear em termos de coerência e causalidade.

Autores como Eric Kandel, por maiores que tenham sido suas contribuições nos aspectos *hard* de algumas disciplinas, pecam por desconhecer que, para as ciências *soft*, não existe possibilidade de criação e aplicação de um método com a mesma eficácia de apreensão e mensuração dos fenômenos como nos métodos científicos das disciplinas *hard*, pela natureza e peculiaridade dos fenômenos e dos objetos com que as disciplinas *soft* lidam.

Assim, podemos entender por que não se tenha criado, no caso da psicanálise, um método com tais características, que se aproximasse das possibilidades da metodologia científica aceita oficialmente, a qual, eminentemente quantitativa, permite a validação/invalidação das experiências. O método psicanalítico, para validar seus achados clínicos, teve de submeter-se ao crivo da autoridade, ou das autoridades, sujeitando a validação de uma assertiva ou de uma hipótese a critérios de verossimilhança, afiançados por uma autoridade unanimemente reconhecida como tal no meio psicanalítico ou pelo conteúdo dos textos de autores consagrados, que passaram a funcionar como textos sagrados, como as tábuas da lei, imutáveis pelos séculos.

Uma tal rigidez e inflexibilidade, por paradoxal que possa parecer, contrariava frontalmente a postura do próprio Freud, que não cansou de alertar em inúmeros textos, como em *Os instintos e suas vicissitudes*, que "o avanço do conhecimento não tolera qualquer rigidez, inclusive em se tratando de definições. A física proporciona excelente ilustração da forma pela qual mesmo 'conceitos básicos', que tenham sido estabelecidos sob a forma de definições, estão sendo constantemente alterados em seu conteúdo" (p. 123). No entanto, como a questão do verossímil está inapelavelmente entranhada no universo dos psicanalistas – "se for verossímil, então é", se de alguma forma uma assertiva está baseada em Melanie Klein, se se encaixa em Lacan ou Bion ou outra autoridade, tem-se, então, um atestado de veracidade –, outro fator impeditivo do desenvolvimento da psicanálise foi o fato de os seguidores de Freud acreditarem que ela provia resposta para tudo, não havendo incentivo para a busca de outras fontes de conhecimento ou para o aprofundamento da investigação. A propósito, é no mínimo intrigante que a sabedoria popular tenha cunhado uma expressão muito elucidativa desse estado de coisas: "Freud explica!". Na verdade, não é ele, mas as teorias psicanalíticas engendradas a partir dele ou em seu nome que tudo explicam.

Outra causa, não menos importante e amplamente reconhecida, que é consequência direta da precedente e explica por que a psicanálise não pôde avançar nesse período foi a situação de total isolamento intelectual em que se manteve depois da morte de Freud, muito por conta de seus herdeiros intelectuais, que, na ânsia de preservar a todo custo a pureza do pensamento psicanalítico e de sua metodologia, obrigaram-na a colocar-se na situação de total fixidez e imobilidade que acabamos de mencionar para que não fosse "conspurcada". Com isso, impediram-na de beneficiar-se dos progressos alcançados em outros ramos do conhecimento da mente, em especial na biologia molecular e na biologia do cérebro, que avançavam desde os anos 1980, e que teriam permitido elucidar a compreensão de importantes funções mentais.

Para Kandel, se psicanálise e biologia do cérebro tivessem podido estabelecer algum tipo de associação na abordagem de seu objeto de estudo comum, a psicanálise certamente teria podido servir de guia àquela, indicando-lhe as funções mentais que precisavam mais urgentemente ser estudadas para um entendimento mais profundo da base biológica do comportamento humano e de suas desordens. O resultado teria sido saudável e proveitoso para ambas.

Inúmeras outras razões podem ser apontadas para explicar a situação de estagnação da psicanálise depois da morte de seu fundador, mas, do nosso ponto de vista, na qualidade de membro atuante no meio psicanalítico, uma dentre todas desponta, que até hoje não foi considerada. A explicação para esse isolamento parece residir no fato de que, à medida que o indivíduo se submetia à psicanálise de formação e se tornava psicanalista, era como se ele próprio estivesse se apossando do inconsciente e gradativamente nele tudo se tornasse consciente, de tal forma que o inconsciente se apresentava como uma instância que existia para os outros e não mais para ele.

Explico-me melhor: ao se submeter à psicanálise de formação, ao ver aplicada em si a metodologia psicanalítica, e ao aplicá-la nos outros, o psicanalista foi se acreditando capaz de lidar perfeitamente com o inconsciente, de manejá-lo com maestria, adquirindo uma tal condição, que esse mesmo inconsciente já não mais se expressava nele mesmo, ele se via libertado desse aprisionamento e tudo nele era consciente e expressão última da mais absoluta consciência.

Do meu ponto de vista, trata-se de uma tendência natural, própria da condição humana, da qual os antigos gregos, na sua sabedoria e perspicácia, já tinham se dado conta, expressando-a com propriedade nos mitos. Os deuses gregos, dotados de condição divina e humana ao mesmo tempo, ficavam de tal forma fascinados pelo aspecto divino de que se revestiam, que se esqueciam da sua condição humana. Era, aliás, uma questão que sempre me intrigara: por que os gregos colocaram os deuses nessa situação? Porque, no seu olhar acurado sobre o gênero humano, os gregos não queriam retratar os deuses, mas retratar o homem na sua condição humana, restrita, limitada, imperfeita, confrontado com o seu desejo de querer ser, com a sua vaidade, arrogância, inveja, egoísmo e desejo de onipotência. Assim, no momento em que os deuses gregos começavam a agir como deuses, os aspectos de sua condição humana começavam a despontar, a se fazer presentes e a interferir, dominando a cena, e aí tinha-se a desgraça dos deuses e dos homens.

Os mitos gregos nos falam muito da condição humana, e podemos dizer que algo muito semelhante ao que ocorria com os deuses acontecia com o indivíduo à medida que ele, neófito, ganhava a condição de psicanalista: ele ia se tornando "o" psicanalista e ia se acreditando livre dessa instância maléfica, inferior, que se chama inconsciente. E, no entanto, a grandiosidade da psicanálise residia justamente aí: na revelação da existência desse aspecto não cognoscível diretamente ao indivíduo, que está oculto aos olhos e escapa à percepção, mas que se faz presente o tempo todo e é, quase sempre, o determinante do comportamento humano, seja o sujeito um psicanalista, um psiquiatra, um psicopata, um bandido, um banqueiro, um religioso, um filósofo ou um alucinado. Ao revelar a existência desses aspectos ocultos, presentes mas despercebidos ao indivíduo, a psicanálise está diretamente explicitando a condição humana naquilo que ela tem de mais caracteristicamente próprio: o fato de o ser humano ser um ser limitado, imperfeito, como tudo no universo, dominado por impulsos porque sujeito às injunções dessa instância inconsciente, que aparece de maneira sub-reptícia, imiscuindo-se no gesto, na fala, na expressão facial e na postura do corpo, na atitude, no comportamento, e que escapa aos limites da vontade e da determinação do mais treinado psicanalista.

Porque esse intangível humano, que atinge a todos nós, indistintamente, é muito mais complicado de ser percebido em nós mesmos do que aquilo que está fora e nos outros, os psicanalistas entenderam que tinham nas mãos um grande poder, um poder inesgotável, que fazia da psicanálise a expressão acabada da verdade. Ora, se estamos diante da verdade última, para que precisamos de outros conhecimentos? O psicanalista não precisava mais recorrer a nenhuma outra fonte de conhecimento, não precisava mais sequer se perguntar quem era de fato o ser humano, porque ele já dominava tudo, já penetrara na intimidade do humano e nada mais havia a desvendar. No entanto, se o psicanalista se desse conta de quem é o ser humano, certamente saberia que o ser humano, imperfeito, limitado, está o tempo todo sob o jugo dos instintos. Saberia que o ser humano tem uma parte biológica, que é eminentemente inconsciente, da qual emanam todos os impulsos, inclusive a racionalidade. Saberia que a nossa cognição é um afeto transformado, que permite melhorar nossa condição de autorregulação, e, por conseguinte, nossa condição de sobrevivência e nossa condição de transcendência. Mas o ser humano, na sua vaidade, não pode aceitar que viva hoje nessa condição ainda primordial, primitiva, tendo como base de sua vida psíquica, de sua cognição, de suas maiores conquistas, o inconsciente, esse universo desconhecido que move os impulsos e dirige o ser.

Assim, no momento em que o psicanalista deixou de lado esses aspectos, desconsiderando-os em si mesmo, e não pôde dar-se conta de que Freud advertia para essa condição própria do ser *humano*, transformou sua ciência numa ciência dos deuses, a expressão última da verdade absoluta, encerrada numa torre de marfim, feita só de palavras, palavras que nada dizem, um produto narcísico do deus psicanalista. Nesse momento, condenou a psicanálise à imobilidade e ao isolamento, solapando as potencialidades de expansão e desenvolvimento que originariamente demonstrara.

O reconhecimento pela neurociência da genialidade de Freud no *Projeto para uma psicologia científica*

Do meu ponto de vista, um dos neurocientistas que deu grande impulso à psicanálise, contribuindo para que na década de 1970 Freud fosse revisitado, foi Karl Pribram.

Por algum motivo, um psicanalista que tentou ler o *Projeto* e sabia do interesse de Pribram por Freud naquela altura, achando o texto tão pouco palatável, passou-o para o amigo. Pribram, austríaco como Freud, estava muito interessado na vida e na obra do fundador da psicanálise, e considerou o *Projeto*, que leu, releu e releu, simplesmente genial.

Pribram não se conformava como era possível alguém ter construído um modelo de funcionamento cerebral tão acurado em 1895, mesmo com a possibilidade de acesso às obras de John Hughlings Jackson, um conceituado neurologista inglês, frontalmente contrário ao localizacionismo, que postulava uma teoria evolucionista na construção do cérebro humano. O modelo de Freud era extremamente rico e detalhado, falando dos neurônios muito antes de Ramón y Cajal ter trazido a público sua teoria a esse respeito.

Pribram conta em entrevista que fez cópias do *Projeto* e as distribuiu para alguns neurocientistas de renome. Alguns deles aplaudiram o texto, elogiando a propriedade de alguns conceitos, como, por exemplo, o de *neurofeedback* e o de *neurofeedforward*, na certeza de que o artigo era de autoria do próprio Pribram. Qual não foi a surpresa quando este informou que o autor era um neurologista chamado Sigmund Freud. Pribram dizia que ele se baseara na neurologia para criar a psicanálise. Do nosso ponto de vista, a partir do *Projeto* entende-se muito mais claramente a estrutura daquilo que Freud chama de metapsicologia e que depois receberá o nome de psicanálise.

Ao que parece, essa foi a segunda descoberta do texto do *Projeto*, visto que a primeira aconteceu por acaso numa biblioteca, perdido que estava num baú entre os pertences de Fliess. Como não tinha nome, batizaram--no de *Projeto para uma psicologia científica*, alterando o título original dado por Freud, *Psicologia para neurologistas*.

O interessante é que Freud tinha documentado a produção desse texto numa carta endereçada a Fliess, em que contava que fora escrito de uma só vez durante uma viagem, numa noite insone. Nele está o imaginário de Freud a respeito do funcionamento cerebral, do que seria talvez uma neurologia do comportamento, uma dinâmica neurológica, uma neurofisiologia, que na verdade era uma neuropsicologia, como ele próprio entendera, depois de ter sofrido todas as influências importantes em sua vida – Brentano, Charcot, John Hughlings Jackson, Bernheim, Breuer, depois de ter desenvolvido sua própria concepção a respeito das memórias inconscientes. Nesse contexto, não existia espaço para o localizacionismo: segundo ele, não era possível explicar o funcionamento cerebral, em função da dinâmica que ele observava e observava na clínica, conforme preconizava Charcot, pela localização de uma função determinada numa região cerebral; ao contrário, seu entendimento apontava uma dinâmica de funções integradas, espalhada por toda a estrutura cerebral, que não se enquadrava absolutamente nas concepções da neurologia da época a respeito do funcionamento cerebral.

Além disso, não se pode esquecer outro aspecto importante do raciocínio de Freud, que o acompanhava desde a época em que fizera as primeiras pesquisas de laboratório com as células nervosas da lampreia: a clara noção do processo evolutivo das espécies, por meio da presença dos mesmos elementos morfológicos em diferentes momentos da cadeia evolutiva, os quais, organizados em diferentes combinações, desempenhavam funções cada vez mais complexas.

Todas essas questões estão presentes no *Projeto*, embasando uma neurologia que ele vislumbrava fosse surgir mais adiante, com a presença dos neurônios como células que se ramificavam e, por meio dessas ramificações, construíam redes neuronais, que se espalhavam pelas regiões cerebrais desempenhando funções específicas. Essa concepção se contrapunha à neurologia vigente, eminentemente localizacionista, que baseava o funcionamento cerebral em estruturas reticulares.

Outro aspecto que corroborava o entendimento do funcionamento cerebral numa perspectiva dinâmica e que também aparece no *Projeto* relaciona-se ao método clínico de observação dos pacientes, tal qual preconizado por Charcot. A técnica de observar, observar sempre, e ainda uma vez mais permitia que os próprios dados da situação falassem a respeito da doença, caracterizando os sinais e sintomas, o que, para Freud, acabava contando uma história a respeito do paciente e lhe fez ver que existia uma dinâmica na forma de comportamento do indivíduo relacionada ao psíquico. Dessa forma, ficou evidente para Freud que a estrutura neural, ou neurológica, se se quiser, fazia emergir uma forma concomitante de funcionamento psíquico – hoje, em lugar de concomitante, deve-se usar emergente –, a qual adquiria autonomia, funcionando de modo independente, acabando por interferir sobre a própria estrutura neural, de modo que, ao observar essas formas de funcionamento psíquicas, era possível vislumbrar como seria o funcionamento da estrutura cerebral, e vice-versa. Freud pensava numa neurologia em que esses dois aspectos ficassem bem evidentes: da *estrutura cerebral*, que ficava na base, emergiam esses *aspectos de natureza psicológica*, relacionados à forma de comportamento do indivíduo, que era o que importava, por ser a forma pela qual o ser procurava se adaptar ao meio. E, para Freud, o que era igualmente importante, na ausência de um desses elementos, era possível deduzir o outro.

Assim, por meio de todos esses aspectos que foi apreendendo a partir de uma observação continuada na clínica, ele pôde desenhar um modelo do que ocorria na intimidade da estrutura cerebral – daí a sua genialidade –, por meio dos neurônios, das sinapses, das ramificações, dos axônios, muito embora a descoberta dos neurônios só acontecesse por volta de 1906 com Ramón y Cajal. Além disso, só mesmo a existência de células específicas poderia explicar as funções básicas e fundamentais dentro da dinâmica neuropsicológica – a percepção e a memória, envolvendo cada uma um tipo específico de neurônio: um tipo de neurônio que deixa que os estímulos corram de forma livre, responsável pela percepção, e o outro que cria obstáculos à passagem desses estímulos, acumulando-os num acervo que constitui as memórias.

A propósito das memórias, no próprio *Projeto* ele já refere como as questões do passado afetarão as questões do presente, usando para isso os conceitos de *feedback* e *feedforward*, num mecanismo que vai evoluir para o conceito de *Nachträglichkeit*, numa concepção extremamente moderna de retranscrições e recategorizações que acontecem com a memória. A atualidade dessas questões a respeito da memória, objeto da pesquisa contemporânea dentro da neurociência, chamou mais uma vez a atenção de Pribram para o pioneirismo do modelo freudiano de funcionamento cerebral e a genialidade dessa concepção.

Aliás, não só essa concepção, mas todos esses aspectos extremamente revolucionários a respeito do funcionamento cerebral despertaram vivo interesse em relação a Freud e à sua obra, em especial entre os neurocientistas.

Pribram, particularmente, acaba publicando em 1976, em parceria com o bem conceituado psicanalista norte-americano Morton Gil, uma obra especificamente sobre o *Projeto*, intitulada *Freud´s Project Re-assessed*, um livro precioso, traduzido para o português pela editora Cultrix, que poucos psicanalistas leram ou tiveram a oportunidade de conhecer. No meio psicanalítico esse trabalho quase não teve penetração, justamente porque os psicanalistas consideravam a psicanálise já de si tão completa, que era desnecessário debruçar-se sobre os textos pré-psicanalíticos de Freud. Por coincidência, quando foi lançado na Inglaterra, em 1976, lá estávamos e pudemos presenciar o alvoroço que causou. O curioso é que os membros da Sociedade Britânica de Psicanálise não demonstraram interesse, contrariamente a diversos outros grupos ingleses, que estudavam a psicanálise de forma descompromissada porque seguiam outras linhas de trabalho não freudianas, embora baseadas em Freud. Esse foi o caso do instituto de orientação reichiana ao qual eu estava filiado naquele momento, em que se estudava tudo o que dizia respeito a Freud. Assim, lamentavelmente, as sociedades de formação continuaram desconsiderando um trabalho tão fundamental como o *Projeto* para o entendimento da obra freudiana, trabalho esse, é bom que se diga, que até a década de 1950 não fazia parte da Standard Edition das obras completas de Freud em língua inglesa.

Meus pressupostos de trabalho

Minhas investigações científicas na linha do evolucionismo darwiniano e neurobiológico das funções psíquicas e minha prática clínica dos últimos quarenta anos levam-me a acreditar que o ser humano se encontra, hoje, em processo de desenvolvimento da condição hominídea para a condição humanídea.

Para que essa tese possa ser bem compreendida, é preciso explicitar os pressupostos sobre os quais se assenta:

1. a observação dos fenômenos da natureza permite dizer que existe nela um padrão que se repete, que posso chamar de memória;
2. todo organismo vivo, do mais simples ao mais complexo, rege-se por dois princípios básicos, indissociavelmente ligados ao fenômeno da vida: o *princípio da sobrevivência*, que leva o ser vivo a contrariar a tendência à entropia presente no universo e a manter a energia dentro de limites, a certo custo, segundo um equilíbrio, e o *princípio da perpetuação da vida*, que garante que a experiência da vida não se perca, mas se perpetue por meio da perpetuação da espécie, através da divisão celular;
3. o ser humano não é uma criação excepcional da natureza, mas produto da seleção natural darwiniana;
4. o ser humano é produto de mutação ocorrida num ancestral primata;
5. o ser humano se distingue dos primatas pelas estruturas corticais do cérebro, o que, em termos genéticos, corresponde a uma diferença de 2%. Foi sobre o cérebro que se operou – e continua operando – a mutação que o tornou homem, mais especificamente no nível do córtex cerebral, e que se expressa pela capacidade intelectual humana de melhor adaptação ao meio, cuidados com a saúde, invenção de recursos de toda ordem e de artefatos tecnológicos para maior eficácia na sua ação sobre a natureza, sempre com vistas a garantir mais e melhor a própria sobrevivência;
6. as estruturas subcorticais, sede dos registros afetivo-emocionais, dos instintos, dos sentimentos, dos sistemas homeostáticos e dos sistemas psiconeuroimunoendocrinológicos, permanecem no mesmo nível dos primatas;
7. sabe-se, hoje, que não se podem localizar as funções cerebrais em regiões específicas do cérebro e que qualquer tipo de comportamento complexo, como as emoções, por exemplo, não

se baseia em apenas uma área cerebral. Diferentes partes do cérebro trabalham de forma integrada para produzir comportamentos complexos e eventuais lesões em qualquer de suas partes o levarão a funcionar de maneira adaptada;

8. o processo de neurogênese, a neuroplasticidade cerebral e a plasticidade presente em todo processo de aprendizagem, aliadas à conquista representada pelo surgimento do pré-frontal, que possibilitou ao homem a consciência de ter consciência, capacitam o ser humano como o único ser vivo que pode contrariar disposições filogenéticas e adquirir controle sobre a própria vida, imprimindo-lhe o sentido e a direção que desejar, ainda que à custa de muito trabalho;

9. no atual estado das artes, a única abordagem possível do ser humano, que não o reduz nem o desconsidera em sua complexidade, é a abordagem transdisciplinar. Não há como ignorar – na emergência do que seja distintivamente humano como o fenômeno da consciência e a capacidade de ser consciente de que é consciente – as descobertas da física quântica para o nível subatômico da matéria. Essas descobertas mostram que há diferentes níveis de realidade, cada um com sua lógica própria, e que a visão clássica, newtoniana, da física vale para o nível macrofísico da realidade, mas, para outros níveis da matéria, é preciso considerar a não localidade, a imprevisibilidade, a irredutibilidade, a probabilidade e a incerteza como atributos próprios da natureza do real. E, acima de tudo, que esse real só pode ser trazido à existência como objeto de conhecimento pela consciência mesma do observador, de tal forma que só existe um objeto de conhecimento quando existe um sujeito que conhece, essa consciência que conhece sendo talvez o mais essencial elemento desse real – nada existe no universo em estado *real* fora da nossa percepção. Por outro lado, o fato de as partículas

subatômicas se comportarem ora como partículas, ora como ondas, ora como ondas e partículas ao mesmo tempo, imersas num campo que é pura troca de energia, constantemente redistribuída em novos padrões, levado às últimas consequências, mostrou que vivemos num mundo interconectado por ondas de energia que se espalham em todas as direções, ligando tudo e todos ao mesmo tempo numa dinâmica e permanente rede de comunicação e mútuas influências. E mostrou que nós, seres humanos, e todos os demais seres vivos e não vivos somos feitos da mesma matéria, de energia quântica, e estamos o tempo todo, no nosso nível mais fundamental, trocando informação sob a forma de energia com o meio ambiente;

10. assim como os demais seres vivos, o ser humano, as comunidades em que vive e as instituições que ele cria para de alguma forma organizar sua vida em sociedade devem ser considerados como sistemas adaptativos complexos, que têm como principal característica, no caso do ser humano, o fato de que cada indivíduo orienta seu comportamento ou o altera em resposta ao comportamento dos outros indivíduos, ou em antecipação à ação deles. Uma importante característica distintiva dos sistemas adaptativos complexos está na capacidade de engendrar, eles próprios, outros tantos sistemas adaptativos complexos por força do fenômeno da emergência, que leva esses sistemas de base, no momento em que atingem determinado nível de complexidade, a fazer emergir outros sistemas adaptativos complexos, que passam a funcionar de forma autônoma, embora guardando relação de reciprocidade e de mútua influência com o sistema que lhes deu origem. O próprio psiquismo humano, na sua complexidade, pode ser entendido como uma emergência desse sistema complexo que é o ser humano, como uma emergência dessa estrutura neural e neurológica que está na base de seu funcionamento, da qual

passa a funcionar de forma independente, mas guardando com ela estreita relação de mútuas influências. Assim, é preciso atentar, em qualquer tipo de trabalho com o ser humano, seja de natureza terapêutica, educacional ou outra, para a lógica da imprevisibilidade e das consequências inusitadas e inesperadas que governa a vida de cada indivíduo. Pois cada indivíduo está inserido num amplo meio humano e social em que existe uma diversidade infinita de atores interagindo diante de situações, e cada indivíduo se comporta a partir de registros básicos de memória que são únicos para cada um, em função de motivações às vezes conhecidas, mas quase sempre desconhecidas dos próprios atores. As consequências das constatações presentes nos itens 9 e 10 para a compreensão do fenômeno da vida e do seu surgimento, do que é *ser* (verbo) *humano*, da emergência da consciência e das manifestações do psiquismo humano não poderiam ser mais extraordinariamente auspiciosas e surpreendentes.

Isso posto, sabe-se que o comportamento humano decorre da filogênese e de uma forma de seleção natural que permanecem no cérebro como memória. Essa memória se expressa por meio dos instintos, cujos principais são o instinto de sobrevivência e o instinto de perpetuação da espécie, dos quais derivam outros. Essa memória também traz uma programação inata, que se traduz por uma forma de funcionar muito rígida, adaptada para a sobrevivência nos meios, e que induz à repetição.

É por esse motivo que o homem continua com sua destrutividade e violência, fruto da instintividade – essa é sua verdadeira natureza, inseparável dos instintos herdados na filogênese e para a qual Freud chamou a atenção. O homem de hoje é igual ao homem dos primórdios da história, pois apresenta as mesmas manifestações que o levam à inveja do que é do outro, às guerras de conquista, à disputa pelo poder, à barbárie da violência justificada e camuflada em causas nobres, entre outros comportamentos.

Já em 1911, partindo de uma abordagem biológica e neurobiológica, Freud procurou mostrar o dualismo do funcionamento psíquico do homem, denominando instinto de morte e instinto de vida as formas de funcionamento hominídeo e humanídeo do ser humano. Assim, detectou uma forma de funcionamento psíquico repetitiva, compulsiva, que o leva a agir cegamente, como que aprisionado a uma determinação pela busca da manutenção do *status quo* da sobrevivência, que lhe assegurou a manutenção da vida até então, sem qualquer possibilidade de mudança ou de experimentação de outra alternativa, a que ele chamou de instinto de morte. Em oposição a essa forma rígida de viver que deu certo, identificou uma atividade vitalizada pela busca de novas experiências, novos caminhos, num ímpeto criativo, em busca da expansão do espaço mental e do universo dos afetos, das emoções e dos sentimentos, por si e pelos outros, que denominou instinto de vida.

Por outro lado, diferentemente dos outros animais, que nascem programados para viver num meio fixo e determinado, o homem apresenta uma relação frouxa com seu meio, que não o deixa assim tão aprisionado à força dos instintos, mercê das particularidades de seu desenvolvimento filogenético e das mutações por que passou. Além disso, o fato de se achar num estado de cio permanente lhe assegura uma relação igualmente frouxa com o objeto de satisfação de suas necessidades, de tal sorte que pode, sob determinadas circunstâncias, substituir o objeto de desejo e canalizar essa energia mobilizadora do instinto sexual para outras atividades, sejam elas artísticas, intelectuais, religiosas ou de outra ordem qualquer.

É essa relação frouxa com o meio e com o objeto de satisfação do desejo, aliada a uma forma de funcionamento psíquico mais livre, criativa e arrojada, que busca novas alternativas de vida e novas experiências, que explicam, por exemplo, o espírito ibérico destemido, capaz de empreender as grandes navegações sem nenhuma garantia do que se encontraria pela frente.

Para entender essa forma de funcionamento psíquico do indivíduo mais rígida ou mais livre, mais egoísta ou mais altruísta, e por que uns funcionam mais de um jeito e menos – ou nada – de outro, dois aspectos da vida precoce do indivíduo precisam ser considerados. Em primeiro lugar, é preciso lembrar que, no caso do ser humano, o nascimento do bebê é prematuro, se comparado a outros mamíferos. Em segundo lugar, é preciso lembrar também que o bebê humano, totalmente imaturo e dependente, nasce num meio que é produto da cultura humana e completará seu desenvolvimento, inclusive o cerebral, imerso num meio cultural, num processo que é mediatizado pela figura da mãe ou cuidador.

Nessa fase precoce, ocorrem experiências afetivo-emocionais decisivas na vida do bebê que ficam inscritas para sempre em seus registros de memória e que serão determinantes, para o futuro, do comportamento predominante do indivíduo.

A fixidez ou flexibilidade de comportamento, bem como a possibilidade de comportamentos predatórios ou altruístas dependerão, além das determinações genéticas de cada um, dos registros dessas experiências precoces, que podem ter se caracterizado por um atendimento pronto e satisfatório das necessidades desse ser pela mãe – e, nesse caso, teremos um ser que se guia pela esperança e confiança, pois sabe que a urgência de uma necessidade será atendida em algum momento, é uma questão de tempo – ou podem ter se caracterizado por uma sequência de vicissitudes na relação com a mãe que levam o bebê a uma sensação de total desamparo e aniquilamento, responsáveis por indivíduos sem confiança, voltados para a satisfação de seus próprios interesses em primeiro lugar, e predadores na sua relação com o outro e com o grupo. Tanto quanto os demais seres vivos, o homem é produto da memória, que o leva à repetição de comportamentos inscritos em seus registros básicos.

Apesar de, à primeira vista, o comportamento humano parecer tratar-se de um jogo de cartas marcadas, a neurogênese e a plasticidade neuronal e sináptica do cérebro permitem entrever a possibilidade de estabelecimento de novos circuitos que neutralizem os registros primitivos, os quais não podem jamais ser apagados ou desfeitos. Assim, é possível, sim, operar mudança de comportamento efetiva pela via da educação e/ou com a ajuda de um trabalho psicanalítico atuando em duas frentes: no desenvolvimento da atenção e da autopercepção do indivíduo, mediado pela presença do outro significativo. Uma abordagem transdisciplinar do ser humano, que o considere para além da dualidade mente-corpo, como um organismo único, dotado das dimensões biopsicossocioespiritual que se manifestam integradamente e de forma integrada ao meio, mostra isso. É esse percurso que convidamos o leitor a empreender conosco nas páginas deste livro.

A abordagem transdisciplinar do ser humano

Para Basarab Nicolescu, físico quântico romeno radicado na França e um dos pioneiros a estudar o conceito, a transdisciplinaridade pode ser entendida, grosso modo, como "uma teoria do conhecimento, uma compreensão de processos, um diálogo entre diferentes áreas do saber", capaz de criar conexões entre elas e de fazer emergir, desse contato, dados novos que se articulem entre si e conduzam a uma nova visão da natureza e da realidade, numa renovada aventura do espírito pelo mundo do conhecimento.

Do ponto de vista etimológico, o prefixo *trans* significa o que está entre, o que está através e o que está além ou para além.

Segundo Nicolescu, "a transdisciplinaridade diz respeito ao que se encontra entre as disciplinas, através das disciplinas e para além de toda disciplina. Sua finalidade é a compreensão do mundo atual e um imperativo para isso é a unidade do conhecimento".

Para esse autor, é difícil localizar a origem do conceito. Teria sido Niels Bohr, em 1955, em artigo sobre a unidade do conhecimento, o primeiro a empregar o termo ou a ideia do termo *transdisciplinaridade*. Todavia, a origem mais segura parece localizar-se em documento redigido por Jean Piaget em 1972, em colóquio da UNESCO sobre interdisciplinaridade. Nele, Piaget afirma que é possível esperar que à etapa das relações interdisciplinares suceda outra, superior, que será transdisciplinar e não se contentará com interações ou reciprocidades obtidas entre pesquisas especializadas, mas situará essas conexões no interior de um sistema total, em que não haverá fronteiras estáveis entre as disciplinas.

Na verdade, já no começo do século XX, em alguns círculos avançados do pensamento científico, impunha-se a necessidade de buscar novas formas conceituais de abordagem de uma realidade que se mostrava cada vez mais complexa. As duas grandes revoluções conceituais operadas no começo desse século – a teoria da relatividade e a teoria quântica – haviam revelado ao mundo da ciência a existência de propriedades na natureza até então insuspeitadas, que não se encaixavam nas filosofias correntes do pensamento ocidental e destruíam a visão tradicional da realidade, orientada por conceitos de determinismo/causalidade, continuidade e localidade. Descobriu-se a existência de diferentes níveis de realidade, regidos por lógicas diferentes, cada um com suas especificidades, não havendo a menor possibilidade de se compreender a realidade reduzindo-a a um único nível, regido por uma única lógica.

Em 1900, o físico alemão Max Planck, ao fazer uma experiência, deparou-se com uma descoberta decisiva para o futuro da ciência, que contrariava o segundo e o terceiro axiomas da física clássica: cada partícula de luz tinha a propriedade de se comportar, ao mesmo tempo, como corpúsculo e onda, como matéria e energia. Tratava-se de uma realidade com dois lados, o que apontava para a existência de potencialidades no universo – algo que está em estado latente e pode vir a ser atualizado, manifestado – e potencialidades de contrários, como no fenômeno da luz: contínuo e descontínuo, latente e manifesto, partícula e onda, ao mesmo tempo.

A partir dessa descoberta, outras se sucederam, reafirmando a necessidade de se construírem novos paradigmas de pensamento a partir dos quais o mundo, em todas as suas dimensões e complexidade, pudesse ser compreendido, na perspectiva de uma unidade plural do conhecimento.

Paralelamente a essa demanda, Nicolescu lembra outra, e não menos urgente: a de que era preciso buscar soluções para a extrema fragmentação e especialização do saber, que tornava impossível uma visão global do mundo pelo ser humano e não dava conta de sua complexidade, a não ser parcial e fragmentariamente. As evidências nessa direção são indiscutíveis: a cada ano, produz-se mais conhecimento científico especializado, cada vez com menos possibilidades de interconexão para a compreensão integrada do mundo e do ser humano. A compreensão da realidade e do indivíduo acha-se cada vez mais comprometida pela pulverização de ambos em saberes especializadíssimos, que não se interconectam jamais. O ser humano é visto e estudado como um conjunto de partes destacadas, que não remetem a um todo maior. A noção de unidade desapareceu. Uma situação paradoxal, por si só, e mais ainda quando se considera a ruptura que se estabeleceu entre um saber cada vez mais cumulativo e um ser interior cada vez mais empobrecido, como enunciado na Carta da Transdisciplinaridade, em 1994.

Quando as universidades surgiram, no século XIII, havia não mais do que sete disciplinas. Na década de 1950, esse número subiu para cinquenta. Segundo Nicolescu, havia neste começo de milênio 8 mil disciplinas nas universidades norte-americanas, de acordo com levantamento rigoroso feito pela Fundação Nacional de Ciência dos Estados Unidos. Isso significa que existem 8 mil maneiras diferentes de enxergar a realidade, 8 mil maneiras diferentes de fragmentá-la, o que representa um estilhaçamento dos saberes sem precedentes e sem limites, sem a necessária contrapartida de uma compreensão mais universal e integrada do mundo atual, caracterizado por uma complexidade que cresce de maneira incessante.

Hoje, formamos *experts*, especialistas. Ser *expert* numa disciplina, diz Nicolescu, significa ser ignorante nas demais 7.999 outras. De fato, o estilhaçamento dos saberes tem mostrado que a intersecção entre os diferentes campos do conhecimento é um conjunto vazio. A reunião dos melhores especialistas em suas respectivas áreas só faz engendrar uma incompetência generalizada, porque a soma dessas competências não habilita a tomarem-se decisões com conhecimento de causa. O resultado desse processo está na presença, no cenário mundial, de líderes cada vez mais incompetentes para exercer o ofício de tomadores de decisão, já que não são capazes de considerar todos os aspectos do problema que examinam. Quando um líder consulta o especialista sobre o que fazer para resolver um problema, ele o faz por ignorância de conhecimento geral, e nada assegura que o especialista detenha a melhor solução, porque ele também carece de conhecimento geral, e talvez seu parecer deixe de levar em conta implicações relevantes do problema, que escapam à sua visão especializada e quiçá restrita.

Esse contexto nos remete à necessidade de criar ligações entre áreas do conhecimento e de alguma forma restabelecer a união do saber para que se possa entender o mundo de hoje. Mas não se trata, como à primeira vista poderia parecer, de promover a unificação do conhecimento como numa enciclopédia. Trata-se, sim, de produzir um conhecimento que se interconecte em determinadas áreas, não perca de vista a noção do todo e tenha como premissa que o aparecimento do ser humano na Terra é uma das etapas da história do universo, e que o ser humano, como todas as demais formas de vida, faz parte do cosmo e é dele indissociavelmente dependente para sobreviver. Essa evidência é muito importante, embora pareça ainda não completamente assimilada: a estreita rede de relações e de relações entre as relações que se estabelece entre os seres vivos como unidades autopoiéticas, dos seres vivos com os outros seres vivos e destes com o meio, de tal modo que não há como alterar profundamente qualquer unidade constituinte dessa malha, sem que o todo sofra as consequências. Além disso, é preciso não esquecer o fato de que no mundo do muito pequeno, que preenche todos os outros mundos, inclusive o humano, existe uma conectividade que independe de distâncias e de tempos (cabe aqui, a propósito, um parêntese: o segredo do funcionamento de nosso cérebro reside justamente na sua imensa capacidade de conectividade – a chamada neuroplasticidade cerebral, dada pelo excedente de neurônios disponíveis e as incontáveis possibilidades de arranjos e combinações entre eles, que lhe permite funcionar inclusive de forma probabilística e escapar do aprisionamento dos registros básicos de memória. Além disso, devido ao fenômeno da neotenia – o homem é o mais imaturo dos animais, apresentando o mais lento processo de envelhecimento de suas estruturas –, o ser humano desfruta de uma condição que lhe permite aprender sempre).

É a causalidade não local, própria dos fenômenos que possuem sincronicidade, que ocorre sem a continuidade física, espacial e temporal do mundo regido pela lógica clássica, e que, num mundo dominado pela globalização e pela comunicação via internet e via satélite, se faz cada vez mais presente.

E aí está outro aspecto que aponta na mesma direção da transdisciplinaridade – e é um consenso para muitos pesquisadores do tema – a globalização, um processo instalado e irreversível, sejamos ou não favoráveis a ele. Esse processo põe em contato muitas culturas diferentes, muitas línguas diferentes, muitas religiões diferentes. A pergunta que se impõe é: como construir um mundo e um conhecimento do mundo abarcando tamanha diversidade? Segundo Nicolescu, uma via possível é por meio de um poder imperial que determine autoritariamente como fazer isso, o que não seria bom por não respeitar a diversidade, e outra via seria pela criação de conexões, o que remete novamente à necessidade de se trabalhar a partir da transdisciplinaridade.

A natureza humana em suas múltiplas dimensões

Em consequência de todas essas descobertas fundamentais do pensamento científico no começo do século XX, chegou-se à constatação da saturação e do esgotamento dos diferentes modelos epistemológicos vigentes e da necessidade de se buscar uma alternativa de abordagem do real que estivesse, ao mesmo tempo, entre, através e além das fronteiras estáveis entre as disciplinas e que pudesse se beneficiar de uma postura de abertura e de diálogo com as artes, as religiões e as tradições sapienciais das diferentes culturas. A existência de diferentes níveis de realidade (e, correspondentemente, de diferentes níveis de percepção pelo sujeito), a lógica do terceiro incluído (que assegura a passagem de um nível de realidade para outro) e a complexidade do mundo natural foram os três pilares eleitos para constituir a base da metodologia transdisciplinar.

E nem poderia ser diferente, uma vez que as próprias descobertas promovidas pelo empirismo científico no campo da física haviam mostrado a existência de pelo menos dois níveis diferentes de realidade, cada um com suas leis e lógicas distintas: o nível macrofísico, o das grandes escalas, e o nível microfísico, o do interior do átomo. Segundo Nicolescu, dois níveis de realidade, entendidos cada um como um conjunto de sistemas invariáveis sob certas leis, são diferentes quando, ao se passar de um para o outro, há uma quebra nas leis e uma quebra nos conceitos fundamentais, como o de causalidade, por exemplo. Com isso caía por terra a concepção em que se baseava o pensamento científico dominante no século XIX, segundo a qual existia um único nível de realidade, aquele percebido pelos nossos órgãos dos sentidos.

As pesquisas subsequentes no campo da física teórica acabaram conduzindo à postulação da Teoria das Cordas e, em seguida, à Teoria das Supercordas, apontando a existência de pelo menos mais um nível microscópico de realidade, embora ainda não definitivamente comprovado – o nível subquântico, por trás ou por baixo do nível quântico, regido por outras leis e por outra lógica.

À medida que as pesquisas avançavam, os fenômenos naturais estudados apontavam a necessidade de novos paradigmas para a sua compreensão, inclusive em termos lógicos, já que os axiomas da lógica clássica não conseguiam dar conta do que se observava nessas esferas.

Nicolescu lembra que, durante 23 séculos, todo estudioso da ciência e da filosofia ocidentais sempre construíra seu sistema de pensamento com base nos três axiomas da lógica clássica: 1º) o axioma da identidade: A é igual a A; 2º) o axioma da não contradição: A não é igual a não-A; 3º) o axioma do terceiro excluído: não existe um terceiro termo T que seja ao mesmo tempo A e não-A. A lógica clássica ou aristotélica era o referencial necessário e suficiente para compreender a realidade de um mundo unidimensional nos seus diferentes aspectos e inter-relações.

Mas, como em determinados níveis de realidade os princípios da lógica clássica não mais funcionavam e a lógica demanda sempre um fundamento empírico sobre o qual se apoiar, tratava-se, então, de fazê-la evoluir.

Foi Stéphane Lupasco (1900-1988), físico e filósofo romeno, o primeiro pensador a romper com o paradigma aristotélico da lógica clássica e a elaborar uma nova visão de mundo, permeada pelos princípios observados no mundo do infinitamente pequeno e do infinitamente breve, o mundo dos fenômenos quânticos.

Em 1951, escreveu *O princípio do antagonismo e a lógica da energia*, em que introduz o princípio do terceiro incluído, estabelecendo as bases de uma lógica ternária, que não elimina, apenas restringe a ação da lógica binária. Por esse princípio, existe um terceiro termo T que é, ao mesmo tempo, A e não-A. De acordo com a lógica lupasciana, os três termos – A, não-A e T – coexistem no mesmo momento do tempo, o que permite a conciliação de opostos, contrariamente ao que se observava nas proposições dialéticas anteriores: a tríade hegeliano-marxista, por exemplo, assentava-se sobre o princípio de que à tese (sociedade tradicional) sucede-se no tempo a antítese (sociedade capitalista), resultando, num terceiro momento, a síntese (sociedade socialista).

Segundo Nicolescu, o mérito histórico de Lupasco foi justamente o de mostrar que a lógica do terceiro incluído é uma lógica verdadeira, ou seja, uma lógica que carrega em si normas de verdade ou validade, formalizável e formalizada, com três valores – A, não-A e T –, e não contraditória, perfeitamente adequada ao mundo quântico.

Pensador pioneiro, Lupasco foi completamente desacreditado em seu tempo por físicos e filósofos, embora seu sistema de pensamento tenha impactado não de maneira explícita psicólogos, sociólogos, artistas e historiadores das religiões. A grande dificuldade de entendimento do conteúdo de sua lógica estava na falta de referência ao conceito de níveis de realidade.

Para Nicolescu, entende-se perfeitamente o sentido do terceiro incluído quando se representam por um triângulo os três termos da lógica lupasciana e seus dinamismos associados, um dos vértices situando-se num nível de realidade e os outros dois vértices em outro nível de realidade. Quando se permanece num único nível de realidade, toda manifestação aparecerá como uma luta entre dois elementos contraditórios (onda A e corpúsculo não-A, por exemplo). O terceiro dinamismo, o do estado T, é exercido em um outro nível de realidade, no qual o que surgia como desunido (onda ou corpúsculo) está de fato unido (*quantum*), e o que parece contraditório é percebido como não contraditório. Na lógica do terceiro incluído, os opostos são contraditórios e é a tensão entre eles que constrói uma unidade maior que os inclui.

Nicolescu reforça a ideia de que a lógica do terceiro incluído é uma lógica não contraditória no sentido de que o axioma da não contradição é estritamente respeitado, com a condição de que se alarguem as noções de "verdadeiro" e "falso", de tal forma que as regras de implicação lógica digam respeito não mais a dois termos (A e não-A), mas a três termos (A, não-A e T), coexistindo no mesmo momento do tempo. Uma lógica que leve em conta a contradição e que, pela inclusão de um terceiro termo, a ultrapasse.

Para dar conta do mundo dos fenômenos quânticos, no entanto, diversas outras lógicas foram pensadas e propostas, com graus de verdade variáveis, na tentativa de construir sentido para uma realidade extremamente complexa, de uma complexidade de outra ordem em relação à observada no mundo macrofísico.

O terceiro pilar da abordagem transdisciplinar decorre necessariamente do exposto: a complexidade ao mesmo tempo instigante e aterradora do mundo natural, em toda a sua multidimensionalidade e multirreferencialidade, que é, ao mesmo tempo, apreendida por um sujeito observador cada vez mais indissociável de seu objeto de conhecimento, e alimentada por dados experimentais que não cessam de se acumular. Complexidade presente, sim, no sujeito do conhecimento, ele próprio multidimensional e multirreferencial, mas complexidade presente também na natureza das coisas. E complexidade presente também no próprio ato do conhecimento, à medida que é o sujeito observador, em íntima relação com o objeto de conhecimento, que tece a trama e a urdidura do tecido significativo da natureza do real.

Não se trata aqui de estudar em profundidade a metodologia da transdisciplinaridade, mas de chamar a atenção para os aspectos que essa abordagem entende como capitais no desenvolvimento de qualquer pesquisa e que, muito antes que o próprio termo fosse cunhado, já considerávamos em nosso trabalho de investigação na prática clínica psicanalítica.

Quem acompanhar neste livro nossa trajetória profissional pelas abordagens terapêuticas corporais, psicanalíticas e neuropsicanalíticas, nossas incursões nos campos da biologia evolutiva, biologia molecular, neurobiologia, neurobiologia da memória, neurociência e antropologia, sempre com vistas a alargar cada vez mais o entendimento do humano para minorar o sofrimento com o qual nos defrontamos diariamente nos nossos consultórios, terá oportunidade de entender que sempre nos animou uma atitude transdisciplinar na abordagem do ser humano, só ela capaz de dar conta da complexidade de cada indivíduo. Afinal, cada indivíduo carrega em si uma herança filogenética e uma herança genética, esta modulada pelos estímulos que recebe do meio sociocultural no qual se insere desde que nasce e onde completa o seu desenvolvimento, sem esquecer que o próprio comportamento do indivíduo, fatores sociais e alterações na expressão dos genes induzidas pelo aprendizado retroalimentam de forma incessante esse processo de mútuas interações, contribuindo para alterar, às vezes de forma estrutural, os padrões mentais do sujeito e, com isso, seu modo de ser e estar no mundo. Também não podemos deixar de lado, na nossa investigação, a importância decisiva dos momentos precoces da vida do bebê, em que é possível muitas vezes encontrar-se a raiz que alimenta o sofrimento do presente.

Pelo fato de estar imerso numa cultura dominada por um consumismo desenfreado, que lhe diz o tempo todo o que deve querer e do que deve gostar, e que precisa vender e vender sempre mais para poder se reproduzir, o indivíduo sequer sabe entrar em contato com suas necessidades mais íntimas, com seus desejos mais escondidos – nunca aprendeu, nunca lhe foi mostrado, nunca lhe disseram que isso seria decisivo em sua vida; ele quer e gosta do que o *marketing* lhe diz que deve querer e gostar. Esse sujeito – e de que sujeito se trata, absolutamente aprisionado, incapaz de cogitar o que significa ser livre? – sequer chega a conhecer seus talentos, suas potencialidades, sua capacidade criativa porque não teve e não tem oportunidade. Vivências sociais importantes acabam pasteurizadas por uma escola que reduz a educação à transferência de informação e o conhecimento à sua aquisição pura e simples; com isso, não olha para os alunos na sua individualidade, visto que o que importa é o programa a cumprir. A construção da subjetividade se faz por caminhos tortuosos e o contato com o eu interior, fonte de alimento para a vida individual e social, não se pratica, da mesma forma que não se pratica o contato com o corpo, que nos fala de tantas maneiras, pelos afetos, emoções e sentimentos, mas do qual somos totalmente inconscientes, do qual nos falta a mais primitiva percepção.

Também aprendemos a descurar da dimensão espiritual do indivíduo, tão intrínseca e primitivamente enraizada na constituição do humano, um caminho pelo qual o indivíduo poderia recuperar o sentido de unidade entre seu ser e o mundo, entre seu ser e o cosmo, e que o levaria a cultivar valores mais elevados de respeito à vida e de questionamento dos caminhos de uma civilização estritamente materialista, que reduziu o real tão só ao nível da realidade material e o ser humano ao *Homo economicus*, racional, egocêntrico e egoísta. Todo conhecimento dito não científico – e o proveniente do cultivo da espiritualidade, acima de todos – foi desprezado e relegado ao patamar da subjetividade, considerada de segunda categoria porque não testável, não mensurável, não obediente aos padrões de neutralidade e objetividade da ciência e por isso não confiável. A palavra *espiritualidade* tornou-se suspeita, identificada com ilusão, regressão, produto da imaginação, enquanto a subjetividade e qualquer expressão a ela associada foram varridas dos meios científicos porque não eram dignas do interesse das ciências. Essa atitude se radica na antiga dicotomia mente-corpo, que muitos creditam a Descartes, no século XVII, e que acabou conduzindo à extrema fragmentação do saber e à abordagem do ser humano como um conjunto de partes destacadas que podem ser entendidas em sua singularidade, sem que jamais seja necessário remeter-se ao todo para entender o indivíduo.

Em nossos diversos trabalhos apresentados em colóquios e congressos internacionais, sempre enfatizamos que o que nos mobiliza na clínica psicanalítica é a tentativa de alargar cada vez mais a compreensão do que seja o ser humano, por meio de sua relação consigo próprio, com seu ser interior (hoje em dia tão enfraquecido por força de uma cultura que tudo sacrifica em nome do progresso e da eficácia pela eficácia), com o outro, com a natureza e com a espiritualidade. Sempre enfatizamos também a necessidade de olhar o indivíduo como uma unidade complexa integrada, que não pode ser reduzida a instâncias que funcionam e se explicam de maneira independente, como se a vida psíquica tivesse tal autonomia que não prescindisse de um substrato neurobiológico para existir.

Nossa longa experiência com a prática clínica tem nos mostrado que o ser humano, sempre à custa de muita determinação, esforço perseverante e trabalho neuropsicanalítico, consegue ultrapassar os ditames do instinto de sobrevivência em que se acha aprisionado, que o leva a alimentar de forma incessante uma sociedade baseada na espoliação e na exclusão do próximo, no consumismo desenfreado, no uso irresponsável e predatório dos recursos naturais do planeta, e adquirir a capacidade de formular um significado mais alto sobre si mesmo, sobre sua relação com os outros, sobre sua responsabilidade social e para com a natureza, da qual depende fundamentalmente. Os valores que se tornam prioritários nessa nova atitude transcendem aqueles que se referem ao próprio asseguramento e bem-estar. Costumamos dizer que é a transcendência do egoísmo para o altruísmo, a transcendência em direção ao verdadeiro social-ismo.

Do nosso ponto de vista, o caminho da evolução do ser humano dá-se do desenvolvimento hominídeo para o humanídeo, em que, pelo contato consciente com seus sentimentos e com a realidade em que está inserido, ele passa do asseguramento da própria sobrevivência e do grupo para a conquista de valores mais elevados que o levam a adotar uma postura de abertura para consigo próprio, para com os que lhe são próximos, para com o social e para com a vida.

O indivíduo desenvolve a capacidade de poder pensar, de poder investigar a si próprio sem ter um objetivo prefixado, permitindo-se chegar com o pensamento onde é possível chegar sem previamente determinar, inclusive grande parte das vezes admirado e assustado ao alcançar um determinado ponto que reconhece como intermediário, porque daí para a frente tem a liberdade de abrir-se mais ainda para outros campos, para outras ampliações.

Além disso, o indivíduo começa a ter a condição de poder aceitar o fato de que nossos desejos são extremamente limitados em relação àquilo que chamamos de desejos da natureza. A natureza é indiferente a nossos desejos. E o que a natureza proporciona é o que o indivíduo tem de aceitar, saber aceitar e saber lidar. Esse é o grande segredo daquele que se adapta e vive bem.

Outro aspecto conquistado no nosso trabalho é que o indivíduo vai adquirindo cada vez mais a condição de poder permitir que as coisas aconteçam. Deixar acontecer vai se tornando algo natural, que chamamos de *let it go*: o indivíduo adquire essa condição interna de deixar os fatos acontecerem para ver quais são as consequências que deles decorrem e só então agir, sem se antecipar a eles. É como se o indivíduo tivesse a possibilidade de agir na emergência do futuro, através de uma ação no presente, de forma livre, permitindo a integração dessa ação no emergir do futuro.

O indivíduo, nessas condições, desenvolve um pensar totalmente livre, uma expressão totalmente livre de sentimentos e uma capacidade de poder criar situações no momento, de fazer trocas criativas, em que ocorrem constantes mudanças e uma verdadeira evolução no clima de suas relações.

Ao lado dessa postura, a capacidade de compreender, tolerar a própria humanidade, bem como e principalmente a do outro, a percepção clara do que é de si próprio e do que é do outro também promovem profunda modificação no indivíduo, na postura com o outro, e, a partir daí, uma profunda modificação na sua relação com a vida em geral. O resultado é uma postura de profunda compaixão, entrega, comprometimento e expansão espontânea sem limites na capacidade do indivíduo de poder pensar em si, no outro, na família, no social, enfim, na humanidade como um todo.

A transcendência da condição hominídea para a humanídea é ainda uma condição rara de desenvolvimento no caminho da evolução humana, que pode ser alcançada não só pela via da neuropsicanálise, mas também pela via da educação, desde que orientadas por uma atitude transdisciplinar na abordagem do ser humano. Uma abordagem reducionista, que não seja capaz de considerar as múltiplas dimensões que compõem a riqueza do humano, só fará reproduzir o modelo de sociedade que aí está e que caminha a passos largos para o império da barbárie e da autodestruição. Os resultados alcançados com nosso trabalho de desenvolvimento humano e social (que estão relatados no último capítulo) comprovam que ainda é possível nos engajarmos num projeto de esperança, que transforme o ser humano no agente de uma reviravolta sem precedentes, capaz de promover um salto qualitativo na história do planeta.

Capítulo 2
Fiat lux

A origem do universo e da vida

Do meu ponto de vista, o homem é o único ser que se questiona a respeito da natureza, qualidade que adquiriu com a emergência da consciência e a capacidade de encontrar e dar significado verossímil aos fenômenos da vida e da própria natureza que o cerca, possivelmente motivado pela compreensão de sua finitude e pelo desejo de ter controle sobre o que intuitivamente sabe ser incontrolável.

Na tentativa de obter o impossível, que é justamente desvendar a causa última dos fenômenos, o que lhe daria absoluto controle sobre sua própria existência e destino, o homem se embriaga com sua capacidade racional, criativa e inventiva, a ponto de acreditar que é possuidor da mais aguda inteligência, agindo como se suas conjeturas e hipóteses fossem verdades últimas irrefutáveis.

Uma das mais antigas, persistentes e instigantes questões que a humanidade tem-se proposto é a de saber como o universo foi criado. Mitos e lendas foram criados para responder essa indagação, entendidos em seu tempo como verdades últimas, cada povo e cada cultura procurando dar conta dessa inquietação que acompanha o homem, ao que parece, desde os primórdios de seu aparecimento sobre a Terra.

Criamos uma ficção a partir de descobertas presumíveis de pequenas partes de um todo inconcebível, e, a partir delas, fazemos outras descobertas, possivelmente tão parciais quanto as primeiras, as quais, no futuro, serão reformuladas e refutadas, para serem novamente reformuladas e refutadas, *ad infinitum*. Tais descobertas, que não são senão pálidos reflexos de uma realidade projetada num espelho forjador de ilusões, capaz de nos dar a imagem possível à nossa apreensão, nos servem de referencial para o entendimento dessa realidade – construímos uma configuração compreensível das partes e do todo ao nosso redor, que nos permite a sobrevivência e nos assegura as condições necessárias para buscar o desenvolvimento ou a destruição.

A teoria da origem do universo e da origem da vida, tal qual podemos conceber hoje de acordo com nossas condições de desenvolvimento, parte do pressuposto de que todos os fenômenos do universo são interligados, existindo entre eles uma relação de mútua dependência estreita, cada vez mais evidente, como veremos logo mais no item que discute especificamente o universo.

Como nós, muitos acreditam que o universo não teve começo nem terá fim e é verdadeiramente infinito. No entanto, podemos considerar que a teoria do Big Bang situa, no infinito, um momento em que o universo que conhecemos teve um começo, o que sugere que certamente haverá um momento em que terá fim, revelando-nos que tem idade e história – aproximadamente 15 bilhões de anos. Assim, há 15 bilhões de anos, o universo, que se encontrava compactado e contraído ao extremo, sofreu uma grande explosão, que arremessou a matéria e a energia que o compunham para todas as direções, iniciando um movimento de expansão. Essa explosão é conhecida como Big Bang, e o universo, neste momento de sua história, ainda se encontra sujeito às suas consequências.

Foi o astrônomo e cosmologista belga Georges Lemaître (1894-1966) quem primeiro propôs, em 1927, que o universo teve início com a explosão de um átomo primevo. Segundo ele, todo o universo – não só a matéria, mas também o próprio espaço – estava comprimido num único átomo, chamado átomo primordial; a matéria nele contida se fragmentou numa quantidade incalculável de pedaços, cada um dos quais foi sucessivamente se dividindo em outros menores até chegar aos átomos atuais, num fantástico processo de fissão nuclear. Na década de 1940, em uma série de programas populares de rádio na Inglaterra, essa teoria foi sarcasticamente chamada de Big Bang por Fred Hoyle, astrônomo inglês (1915-2001), ferrenho defensor da teoria do universo estacionário.

Em 1929, analisando o desvio para o vermelho na cor das nebulosas distantes, o astrônomo norte-americano Edwin Hubble (1889-1953) demonstrou as evidências que justificariam a teoria do universo em expansão de Lemaître: as galáxias distantes estariam se afastando de nós em todas as direções, em velocidades proporcionais às suas distâncias. As descobertas de Hubble provaram que o universo não é estático e restrito aos limites da Via Láctea, e sim dinâmico e em expansão.

A teoria do Big Bang predizia a existência de uma radiação cósmica de fundo, resultante da explosão inicial. Em 1965, Arno Penzias e Robert Wilson, que ganharam o Prêmio Nobel de Física em 1978, demonstraram a existência dessa radiação de fundo: uma radiação eletromagnética com pequeno comprimento de onda e invisível a olho nu. É comum encontrar-se a expressão "registro fóssil do Big Bang" para referir essa radiação, que hoje não é mais como era antigamente, constituindo apenas um vestígio residual da era primitiva.

Apesar de a teoria do Big Bang ser amplamente aceita, resta sem resposta um sem-número de questões, e grande parte das ideias que se formulam como consequência da explosão até a formação do universo são especulações que a ciência vem tentando comprovar ao longo do tempo.

Nas frações de segundo imediatamente após a explosão, o que era um completo vácuo começou a ser ocupado pelo que conhecemos como o universo atual. Admite-se que, no princípio, a explosão resultou numa sopa plásmica, tremendamente quente, como resultado de partículas de matéria e antimatéria espalhadas em todas as direções. Segundo todas as probabilidades, nesse início do universo, havia um equilíbrio entre a quantidade de matéria e de antimatéria. No entanto, se matéria e antimatéria se encontrassem nesse momento, haveria a geração tão fabulosa de energia de radiação que não haveria possibilidade de existir nada, nem universo, nem vida. Para que o universo aparecesse, era necessário que houvesse uma fissura nessa simetria, ainda que ínfima, para que a matéria ganhasse da antimatéria. Por que isso aconteceu é questão fundamental em foco nos debates atuais na física de partículas. Segundo as teorias atuais, essa quebra de simetria aconteceu numa fração infinitesimal de segundo depois do Big Bang. A nossa própria existência se deve a essa ínfima fissura de simetria que ocorreu nos primórdios do universo; sem ela, não poderíamos ter os planetas, os sistemas solares, as galáxias, nem a vida, nem o homem. A expressão consagrada diz que somos filhos das estrelas (Hubert Reeves). E o que as descobertas da física quântica vieram mostrar é que existe uma complexidade no mundo do infinitamente pequeno que está ligada à complexidade do mundo do infinitamente grande, a indicar que tudo tem uma mesma e comum origem, partilhada também pelo ser humano, que se encontra no meio desse percurso entre a escala do infinitamente pequeno e a do infinitamente grande.

À medida que o universo se expandia e esfriava, as partículas comuns, chamadas bárions, começaram a se formar. Englobavam fótons, neutrinos, elétrons e quarks, estes considerados os tijolos da matéria e da vida como as conhecemos. Nesse momento inicial, ainda não existiam partículas mais pesadas, como prótons e nêutrons, porque o ambiente era muito quente. Imagina-se que o universo era, então, uma sopa de quarks.

Com o gradativo resfriamento do universo, as partículas compostas, como prótons e nêutrons, genericamente chamadas de hádrons, passaram a constituir o estado comum da matéria. Nenhuma outra matéria mais complexa poderia formar-se ainda em virtude das altas temperaturas, apesar da existência de partículas leves chamadas léptons, que incluíam elétrons, neutrinos e fótons, com as quais os hádrons iriam reagir futuramente em temperaturas mais baixas, definindo o estado comum da matéria tal como se encontra no presente.

Segundo todas as probabilidades, a situação descrita teria ocorrido cerca de três minutos depois da criação do universo. Prótons e nêutrons começaram a reagir uns com os outros, formando os deutérios, que são isótopos de hidrogênio, e logo capturaram outro nêutron, formando o trítio. Rapidamente, outra reação teve lugar, com a adição de outro próton, originando-se o núcleo do hélio. Uma grande quantidade de núcleo de hélio passou a existir, na proporção de um para dez prótons. Com o posterior resfriamento, o excesso de prótons pôde capturar um elétron, criando-se finalmente o hidrogênio comum. Consequentemente, hoje, no universo, observa-se que existe um átomo de hélio para dez ou onze átomos de hidrogênio.

A formação de diferentes matérias e o resfriamento gradativo do universo foram responsáveis pelo surgimento de corpos celestes como as estrelas. O espaço interestelar continha grande quantidade de hidrogênio, que começou a se condensar em massas gasosas. Turbulências nessas massas gasosas produziram bolsões de gases de alta densidade, favorecendo a produção de equilíbrio entre uma tendência à coesão pela gravidade e uma tendência à irradiação, resultante de reações termonucleares que ocorriam na intimidade de condensados gasosos, que eram as estrelas em formação. À medida que esses dois processos entravam em equilíbrio, a estrela iniciava seu ciclo de vida como estrela individual, chamado de sequência principal.

A partir daquele momento, a matéria que se condensou foi gradualmente consumida em reações termonucleares durante um tempo calculado em 8 bilhões de anos. Quando determinada porção de hidrogênio era consumida, a estrela se transformava primeiro em gigante vermelho, depois em estrela pulsante e, em seguida, em supernova. Quando isso acontecia, ela espalhava elementos pesados pelo espaço. O que restava de matéria no centro da estrela entrava em colapso, transformando-a numa estrela menor, de densidade extraordinariamente alta, chamada anã branca.

Nosso Sol encontra-se na metade de seu tempo de vida, ou seja, ele existe há cerca de 4 ou 5 bilhões de anos, restando-lhe mais 3 bilhões de anos para que reações termonucleares consumam determinadas quantidades de hidrogênio e o transformem numa estrela vermelha. Da mesma forma que costuma acontecer com as estrelas, o Sol foi atraindo matéria cósmica, que ficou girando ao seu redor em função de sua força de gravidade. Em geral, essas matérias dependem energeticamente da estrela. A Terra e os demais planetas que conhecemos fazem parte dessa matéria que foi capturada pelo Sol, sendo possivelmente resultado da explosão de estrelas supernovas, devido à presença abundante de elementos pesados.

Calcula-se que a Terra tenha pelo menos 5 bilhões de anos, no decorrer dos quais tenha passado por inúmeras transformações. Seguramente, houve um tempo em que sua superfície esteve muito aquecida e o gradativo resfriamento por que passou possibilitou o surgimento de água sobre ela, resultante da reação do hidrogênio com o oxigênio. Há 4 bilhões de anos é provável que sua atmosfera fosse constituída de gases como metano, amônia, hidrogênio e hélio, submetida a constante bombardeio de radiações energéticas de toda ordem, como acontece até hoje – raios ultravioleta, raios gama, descargas elétricas e outros impactos advindos do espaço sideral e da própria Terra, como as erupções vulcânicas. O resultado foi a produção das mais diversas espécies moleculares em sua superfície e atmosfera, originando diferentes elementos químicos, que começaram a ligar-se uns aos outros por força de reações químicas, das quais derivaram moléculas de substâncias inorgânicas variadas. Com o passar do tempo, produziu-se uma diversidade incalculável de substâncias orgânicas a partir daquelas, dotadas de estrutura totalmente diferente das substâncias inorgânicas.

O que importa salientar é como a convergência aleatória de fatores fez surgir novos produtos antes inexistentes. Estes, por sua vez, acabaram combinando-se entre si, submetidos a circunstâncias que foram ocorrendo ao acaso, dando origem a produtos mais complexos, construídos em configurações inimagináveis, graças ao capricho das possibilidades e do acaso.

As substâncias orgânicas provenientes da combinação dos elementos mais simples, dissolvidas na água presente na superfície da Terra, submetidas a constantes radiações de diversa natureza, produziram substâncias orgânicas mais complexas, como os carboidratos, os lipídios e os aminoácidos. Conglomeradas em pequenas vesículas de água, essas substâncias puderam combinar-se para formar outras ainda mais complexas, as quais, por força de suas mútuas inter-relações, adquiriram a propriedade de fazer emergir a condição que chamamos *vida*. Essa condição conferia ao conjunto, envolvido por membrana circundante que o separava do meio, uma série de propriedades como a manutenção de sistema energético fechado, com a conservação da energia para uso interno, contra a sua difusão no meio; a capacidade de autoengendramento, autorreparação e auto-organização para preservação de suas características específicas.

Os primeiros sinais de vida na Terra datam de 3,5 bilhões de anos atrás, um bilhão de anos depois da formação do planeta. Os primeiros organismos eram unicelulares, com bioquímica extremamente simples, partindo dos coacervados, diferentes de outros organismos unicelulares que apareceram mais tarde.

Existe, hoje, uma corrente de pesquisadores que defende a ideia de que a vida tenha vindo do espaço, por ter sido comprovada a existência de compostos orgânicos nele. Em 1970, foi encontrada, num meteorito que ganhou o nome de Murchinson, grande quantidade de aminoácidos, que é um dos compostos fundamentais no processo de criação da vida. Talvez se possa pensar, a partir daí, que as substâncias orgânicas que compõem o ser vivo não se encontram exclusivamente na Terra, mas podem estar espalhadas pelo sistema solar, o que não nos autoriza a pensar, todavia, que a existência de vida com características semelhantes à da Terra esteja confirmada em outros planetas.

De qualquer modo, tenha a vida surgido da combinação de compostos orgânicos provenientes do espaço, ou tenha sido sintetizada de forma autóctone em ambientes aquosos na superfície da Terra, o fato é que ela surgiu quando a síntese de compostos orgânicos mais complexos foi possível, devido ao favorecimento energético, formando-se um sistema complexo de relações e combinações desses compostos entre si. Ou seja, quando, pelas infinitas possibilidades de combinações, ocorreu dada configuração de reações entre determinadas substâncias orgânicas, inseridas em ambiente com condições específicas, emergiu o fenômeno *vida*, dotado de autonomia, coesão e capacidade de comandar o próprio sistema como um todo, trabalhando para sua preservação e perpetuação pela reprodução duplicativa.

Do nosso ponto de vista, o que importa considerar, em relação à vida, são as infinitas possibilidades de reação e combinação entre os elementos químicos, ditadas por fenômenos físico-químicos, sujeitos, eles mesmos, às inumeráveis influências que afetavam os ambientes em que os elementos estavam inseridos.

Nos meus primeiros estudos fascinava-me o surgimento *repentino* de um contexto que permitia que dois elementos, até então incompatíveis entre si, se combinassem para fazer surgir um terceiro, completamente distinto dos anteriores, com funções inimagináveis, por força da conjugação de determinadas condições que poderiam ocorrer dentro de infinitas outras possibilidades.

A mágica da natureza me encantava e dava margem a meus sonhos e elucubrações. A sopa de substâncias orgânicas na qual despontavam aminoácidos, lipídios e carboidratos não era simplesmente a mistura de elementos soltos num caldo, num meio líquido. Do meu ponto de vista, existia entre as substâncias um elo determinado por causalidades não programadas, que aconteciam e se influenciavam reciprocamente para de novo afetar e modificar as substâncias até que elas adquirissem, num determinado momento, uma certa configuração. Essa configuração das substâncias, aglomeradas em relações complexas e constituindo moléculas complexas, determinava o surgimento de um campo energético que conferia àquele todo autonomia e determinadas qualidades que não poderiam ser previstas nem produzidas a partir da pura e simples combinação dos elementos entre si. E um dos campos que emergia dessa configuração constituiu a entidade chamada vida, dotada da capacidade de voltar-se para a própria estrutura dos elementos configurados e organizados de determinado modo para conduzi-los, comandá-los, modificá-los, criá-los e autorregenerá-los. Essa mesma entidade também tinha a capacidade de lutar para manter acesa a chama da energia, contrapondo-se a forças entrópicas que buscavam destruí-la, pela criação de dispositivos de captação das alterações que ameaçavam sua constituição e de recursos capazes de promover a reparação do que fosse necessário para restaurar a antiga condição.

Do meu ponto de vista, a ideia essencial a reter, no que se refere à origem do universo e à origem da vida, está na continuidade da energia cósmica, que se transforma em elementos químicos, e na sua incrível capacidade de modificação, pois está claro que é a energia cósmica que se transforma em elementos químicos, os quais, por influência dessas mesmas condições cósmicas, se transformam em elementos mais complexos. Depois de inúmeras possibilidades de combinação entre si, os elementos mais complexos acabam adquirindo determinada configuração, que faz surgir um campo energético, eletromagnético ou de outra natureza, que gera a condição chamada *vida*. Esta, por sua vez, vai se complexificando até dar origem a uma série de funções e expressões, algumas eminentemente humanas, como o psiquismo. Fica, assim, evidente que toda a natureza está conectada numa totalidade integrada indissociável e que a separação entre ser vivo e meio é apenas um artifício do intelecto.

Essa ideia básica conduz necessariamente a uma diferença decisiva na concepção das relações entre o ser vivo – o homem, em particular – e o meio, se comparada à visão fragmentada, separada, que se tem do ser vivo em relação ao universo. O homem funciona de forma integrada na totalidade em que está inserido, totalidade essa que, em algum momento de sua história, o engendrou. Da mesma forma, o organismo humano, como qualquer organismo, funciona como uma totalidade e não pode ser pensado na perspectiva mecanicista do século XIX, que identificava a natureza e o corpo humano a máquinas, das quais se conheciam as peças avulsas que desempenhavam cada uma, isoladamente, suas funções e com as quais se podia construir o todo. No entanto, foi por intermédio do estudo da própria natureza que se pôde chegar à ideia de que ela é muito mais complexa e mais rica do que se poderia imaginar e do que poderia alcançar o nosso entendimento.

As ideias de combinações infinitas ao acaso, de influências mútuas em dois sentidos, retroativas e proativas, e do fenômeno da emergência, que se tornaram tão conhecidas após o surgimento da teoria da complexidade, eram-me tão claras desde minhas primeiras elucubrações, sem que tivessem o nome que adquiriram na atualidade, e costumavam provocar reações de tamanha incredulidade nas pessoas que me ouviam, que hoje me surpreendo quando isso não mais acontece e descubro que, como eu, outras pessoas enveredaram pela mesma linha de raciocínio.

O universo

Nas minhas primeiras apresentações sobre o tema do psiquismo humano e da consciência, sempre introduzi a discussão considerando a hipótese da existência de uma memória no universo, que também poderia ser identificada a uma espécie de consciência inteligente, um saber como fazer, presidindo todos os fenômenos da natureza, dos mais simples aos mais complexos, em todas as dimensões do cosmo. Do meu ponto de vista, essa memória, que chamo de memória quântica, pode ser observada e apreendida quando se olha ao redor para a natureza com olhos investigativos, despidos de preconcepções, e se procura observar como funciona de fato o universo, com base numa percepção perscrutadora e discriminadora.

Apaixonado pelas formas que se repetem na natureza, relacionei-as à expressão dessas memórias. Assim, do meu ponto de vista, as memórias que se transmitem, presentes de alguma forma nesses fenômenos, são responsáveis pelas formas que se repetem e se correlacionam na natureza e no universo.

As galáxias, por exemplo, como fenômenos astronômicos de alta energia, mostram-se com uma formação espiralada. A imagem de um furacão movendo-se sobre uma vasta extensão de terra apresenta a mesma forma. Também a imagem de um tornado, que arrasta com sua energia o que encontra pela frente, com consequências catastróficas, movimenta-se de forma elíptica.

Trata-se de movimentos altamente energéticos, como o movimento dos redemoinhos nos rios e nos mares e do escoamento da água numa pia. A energia em movimento descreve uma forma que se repete, como se fosse a projeção de uma memória. Da mesma forma acontece com as imagens extraordinariamente belas dos fractais, que são estruturas dinâmicas que se movimentam, determinando uma constante que se repete, como que obedecendo a uma memória. Também a observação de um espectrograma[1] de uma molécula de DNA mostra a mesma formação espiralada.

A similaridade na forma desses fenômenos revela que existe um *continuum* energético a unir os fenômenos constituintes de todo o universo, presente na intimidade de todas as suas manifestações sob a forma de partículas elementares e energia – que são, na realidade, uma coisa só – desde o Big Bang, passando pela formação das galáxias, das estrelas, dos elementos químicos, das primeiras moléculas de proteína, até as manifestações psíquicas humanas. Essa memória constitui o *código quântico*, e, particularmente nos fenômenos referidos, é detectada pela forma helicoidal. É possivelmente a partir do código quântico carregado nessas energias, ou de alguma forma vinculado a elas, que todos os fenômenos do universo se criam, acontecem, se transformam e voltam a acontecer (a cada vez de forma particular, porque o contexto em que esses fenômenos acontecem nunca é o mesmo), deixando sempre sua marca antes de voltar a repetir-se.

---

[1] Espectrografia é uma forma de captar o som e registrá-lo por escrito em duas dimensões, como uma notação musical contínua.

Desde então, tenho dedicado atenção especial ao tema, não tendo deixado, em nenhum momento, de manifestar minha convicção mais genuína de que existe uma conexão entre os fenômenos da memória e da consciência no nível do humano e uma memória e uma consciência no nível cósmico, aquelas sendo parte integrante destas.

Depois de quase cinquenta anos de investigação e experiência no campo da memória e da consciência humana, permito-me fazer uma pausa na discussão do que seja memória e seus desdobramentos possíveis, do meu ponto de vista, para retomá-la no Capítulo 3. Gostaria de introduzir algumas considerações sobre onde nos encontramos, buscando entender o contexto macrofísico que nos rodeia e a matéria de que é composto, agora não mais sozinho, apoiado em minhas próprias convicções, mas trazendo a contribuição de nomes importantes do pensamento contemporâneo, como Ervin Lazlo, Lynne McTaggart, Basarab Nicolescu, Stéphane Lupasco, David Bohm, dentre outros. Transitando confortavelmente da física à filosofia, muitos desses pensadores procuram mostrar não só que o mundo mudou e está à beira de mudança radical em termos evolutivos, mas também, e principalmente, que nossa apreensão dele mudou, e precisamos alargar nossos paradigmas para entendê-lo na complexidade que lhe é própria – afinal, há muito mais complexidade envolvida no fenômeno da vida e de sua transmissão e no próprio universo do que poderíamos supor há duas décadas. Sem essa compreensão e esse entendimento jamais poderemos dimensionar de forma adequada o tema da sustentabilidade e da rede de relações e de relações entre relações que nos envolve a tudo e a todos inapelavelmente, e que nos faz corresponsáveis pelo futuro da espécie humana e do entorno, em sentido lato, do qual ela depende para sobreviver.

Assim, o que nos importa considerar, nas questões relativas ao psiquismo humano e ao fenômeno da consciência, é que estamos mergulhados num universo que a mais vanguardista linha da pesquisa científica descreve como um *vacuum quântico*. Longe de constituir um espaço vazio, esse *vacuum* é, na verdade, um *plenum cósmico*, um campo em que energias sob diferentes formas (cinética, térmica, gravitacional, elétrica, magnética, nuclear, em ato e em potência) se entrecruzam, no qual todas as coisas e todos os seres são interligados por uma rede sutil e de influência quase instantânea, que os faz, a tudo e todos, pertencentes a um mesmo e vasto sistema.

Esse meio essencial é igualmente referido nas tradições das antigas escolas de sabedoria dos povos ditos primitivos pela cultura ocidental sob o conceito fundamental de Akasha. Está presente em especial na cultura védica. Esse meio subjaz a tudo o que existe, a tudo o que já existiu e supostamente desapareceu, e a tudo o que virá a existir. É pura potência e não pode ser percebido pelos nossos sentidos, a não ser a partir do momento em que, no próprio ato do conhecimento, damos existência àquilo que chamamos de objeto de conhecimento. Para aqueles povos antigos, existe uma origem comum e única para tudo o que existe, incluindo seres vivos e não vivos. Tudo o que existe provém desse meio primevo essencial e a ele retornará, como num ciclo de eterno retorno, que se renova incessantemente, sem, no entanto, nunca se repetir, como se tudo que nascesse, evoluísse e desaparecesse deixasse para sempre sua marca nesse mar primordial como uma memória, que fica registrada, à semelhança do código genético, em tudo o que surgir a partir de então.

Como já referido, essa é também a visão de uma linha mais avançada da pesquisa científica, que compartilha com a cultura védica a ideia de uma origem comum para tudo o que existe. Segundo essa linha, é possível pensar em um metauniverso ou metaverso, fonte primordial ou causa primeira a partir da qual tudo começou, a matriz de todos os universos já criados e ainda por nascer, de toda força e de toda matéria. Ainda desse ponto de vista, no ciclo de universos que se sucedem nesse metauniverso, cada universo é gerado por seu predecessor e gera seu sucessor. Suspeita-se, no caso da Terra, que um universo anterior tenha gerado seu nascimento, da mesma forma que o código genético informa a concepção e o desenvolvimento do embrião que resultará no ser humano, e que o acaso desempenhe um papel irrelevante nesse processo.

Cogita-se que esse universo anterior ou outros universos tenham de alguma forma criado campos de excitabilidade no *vacuum quântico*, originando neste padrões de interferência que acabariam provocando a instabilidade e as flutuações que resultaram no Big Bang. Talvez inúmeros *bangs* tenham criado inúmeros universos, e como tudo se processa numa rua de mão dupla, ou de muitas mãos, as interferências recíprocas já teriam alterado o próprio metaverso. Essa é uma questão ainda sem resposta.

O que se sabe é que nada desaparece sem deixar traço, de onde se conclui que o conceito de memória é muito mais amplo e abrangente do que se poderia imaginar e está inequivocamente associado ao fenômeno mesmo da existência, quer se esteja no domínio do universo quântico, dos seres vivos, ou das estrelas, planetas e galáxias.

Isso quer dizer também que, como tudo tem uma origem comum, o microdomínio do universo quântico, o domínio dos seres vivos e o macrodomínio das estrelas, planetas e galáxias, na intimidade mais essencial de cada uma de suas manifestações, são compostos do mesmo tipo de elemento e apresentam o mesmo conjunto de propriedades, que explica a conexão entre tudo o que existe.

Mas é preciso distinguir, num primeiro momento, a conexão entre tudo o que existe no nosso mundo macrofísico e que, do ponto de vista da física, se explica pelo fenômeno da coerência, de outro tipo de coerência, mais recentemente descoberta, a chamada coerência não local, que diz respeito ao fato de haver uma correlação quase instantânea entre as partes ou elementos de um sistema, seja esse sistema um átomo, um organismo, um planeta ou uma galáxia.

Mas vamos por partes para facilitar o entendimento.

O fenômeno da coerência, que explica a conexão entre tudo o que existe no mundo macrofísico, se refere à luz como sendo composta por ondas que guardam uma diferença constante de fase. Isso quer dizer que as relações de fase entre essas ondas são constantes e seus processos e ritmos são harmônicos entre si.

Essa é a forma padrão de coerência, há muito conhecida na física. Mas a coerência de que se fala hoje é a coerência não local, à qual se pôde chegar por outra descoberta não menos surpreendente da física no século XX, a da existência de uma nova escala, a escala do mundo quântico, o mundo do infinitamente pequeno. Essa descoberta mostrou a existência de outros níveis de realidade além do nível macrofísico, eles mesmos governados por uma lógica bem mais complexa do que a lógica que vale para o nosso mundo e que explica, inclusive, a coerência não local que referimos acima.

A complexidade do mundo quântico se expressa por uma série de propriedades que nos causam no mínimo estranheza, visto que estávamos acostumados à lógica aristotélica, segundo a qual uma coisa não pode ser ela mesma e outra ao mesmo tempo, nem estar aqui e ali simultaneamente. Descobriu-se que as menores unidades identificáveis de matéria não são realidades separadas, mas feixes de energia, que ora se comportam como matéria, ora como força, ora como luz.

Além disso, a unidade quântica pode estar aqui e ali ao mesmo tempo, no espaço e no tempo, e existir em uma série de estados simultaneamente. Ela pode ser uma coisa e o seu contrário ao mesmo tempo. Assim, ela não possui características definidas em si, porque pode ocupar diferentes estados virtuais. No entanto, enquanto está sendo observada e medida, e somente nesse momento, passa a existir num estado real, ficando todos os demais estados como que rebaixados. Mas nunca se pode saber com antecedência qual estado ela virá a ocupar, dentre todos os estados virtuais que lhe estão disponíveis. A escolha parece ser sempre da própria partícula, não havendo nenhuma regularidade ou lei que nos permita saber previamente o que lhe acontecerá. Isso é o que de fato se pode chamar de acaso.

Outra característica da unidade quântica é ser altamente sociável. Uma vez que tenha compartilhado com outra o mesmo estado, elas permanecerão unidas para sempre de uma forma misteriosa e não energética, não importa a distância que as separe no espaço ou no tempo. O que acontecer a uma delas afetará a outra igualmente, sem que haja qualquer troca de força ou energia entre elas. Isso contraria o postulado mais fundamental de Einstein, segundo o qual não há nada que possa viajar numa velocidade mais rápida do que a da luz. No nível subatômico da matéria, ficou comprovado que isso pode acontecer.

O que é ainda mais extraordinário é que essa coerência existe em todas as escalas da natureza, do domínio do infinitamente pequeno ao domínio do infinitamente grande, do quântico ao cósmico, passando pelo domínio dos seres vivos. A mesma complexidade que se observa no mundo quântico se observa no mundo cósmico, é como se existisse um ciclo de continuidade e inter-relação entre eles, o que remete ao fato de que ambos têm uma só e mesma origem, o *vacuum quântico* ou *plenum cósmico*, do qual tudo deriva. Por isso também o mundo macrofísico, no seu nível mais profundo e fundamental, existe como uma rede complexa de relações interdependentes que se mantém ativa para sempre. Segundo Ervin Lazlo (2007), filósofo e cientista húngaro que há mais de 40 anos pesquisa uma teoria integral do todo que explique a interconexão do cosmos, esse universo bem poderia ser chamado de sistema quântico supermacroscópico, e sua principal característica seria a in-formação:

> in-formação é a sutil, quase instantânea, não evanescente e não energética conexão entre coisas em diferentes locais do espaço e eventos em diferentes pontos do tempo. Essas conexões são chamadas de não locais nas ciências naturais e transpessoais na pesquisa da consciência. In-formação liga coisas (partículas, átomos, moléculas, organismos, ecologias, sistemas solares, galáxias inteiras, como também a mente e a consciência associadas com algumas dessas coisas), não importa a distância entre elas [milímetros ou anos-luz] nem quanto tempo tenha se passado [segundos ou bilhões de anos] desde que as conexões entre elas tenham se estabelecido. (tradução do autor)

Teorias evolucionistas pós-darwinistas e a biologia molecular comprovaram a existência da mesma coerência não local entre os organismos e entre os organismos e seu meio e, do ponto de vista da pesquisa avançada sobre a consciência, a mesma conexão entre a consciência de uma pessoa e a mente e o corpo de outra. Além disso, suspeita-se que a consciência possa sobreviver à morte física do corpo que a abriga; que se possa mesmo, sob certas condições, entrar em contato com pessoas que tenham morrido há não muito tempo e conversar com elas; praticar a cura à distância de pessoas queridas ou com as quais alguma vez na vida já tenhamos entrado em contato. As implicações e os desdobramentos desses achados investigatórios para nós, que trabalhamos com o sofrimento humano de diferente natureza e origem, não poderiam ser mais revolucionários e auspiciosos.

Uma coisa, porém, é certa: como o cérebro humano consegue produzir as incontáveis sensações de diferente natureza qualitativa que formam nossas sensações na pele, pensamentos, imagens, sentimentos de alegria, tristeza, angústia, desesperança, aflição, etc., que povoam nossa consciência e tomam conta de nosso universo mental, está além do alcance da pesquisa neurofisiológica pura e simples. Até aqui o que se consegue saber com alguma certeza, devido à ressonância magnética por imagem, é que, quando determinados pensamentos aparecem, ocorrem determinadas reações químicas em áreas específicas do cérebro, mas nada além disso. Nada nos assegura de que essas reações químicas particulares numa rede específica de neurônios, localizada em certa região cerebral, seja a responsável pelos fenômenos que de repente assaltam nossa mente. Não temos ainda essas respostas e as evidências parecem indicar que existe um espalhamento de funções interligadas por todo o cérebro, a mostrar que se trata de órgão complexo, que funciona de modo integrado.

O fenômeno da consciência parece desafiar os limites estreitos das estruturas cerebrais e do seu funcionamento, está além da anatomia e da fisiologia do cérebro e do sistema nervoso, e não podemos nos esquecer de que, no seu nível mais elementar, os neurônios são constituídos de unidades quânticas de altíssima complexidade, como revelam Penrose e Hameroff, dentre outros, e que essas unidades não são, elas mesmas, desprovidas de memória ou de uma certa capacidade de conhecer ou saber e de se conectar com tudo aquilo com que, em algum momento do tempo e do espaço, entraram em contato.

Edgard Mitchell, um dos astronautas da nave Apollo 14 que pisou em solo lunar em 1969, enquanto observava o espaço pela janela da nave, experimentou uma das mais marcantes e inesquecíveis sensações de toda a sua vida: a percepção de um profundo sentimento de ligação com todos os planetas e todas as pessoas de todos os tempos, como se tudo no espaço estivesse inapelavelmente unido por uma invisível e misteriosa rede de conexão. Interessado em desvendar os segredos da natureza e a natureza mesma da consciência humana, Mitchell enveredou por esse ramo da pesquisa científica, associando-se a outros cientistas renomados que, como ele, acreditavam na necessidade iminente de mudar os paradigmas de abordagem da teoria da evolução, do fenômeno da consciência, do fenômeno da vida, da dinâmica entre todos os seres vivos e da dinâmica da matéria.

Para Mitchell, tudo no universo – seres vivos e não vivos – tem intrinsecamente a capacidade de saber, inclusive formas menos desenvolvidas de matéria. As moléculas, segundo ele, sabem como combinar-se em células; estas, por sua vez, sabem como reproduzir-se e combater agentes externos, e assim por diante, até chegar a formas mais evoluídas de organização celular, como na consciência humana. Segundo ele, a percepção e a intenção humanas têm sua raiz originária no cosmos, já estavam presentes em potência no nascimento do universo.

Mitchell não está sozinho nessa posição, mas tem a seu lado importantes nomes da pesquisa científica, que, como ele, acabaram se defrontando com descobertas que não se encaixavam na visão da realidade proposta pela física clássica nem no entendimento corrente sobre a percepção humana.

Ervin Lazlo, Basarab Nicolescu, Matthieu Ricard, Karl Pribram e outros compartilham dessa mesma visão. Para eles, todas as coisas no universo – *quanta*, galáxias, moléculas, células, organismos – têm materialidade e interioridade. Matéria e mente não são realidades separadas, mas aspectos complementares da realidade do cosmos, o que desfere o mais certeiro tiro de misericórdia sobre a dualidade mente-corpo. Tudo se passa por conta da mesma coerência não local, que é responsável inclusive pela possibilidade de o homem desenvolver sua consciência para formas mais elevadas e entrar em contato com outros níveis de realidade, muito além daquele que é captado pelos órgãos dos sentidos. Praticantes avançados de ioga e de meditação profunda têm confirmado essa possibilidade e relatado vivências que os colocam em conexão profunda com o cosmos, de forma semelhante à experimentada por Edgard Mitchell a bordo da Apollo 14. Vários povos primitivos também dispunham desse conhecimento em grau desenvolvido e praticavam diferentes formas de comunicação transpessoal com diferentes propósitos, para o bem e para o mal.

Sabe-se que tudo no universo, seres vivos e não vivos, incluindo o corpo e o cérebro humanos, estão constantemente oscilando em diferentes frequências, gerando campos de ondas que emanam de tudo o que existe. Quando essas ondas provenientes de um objeto ou ser encontram-se com as de outro, uma parte delas é refletida por este segundo objeto (ou ser) e outra parte é absorvida por ele. Esse objeto (ou ser) fica, assim, energizado e cria um outro campo de ondas que vai na direção do objeto (ou ser) que emitiu as primeiras radiações. As interferências entre esses campos vão criando outros incontáveis campos de ondas em resposta às radiações recebidas e o resultado é um padrão geral que funciona como um holograma. Esses hologramas carregam informação dos objetos (ou seres) que criaram os campos de ondas e podem ser *lidos* por todos aqueles cujos próprios hologramas estiverem em sintonia. Por isso, hologramas que estejam sintonizados na mesma frequência de onda podem trocar informação, o que explica a comunicação não local que pode ocorrer entre pessoas que estejam distantes no tempo e no espaço. Como nosso cérebro não se limita a entrar em contato apenas com nosso próprio holograma, ele pode estar operando em ressonância com hologramas de outras pessoas, especialmente daquelas com quem temos ou tivemos algum tipo de ligação física ou emocional. A informação que captamos dos hologramas de outras pessoas normalmente vem sob a forma de imagens ou sensações, raramente sob a forma de palavras. Isso explica por que muitas mães de repente "sentem" que seus filhos estão em apuros, que sofreram algum tipo de acidente ou experiência traumática, o mesmo acontecendo com casais que se acham emocionalmente muito envolvidos.

Gerações e gerações de pessoas foram deixando seus traços holográficos no *vacuum quântico* e estes podem ser acessados e decodificados pelas ondas cerebrais de todos os que cruzarem esse campo e tiverem suas ondas em oscilação sintonizada na mesma frequência. Nessas circunstâncias, a conjunção dessas diferentes ondas cria um canal de comunicação entre os objetos (ou seres) que emitem esses campos de ondas, que é coerente do ponto de vista espacial e temporal e por isso permite que a informação se transmita.

Se vivemos imersos num campo que é pura energia de diferente natureza, se tudo o que existe é constituído, no seu nível mais elementar, por unidades quânticas que flutuam e se movimentam em todas as direções, e se somamos seis bilhões e meio de seres humanos no planeta, cujas ondas cerebrais, carregadas de significado e informação, cruzam o cosmos em todos os sentidos possíveis e interferem umas nas outras, formando hologramas – sem contar que tudo o que um dia existiu deixou gravada de alguma forma sua memória no cosmos –, é evidente que o conceito do que seja o inconsciente adquire uma dimensão e uma importância ampliadas para nós, que trabalhamos com o psiquismo humano. Como já referimos anteriormente, a pesquisa da consciência, desenvolvendo-se num pano de fundo com essas características, com todos os desdobramentos de que mais e mais se tem notícia, como os fenômenos de telepatia, cura e comunicação à distância, comunicação entre gêmeos, sobrevivência da consciência após a morte física do corpo, precisa avançar para que essas evidências possam ser esclarecidas à luz da ciência.

Freud, na sua genialidade, foi o primeiro a dar-se conta de como tudo isso reverberava nas manifestações do comportamento humano, quando descobriu o fenômeno do inconsciente, ao tratar da histeria. Segundo ele, as reminiscências de que sofriam os histéricos nada mais eram senão memórias de alguma coisa que vinha do passado, que estava inconsciente, memórias das quais o paciente não se lembrava, era incapaz de rememorar, mas que estavam agindo, estavam presentes.

Os estudos neurofisiológicos que desenvolveu com o *Petromyzon* lhe permitiram descobrir que as mesmas células presentes nas primeiras manifestações do sistema nervoso em peixes muito primitivos estavam presentes também em peixes mais evoluídos. Tratava-se do mesmo tipo de célula; o que variava era o modo de organização e as relações que elas estabeleciam, o que explicava a mudança de funções. Assim, as mesmas células integravam sistemas mais complexos, à medida que se subia na cadeia evolutiva, o que demonstrava haver um *continuum* entre as espécies. Por essa descoberta em termos anatômicos, ele teve a confirmação do fenômeno da evolução. Relacionando-a ao fato de que as células carregam uma memória que se transmite de geração em geração, pôde concluir que existem heranças de comportamento que foram transmitidas pela filogênese, que explicam determinadas manifestações psíquicas presentes no ser humano hoje e que teriam supostamente tido uma razão de ser em algum momento do passado, no que ele chama, em alguns textos metapsicológicos mais recentemente descobertos, de uma era glacial.

Se pensarmos que cem anos se passaram desde esse *insight* fundamental, podemos avaliar a importância do trabalho de Freud e a genialidade de sua descoberta, mais ainda quando se consideram as limitações da biologia, da física e da química no cenário em que ele viveu.

De qualquer forma, o que importa reter é que estamos tratando, no domínio do universo e no domínio do ser humano, de mudança, de ritmos, de evolução, e que essa evolução que se observa caminha na direção de uma maior coerência e complexidade nos níveis quântico, físico, biológico e cosmológico. Tomando-se por parâmetro a Terra, o ciclo de evolução parece partir de universos puramente físicos para universos que abrigam vida, que são universos fisicobiológicos, e destes para universos fisicobiologicopsicológicos, que são universos que incluem a mente associada a formas de vida mais complexas. Por isso, é possível supor a existência de vida em outros planetas, já que análises de espectros astronômicos mostram a extraordinária conformidade da composição da matéria em outras estrelas e planetas a elas associados. A presença de hélio, hidrogênio, oxigênio, nitrogênio e carbono em outras estrelas faz supor que outros planetas possam ter evoluído em direção a formas cada vez mais complexas de organização e diferenciação celular por terem preenchido os mesmos requisitos que a Terra, para que a vida emergisse e se configurasse em formas cada vez mais complexas. Mas trata-se, ainda, de mera suposição, de modo que nada nos autoriza a dizer que exista vida e vida inteligente em qualquer outro lugar do universo.

Capítulo 3
Teoria dos registros básicos de memória

Pensamentos intrusivos quando o assunto é memória

Logo que entrei na faculdade de medicina, pude constatar, com surpresa, como era grande o número de estudantes, alguns já adiantados no curso, que desconhecia o fenômeno da continuidade energética que liga o cosmos a tudo o que existe sobre a Terra e sob os oceanos, da natureza aos fenômenos fisiológicos humanos. A maioria deles desconhecia a dinâmica dos seres vivos para sobreviver, e, consequentemente, a dinâmica do organismo humano para manter-se vivo. Com isso, eles sequer desconfiavam de que os sinais, os sintomas e as doenças se inserem no rol dos recursos de sobrevivência do organismo vivo, e que este, por meio do mecanismo de homeostase, procura manter o meio interno em condições adequadas para preservar a vida.

Diante dessa situação, eu me perguntava de que forma concebiam o tratamento das doenças. Que tipo de intervenção médica poderiam propor para cuidar da saúde dos pacientes? Estaria o médico de fato entendendo o motivo pelo qual propunha tal e qual intervenção? E as investigações médicas? Em que premissas se baseavam?

Dei-me conta, nos primeiros anos do curso de medicina, de que esse desconhecimento tinha origem no processo educacional baseado no paradigma da fragmentação do todo, muito mais profundo do que o simples paradigma da cisão mente-corpo, que lastreava e lastreia a prática e o ensino médicos.

Por isso mesmo, a intenção de reverter a dicotomia mente-corpo no ensino médico, para que os futuros profissionais, a partir de uma visão integrada do organismo do homem e da conexão entre esse organismo e o meio do qual ele emergiu, pudessem exercitá-la na prática médica, fracassou em escolas de medicina como a que eu frequentei, que buscava oferecer aos alunos um contato precoce com as disciplinas humanísticas, em especial a psicanálise. Apesar desse esforço, até onde pude acompanhar, raros foram os alunos que depois se orientaram na prática profissional por uma visão integrada corpo-mente. Aqueles que optaram por especialidades orgânicas, desdenhavam o aspecto psíquico, e aqueles que escolheram as ciências do comportamento, como meus colegas psicanalistas, desdenhavam o aspecto corporal em suas concepções, demonstrando preconceito e dificuldade em tudo semelhante àqueles que nunca haviam tido uma formação integrativa.

Além disso, no contato com psicólogos e psicoterapeutas em programas de formação, em especial os de abordagem reichiana, em cursos de especialização ou em situações de supervisão, pude verificar como era comum as concepções sobre o corpo e a energia corporal se basearem em pressupostos esdrúxulos, ou místicos, e serem incorporadas como conhecimento, mas não apreendidas na essência.

Refletindo sobre essas constatações, cheguei à conclusão de que tudo aquilo que normalmente se atribui como limitação das ciências, na verdade se trata de limitação do próprio homem, em virtude, de um lado, de sua natureza como ser vivo instintivo, e, de outro, da cultura que ele próprio foi forjando, baseada, esta também, em seu instinto de sobrevivência. Assim, quando se busca entender alguma situação que ocorre com o ser humano, ou o posicionamento de alguma instituição, tendemos imediatamente a atribuir os motivos a causas externas ao homem, sem jamais pensar na possibilidade de que elas sejam fruto da própria natureza humana.

Hoje em dia fala-se muito sobre *nature* e *nurture*, ou seja, sobre o que é constitucional e genético, e sobre o meio e a cultura. O que poucos se dão conta é de que *nurture*, ou seja, a cultura, é criação do próprio homem, em decorrência de suas necessidades constitucionais determinadas pelos seus aspectos genético-constitucionais em contato com o meio humanizado. A própria cultura, no princípio incipiente, é redutível quase que totalmente ao próprio meio físico. Quando se fala da influência do meio cultural sobre o homem, está-se a referir, na verdade, a influência que o próprio homem exerce sobre si mesmo e seus descendentes pela cultura, obedecendo às leis do instinto de sobrevivência.

Para garantir a sobrevivência dos descendentes e a perpetuação da espécie sobre a Terra, a natureza, que é essencialmente econômica, se encarrega de transmitir conhecimentos e habilidades que foram experimentados e deram certo para uma geração no seu meio específico pela via da filogênese. Assim, seguindo as leis da natureza e do instinto de sobrevivência, o primeiro grande recurso de que dispõe o homem é a transmissão de conhecimentos e habilidades que deram certo, em primeiro lugar, em termos orgânicos, pela herança genética, por meio das memórias filogenéticas. Dessa forma, o fenômeno da vida e todos os mecanismos a ela relacionados, como os recursos de sobrevivência, de autoconstrução, de manutenção e de perpetuação do ser, se transmitem através desse artifício de memória contido nos genes, no código genético. Os seres vivos nascem pré-programados para viver num determinado meio, de modo que suas ações acontecem de forma automática diante de situações específicas, que cobrem as condições básicas de vida naquele meio determinado.

À medida que os seres se tornam mais complexos na escala evolutiva, e, da mesma forma, mais eficazes e mais complexas suas habilidades e recursos de sobrevivência no meio, a ação relacional do ser consigo mesmo, com o meio e com os outros seres da mesma espécie e de outras espécies fica mais dependente das circunstâncias. Por isso, à medida que aumenta a capacidade de adaptação, a relação desse ser com o meio, em termos de sobrevivência, torna-se mais frouxa. As experiências adquiridas acumulam-se sob uma outra forma, devido ao desenvolvimento de uma estrutura orgânica própria dos seres vivos animais – o sistema nervoso, que faz parte do sistema homeostático e tem a propriedade de ser um órgão específico de memória. O que é aprendido como o que deu certo – e que deve ser utilizado em situações determinadas, e o que é aprendido como o que deu errado – e que deve ser evitado também em situações específicas, se acumulam na memória das populações do seres vivos da mesma espécie, constituindo o conjunto das memórias filogenéticas, um acervo que será transmitido aos descendentes, sem necessidade de que estes passem pelas experiências desgastantes de ensaio e erro para aprender como fazer, como aconteceu com seus ancestrais.

No processo evolutivo, o ser humano emerge como um ser dotado de alta capacidade de aprendizagem imediata, que lhe permite, por meio da herança cultural, flexibilizar suas respostas em meios mais amplos, já que, pela memória filogenética, que se transmite de geração a geração, é capaz de sobreviver em meio fixo e conhecido.

Por meio da memória filogenética e da memória cultural, o ser humano pôde ampliar sua capacidade de adaptação em diferentes meios. No decorrer do processo evolutivo, as mutações cerebrais por que passou a espécie *Homo* lhe permitiram criar novos recursos, novos conhecimentos, novas habilidades, novas formas de ver e abordar a realidade, de enfrentar os obstáculos e as dificuldades, de criar o incriado, desde que determinados pressupostos, como a garantia da sobrevivência, pudessem ter sido superados.

Do meu ponto de vista, a partir da análise do comportamento de inúmeros seres humanos que revolucionaram as condições de vida de seus semelhantes, a evolução dota alguns indivíduos da capacidade de transcender o compromisso com a sobrevivência, pela superação do medo do aniquilamento, do fim e da destruição da própria vida em termos individuais, em troca do bem maior que significa a garantia de melhor qualidade de vida para o grupo e o cultivo de valores mais elevados para a coletividade. Todos esses indivíduos, de alguma forma, praticaram algum tipo de transgressão em relação ao modo de vida tradicional ao qual estavam acostumados e puderam fazer avançar, em termos de "progresso", o contexto sócio-histórico em que se achavam inseridos. Essa transgressão se expressa de diversas formas, seja pela possibilidade de libertar-se, através de um esforço voluntário, da permanência nas situações fixas que deram certo e ousar fazer de um outro jeito, seja pela recusa à repetição interminável dos mesmos comportamentos e ao culto de conhecimentos consagrados, vistos como a verdade última e acabada, utilizando para isso novos recursos adaptativos, permitindo-se perceber além do permitido e descobrir e criar o novo, como tão bem enfatizou Wilfred Bion ao trazer seus conceitos de transformações projetivas e transformações em alucinose, que poucos psicanalistas alcançaram como ocorrências comuns em si mesmos.

Com isso quero dizer que, apesar de dotado da capacidade de aprender na experiência e com ela, sem se basear na memória, o ser humano, em função de estar ainda muito próximo de seus ancestrais, que se fixavam nas memórias filogenéticas e no que deu certo para obedecer ao instinto de sobrevivência, permanece aprisionado às memórias filogenéticas e à herança cultural, desprezando o novo, que pode ser apreendido pela experiência presente, pela investigação e pela criação.

Do meu ponto de vista, os seres humanos buscam unir-se em instituições não tanto por solidariedade ou pela prática do bem comum, mas para fortalecimento de si mesmos, para garantia de sobrevivência e fortalecimento dos recursos de sobrevivência, mediante o culto dos conhecimentos sagrados e consagrados, e por isso imutáveis, herdados do passado. Não é por outra razão que as instituições são as grandes reservas culturais de preservação e fortalecimento de conhecimentos e valores, encarregadas de transmitir às gerações futuras conhecimentos e habilidades consagradas e que deram certo. Em geral são redutos de resistência contra as mudanças, quase sempre vistas como ameaçadoras. Ao constituir uma instituição, a tendência do ser humano é sempre aniquilar a atualização, a inovação e a criação, e manter-se aferrado ao conhecido como garantia de sobrevivência e resposta ao medo de aniquilamento pelo enfrentamento do desconhecido. Não podemos perder de vista essa evidência, que se apresenta incontestável sempre que se procura analisar, ainda que *grosso modo*, as instituições mais antigas construídas pelo homem e mesmo os principais movimentos que sacudiram a história da humanidade, como veremos mais adiante.

O conceito de memória

Para muitos biólogos como Lyn Margulis, é surpreendente a sabedoria com que se comporta uma célula, ao reagir de forma adequada às modificações do meio interno e do meio externo, em ambos os casos usando recursos próprios para manter-se viva. Para ela, esse comportamento dinâmico, observável no interior da célula, constituiria o que ela chama de *consciência celular*; para outros, poderia ser a manifestação de uma *memória* que todos os seres vivos, desde os unicelulares até o homem, compartilham e que se caracteriza por uma série de manifestações orientadas para garantir a sobrevivência do ser, quer como sistema de defesa, quer como sistema de construção, quer como sistema de reparação, quer como sistema de perpetuação.

Tanto é assim que se costuma dizer que os seres vivos se caracterizam por produzirem-se a si próprios de modo contínuo, porque a organização que os define é uma organização autopoiética. Esse tipo de organização acontece pelo fato de seus componentes moleculares estarem dinamicamente relacionados numa rede contínua de interações, que constitui o metabolismo celular. É por força desse metabolismo que se cria, em cada unidade celular, uma fronteira, um limite para essa rede de interações e transformações, que é a membrana celular, sem a qual o metabolismo celular se desintegraria numa sopa de moléculas, que se espalharia por toda parte e perderia a configuração de uma unidade individualizada como a célula.

Assim, nos seres vivos, observa-se uma situação especial do ponto de vista das relações entre as transformações químicas: de um lado, existe uma rede de transformações dinâmicas, que produz os seus próprios componentes e é a condição de possibilidade de surgimento de uma fronteira; de outro, o próprio surgimento dessa fronteira é a condição de possibilidade para a operação dessa rede de transformações que produz a célula como unidade. Esse processo está de tal modo imbricado que é impossível dizer que um momento precede o outro; na verdade, tudo acontece de forma dinâmica e integrada, sem possibilidade de separação.

Voltando à questão das memórias, é possível dizer que o conceito de memória que está por trás do *continuum* que une as manifestações do universo tem um sentido muito mais amplo do que se poderia imaginar. A *memória humana*, por exemplo, como lembranças do passado, é apenas uma das muitas facetas em que esse conceito pode se desdobrar.

O DNA, cuja molécula guarda a mesma forma espiralada, helicoidal, dos fenômenos de alta energia, é constituído por elementos químicos simples, que se unem em cadeias no sentido horizontal e vertical. Essa molécula é a *sede da memória*, que é transmitida de geração em geração e permitiu o surgimento da vida sobre a superfície da Terra. Ela constitui o *código genético*, por meio do qual todos os seres vivos, desde os mais simples que surgiram sobre a crosta terrestre até o mais complexo – que é o homem – puderam reproduzir-se em indivíduos semelhantes, com as mesmas características morfológicas e os mesmos modos de funcionamento para preservação da vida e perpetuação da espécie. O que é importante reter, neste momento, é que o que caracteriza o ser vivo é sua organização autopoiética, que lhe dá a possibilidade de se constituir como unidade autônoma por si próprio, e que o surgimento de diferentes seres vivos sobre a face da Terra foi possível porque suas estruturas foram se diversificando e complexificando, enquanto sua organização permaneceu a mesma.

Assim, pode-se dizer que a vida se constrói sobre a memória. Um fenômeno químico complexo e inusitado ocorreu e, diferentemente de outras tantas experiências do acaso na superfície da Terra, se perpetuou porque envolveu uma substância que tem o dom de se duplicar, que é o DNA.

Costumo dizer que a vida é uma excrescência do universo, porque ela se origina da energia própria do universo, mas contraria uma grande lei, que é a segunda lei da termodinâmica. Segundo essa lei, todos os sistemas energéticos, em contato com outros sistemas que têm menor energia, cedem-lhe energia até alcançar o equilíbrio. Os seres vivos têm acumulada, dentro de si, uma quantidade de energia que é superior à que existe no meio circundante e retiram deste mais energia para repor suas perdas, numa flagrante contradição da lei. Por isso se diz que há um *continuum* energético no universo. A energia da qual depende a vida advém do cosmo, da energia solar, e é aproveitada por meio de fenômenos como a fotossíntese. Aqui, devido principalmente à clorofila, um pigmento de natureza proteica existente nas folhas verdes, armazenado nos cloroplastos, a água se combina com o gás carbônico, com a captura de partículas carregadas de energia dos raios solares chamadas fótons, dando origem a uma substância orgânica chamada glicose.

Essa mesma glicose, que fornece energia quando a consumimos e nos faz engordar quando ingerida em excesso, é introduzida no interior do organismo animal sob a forma pura ou transformada em hidratos de carbono mais complexos, como o amido dos grãos ou as gorduras e as proteínas. A energia contida na molécula de glicose é liberada na intimidade das células desse organismo, através de um outro fenômeno biológico complexo, a respiração celular, para que as funções vitais continuem existindo. Dessa forma, não há dúvida de que existe um *continuum* entre o Big Bang e as expressões de vida, por força da memória contida nessas partículas de energia, sem a qual os seres vivos não sobreviveriam.

Tudo na Terra é energia condensada, portanto. Todas as expressões de vida são constituídas por essa estrutura condensada de energia, que busca manter-se nessa construção, contrapondo-se às forças externas que buscam desfazê-la e que são conhecidas por forças entrópicas. É impossível negar a existência desse impulso mobilizado pela energia, que busca a manutenção dessa condição chamada vida. Esses *impulsos* podem ser denominados *instintos*: o que busca a preservação da vida é o instinto de sobrevivência, e o que busca a perpetuação da vida através da perpetuação da espécie é o instinto de preservação da espécie.

Dessa forma, é possível entender que o ser vivo emerge do meio, e, ao emergir e existir, vai integrar-se como elemento do meio, estabelecendo com ele uma relação estreita. A natureza terrestre manifesta-se por diversos meios, com características próprias, nos quais surgirão seres diferentes e específicos, programados para viver neles e adaptados a eles. Quanto mais baixo o nível em que o ser vivo esteja situado na cadeia evolutiva, maior é a sua dependência do meio específico no qual ele emerge. Cada um desses meios constitui o *habitat* dos seres vivos.

Assim, os seres vivos nascem programados para um meio determinado. Suas necessidades serão específicas para serem satisfeitas por recursos existentes nesse meio; quando, por alguma razão, esse meio falha em satisfazer essas necessidades, o ser vivo morre. A história ecológica e geológica do planeta mostra que grandes modificações nos meios foram responsáveis pela dizimação total de espécies, como aconteceu com os dinossauros.

O fato de que o ser modifica o meio e o meio modifica o ser através de uma relação biunívoca fundamental pode ser bem compreendido pelo estudo do feto no meio intrauterino, uma condição que já está programada no próprio feto, assim como estão programadas, no seu código genético, todas as características de gênero, espécie, estruturas, funções constituintes, desenvolvimento e etapas, etc. O meio uterino no qual emerge o feto está programado para oferecer os recursos adequados para que todas as necessidades de desenvolvimento do ser humano nesse momento sejam perfeitamente atendidas.

A mensagem ou a informação que permite ao ser estabelecer-se nesse meio é transportada pelos genes – é a chamada *memória genética* ou *código genético*, já referido anteriormente. Por vezes, no decorrer das transmissões, ocorrem alterações no conteúdo das informações contidas na memória que está codificada no DNA dos cromossomos. O resultado é o surgimento de modificações nas estruturas e funções que correspondem ao segmento genético, acarretando "anomalias", variantes em relação ao padrão estabelecido.

Essas anomalias nem sempre resultam em consequências negativas para a sobrevivência do ser. Muitas vezes oferecem uma função mais vantajosa para a sobrevivência da espécie e por vezes são tão exuberantes que acabam por determinar o surgimento de uma nova espécie. Essas modificações nas estruturas e funções caracterizam as *mutações*, sobre as quais se assenta o princípio da *seleção natural* de Charles Darwin.

Dentro do processo de seleção natural, as mutações foram ocorrendo de tal forma que as estruturas e funções se tornassem mais complexas e mais eficazes na capacidade de dotar o organismo de recursos mais adequados de adaptação para a sobrevivência no meio. O auge desse processo de complexificação em termos de estrutura orgânica encontra-se no cérebro humano, pelo qual surgem as funções mentais e psíquicas que permitem ao homem a sobrevivência nos mais diferentes meios, tornando-o independente de um *habitat* fixo.

Desde a fecundação até o nascimento, o ser vivo passa por um processo chamado *ontogênese*, por meio do qual se cumpre a programação dos desenvolvimentos necessários para que o gênero e a espécie se manifestem na peculiaridade do indivíduo particular. Trata-se de uma programação que se cumpre por força da expressão das informações contidas nos genes. Nesse sentido, é possível falar em uma *memória ontogenética*, pela qual o ser vivo se constitui em um indivíduo que é legítimo representante do gênero e da espécie a que pertence.

A respeito do código genético, é importante deixar registrado que as recentes descobertas da biologia molecular mostraram que, por trás da hereditariedade e das antigas suposições a respeito do sistema genético, existem mais elementos do que podíamos imaginar na década de 1980, momento em que esse ramo da biologia efetivamente avançou e realizou importantes revelações para a comunidade científica. Sabe-se, hoje, que o sistema genético também se insere na dinâmica de funcionamento dos sistemas complexos e que faz pouco sentido falar no gene como unidade autônoma, responsável isolado pela expressão de determinado traço da mente ou do corpo, um trecho específico do DNA que produz sempre o mesmo resultado. Como dizem Eva Jablonka e Marion Lamb, sabe-se que é necessário todo um conjunto de mecanismos sofisticados para manter a estrutura do DNA e a fidelidade de sua replicação, e que a estabilidade está no sistema como um todo, e não no gene. Em outras palavras, o segmento de DNA que compõe um gene só tem significado no contexto dinâmico do sistema como um todo, como em todo sistema complexo; o que ele produz ou deixa de produzir, e como o faz, podem depender de outras sequências de DNA e do ambiente. Nesse sentido, "como o efeito desse gene depende desse contexto mais amplo, nem sempre uma mudança em apenas um gene tem efeito consistente no traço que ele influencia".

Com as descobertas realizadas sobretudo a partir das duas últimas décadas do século XX, estão em curso investigações com o objetivo de esclarecer o que são de fato os genes, o que fazem e como funcionam, como se dá a variação genética e a própria evolução. Por isso mesmo, o debate a respeito da hereditariedade tem-se ampliado bastante, considerando-se, além da dimensão genética como sistema primordial de transferência de informação no nível biológico, a herança epigenética, a herança comportamental e a herança simbólica, baseada particularmente na linguagem, no caso dos seres humanos.

Isso posto, no caso dos seres humanos, é amplamente aceita a evidência de que, além do que está programado pelos genes e que dará a conformação das estruturas, a influência do meio, que já ocorre num momento muito precoce, ainda na vida intrauterina, é decisiva para a construção das formas de funcionamento peculiares de cada indivíduo, o que há algum tempo se conhece como *memória epigenética*. Assim, o cérebro não se constitui tão só pela programação dos genes, mas essa programação é modulada de forma permanente pelas influências do meio humano, num processo contínuo de mútuas interações conhecido por *epigênese*, alcançando uma forma peculiar estrutural e funcional que o indivíduo vai levar pela vida e que constitui seus *registros básicos de memória*.

Nos animais, existe um outro corpo de memórias, o *código sináptico*. Para entender esse código, é preciso saber o que é uma sinapse. Assim, é preciso lembrar que todos os animais, inclusive o homem, desenvolveram um sistema de órgãos chamado sistema nervoso, constituído de células chamadas neurônios. Os neurônios têm dois tipos de ramificações: de um lado, como a raiz de uma árvore, estão os dendritos; do outro, está um tubo longo, em cujo final existem tufos de ramificações menores, que são os axônios. Em todo o sistema nervoso, o axônio de um neurônio se conecta com um dendrito de outro neurônio, formando uma rede de neurônios interconectados. Essas conexões são chamadas de sinapses e os espaços entre as terminações são conhecidos por fendas sinápticas. Nas membranas dos neurônios e nos prolongamentos, passam correntes eletromagnéticas, que carregam informações. No nível das fendas sinápticas, há a secreção de substâncias orgânicas diversas, como os neurotransmissores e os neuromoduladores, entre outras, que permitem que essas informações circulem de uma célula para outra. São nessas formações sinápticas que ocorrem fenômenos produzidos por substâncias orgânicas específicas, que resultam na inscrição de memórias em suas diversas modalidades.

Os neurobiólogos descobriram que a produção de neurônios e sinapses no cérebro de um indivíduo é programada pelo código genético. Alguns aceitam a hipótese de que essas sinapses, ao se formarem na mente de um indivíduo em desenvolvimento, já trazem inscritas em si como memória as formas de funcionamento que caracterizam os seres daquela espécie. É a *memória filogenética*, que já referimos anteriormente. Trata-se de formas de funcionamento programadas para determinado meio, que possibilitarão que os animais da espécie tenham dentro de si o repertório de respostas comportamentais adequadas para enfrentar as situações que aquele meio específico lhes vai proporcionar. Isso resulta do fato de que os fenômenos que regem a evolução, como a sobrevivência do mais apto, foram depositando nas estruturas neurais e sinápticas essas formas de funcionamento no decorrer de milênios. A condição para que a evolução se processe dessa maneira decorre do princípio de que a natureza é econômica e conservadora, pois se cada ser que nasce tivesse de inventar a forma de adaptar-se ao meio, partindo do zero, ele consumiria a vida na tentativa de criar recursos em experimentos baseados em ensaio e erro, com poucas possibilidades de sobrevivência e perpetuação da espécie. Assim, as formas que deram certo para a sobrevivência de uma espécie no *habitat*, em cada geração, de alguma forma são preservadas como memória para que os seres dessa espécie, nas gerações seguintes, tenham em si disponíveis esses recursos no seu repertório de respostas aos desafios do meio e possam utilizá-las automaticamente.

É por isso que existe uma tendência natural nos seres vivos, no homem, inclusive, de buscar repetir as formas e fórmulas que deram certo, de maneira cega e automática. Esse comportamento está presente em toda a natureza e manifesta-se no homem de forma inequívoca em sua tendência a manter o mundo imutável e conhecido e a assegurar-se de que as relações de causalidade entre os fenômenos e de previsibilidade dos acontecimentos estejam garantidas, pois com elas estarão igualmente garantidas as formas de sobrevivência conhecidas, que não exigem esforços nem muito trabalho. Nessa linha de raciocínio, pode-se mesmo entender que a resistência à mudança e a banalização do novo, pela sua absorção e incorporação ao velho e conhecido, tão frequentes no comportamento humano, resultam dessa mesma força motivacional intrínseca.

À medida que se avança na escala evolutiva, surge um outro componente nos mamíferos superiores e que se torna o grande diferencial do homem em relação aos outros animais, que é a aprendizagem de novas aptidões, habilidades e comportamentos, que não se transmitem para as gerações seguintes pela hereditariedade biológica, mas constituem o que se chama *cultura* e obedecem à mesma lei de economia e repetição da natureza.

No ser humano, a gravidez é interrompida precocemente, e o bebê, imaturo, ao nascer, é colocado em contato com o meio cultural, que é mediatizado pela figura da mãe ou cuidador. É nesse meio que ele vai completar o seu desenvolvimento, num processo em que serão decisivas as experiências pelas quais passará ainda nesse momento precoce, pois é da interação entre a influência das experiências no meio ambiente e os estímulos destas sobre o programa genético que surgirá um padrão particular de organização conectiva da rede neuronal, que vai inscrever-se nesse cérebro de forma que haja a modelização duradoura e fixa desse ser nas características e qualidades humanas, e especificamente na sua singularidade, inserida e integrada nessa cultura particular.

É esse padrão particular de organização conectiva da rede neuronal que, de longa data, chamo de *registros básicos de memória* e que, na minha experiência com a prática clínica, eu identificava a um arcabouço afetivo-emocional cognitivo no qual estavam gravados os fenômenos que presidiam a forma de funcionar do indivíduo, responsáveis pelas formas repetitivas, estereotipadas, características com que as pessoas se comportavam e enfrentavam as mais diversas situações na vida. Do meu ponto de vista, as conquistas da neurociência, longe de refutar minhas hipóteses, vieram confirmá-las.

A teoria dos registros básicos de memória (ou de como cheguei à confirmação de que o menino é o pai do homem)

Minhas incursões no campo da transdisciplinaridade me permitiram encontrar na neurobiologia e depois na neurociência a extraordinária possibilidade de conhecer a intimidade de funcionamento do cérebro humano, onde, do meu ponto de vista, se localizam os fenômenos psíquicos, que, no aspecto que interessa à psicanálise, têm a qualidade de intangibilidade em muitas de suas manifestações essenciais. Alguns trabalhos de neurobiólogos e neurocientistas têm chamado minha atenção por caminharem por trilhas semelhantes às traçadas por Freud. Se as considerações que por vezes fazem a respeito da psicanálise estão desfocadas ou fora de lugar, não importa. Do meu ponto de vista, importam os mecanismos que eles desvendam e que podem relacionar-se às nossas observações clínicas, às quais eles não têm acesso. Talvez a grande contribuição dos psicanalistas seja a de oferecer o que resulta de nossas observações dos fenômenos psíquicos, como só nós podemos realizar, numa condição privilegiada.

Alguns desses neurocientistas fizeram descobertas e criaram hipóteses sobre o funcionamento cerebral que vieram corroborar minhas próprias ideias a respeito do funcionamento psíquico. A partir desses estudos, foi possível estabelecer uma correlação entre as ideias derivadas de seus achados neurobiológicos, extraídos de experimentos laboratoriais, e minhas ideias baseadas nos achados clínicos, resultado de uma tentativa metodológica centrada na observação disciplinada.

Para entender como as investigações em diferentes áreas do conhecimento puderam compor o substrato sobre o qual fazia todo o sentido apoiar minhas teorias a respeito do funcionamento psíquico, é preciso remontar à teoria do darwinismo neuronal, nascida no campo da imunologia e depois aplicada à neurobiologia.

A teoria da seleção natural aplicada aos processos imunológicos e aos processos de construção neuronal e sináptica

Quando trabalhava numa abordagem reichiana, eu costumava usar o modelo imunológico para ilustrar a forma pela qual as pessoas respondiam psiquicamente aos acontecimentos externos. Do meu ponto de vista, essas reações se assemelhavam a reações imunológicas do tipo da alergia, que eu tanto presenciara nas minhas atividades de clínico geral.

Os pacientes atribuíam suas reações e sintomas a agentes externos, sem se darem conta de que seus organismos é que eram sensíveis e reagiam a algo que sempre existira na natureza, possivelmente antes do surgimento do homem, e que outras pessoas, por não terem um organismo com aquela sensibilidade, não apresentavam manifestações.

Observava também que certas pessoas apresentavam reação rápida, violenta, aparentemente desproporcional e profundamente desorganizadora, com componentes somáticos manifestamente correspondentes. Cessado o estímulo ou a situação desencadeante, a recuperação se fazia extremamente lenta, talvez pelo componente somático.

De forma semelhante à sensibilização do organismo por agentes externos, as reações que eu observava no meu trabalho clínico, reichiano ou psicanalítico, eram de repetição. Apesar de conhecerem a situação e os estímulos, as pessoas não conseguiam evitar sempre a mesma reação específica e característica. Retomei algumas questões no campo da imunologia, sobre as quais um dia me debruçara por curiosidade, pela grande semelhança que identificava entre as formas como se davam as reações imunológicas e as formas como se davam as reações psíquicas. Determinados pacientes, rígidos na sua forma de funcionar, assemelhavam-se ao organismo de determinadas pessoas alérgicas, que respondiam sempre e a todas as situações da mesma forma.

Na década de 1950, Niels Kaj Jerne, um imunocientista dinamarquês de ideias pouco convencionais, ousou pensar o homem a partir de uma concepção integrada com o meio no qual está inserido, numa perspectiva evolucionista. Apenas pontuemos aqui que essa visão do homem, naquela altura, se tornara rara na medicina. Assim, como a produção de anticorpos dependia de um sistema eminentemente associado à sobrevivência do indivíduo no meio em que lhe era dado viver, a solução do enigma da natureza dos anticorpos, segundo Jerne, só poderia estar relacionada às formas pelas quais o ser estava programado para viver naquele meio. A natureza dos anticorpos seria derivada daquela programação. Assim nasceu a hipótese de que o homem, ao nascer num determinado meio que lhe é específico, traz programados, por seleção natural, devido ao longo processo de evolução de seus antepassados nesse meio, os anticorpos relacionados especificamente aos possíveis antígenos que ele encontrará no ambiente. Essa premissa da seleção natural dos anticorpos revolucionou as ideias dominantes na imunologia e permitiu que esse ramo do conhecimento avançasse, possibilitando a produção de vacinas eficazes, inclusive contra a poliomielite, para a qual, até então, não se conseguira uma solução segundo a teoria aceita pelas autoridades consagradas.

Tratava-se de proposta revolucionária quanto à formação de anticorpos, que punha por terra uma teoria estabelecida e consagrada, chamada instrucional, segundo a qual os anticorpos específicos seriam formados por um processo de instrução, determinado pelo contato do antígeno com o organismo. A nova teoria baseava-se no conceito de seleção natural, a partir da hipótese de que os anticorpos já existiam previamente no organismo do animal. A identificação do antígeno por um anticorpo já existente na superfície de determinadas células do sistema imunológico, chamadas linfócitos B, faria que esses linfócitos B específicos se proliferassem seletivamente em relação aos outros com outros tipos de anticorpos em suas superfícies, passando a predominar na população de linfócitos B ao fim de um tempo. O sistema imunológico funcionaria como um outro sistema cognitivo, o que levaria Francisco Varela, mais tarde, a dizer que o sistema imunológico funciona como um segundo cérebro.

Em 1967, Jerne, em seu trabalho *Antibodies and learning: selection versus instruction,* partindo das ideias sobre a seleção natural que tinham se firmado na biologia evolutiva e na moderna imunologia, enveredou pelo campo da neurobiologia, concitando os neurobiólogos a considerá-las na moderna ciência do cérebro. Jerne sugeria que os filósofos sofistas gregos, e mesmo Sócrates, podiam estar com a razão, em lugar de John Locke, em cujas ideias instrucionistas se baseavam os pressupostos sobre a aprendizagem e o desenvolvimento cerebral de neurocientistas e neuropsicólogos. Jerne questionava o conceito de *tabula rasa* sobre o qual se baseavam os instrucionistas, já então transformados em construtivistas.

Segundo Jerne, era possível pensar também num processo de seleção natural na construção do cérebro e na determinação dos comportamentos humanos. Ele acreditava que as situações de vida possíveis de serem experimentadas pelo indivíduo no meio já estivessem programadas sob a configuração de sinapses pré-formadas no cérebro. Ao nascer, as experiências de vida do indivíduo selecionariam a configuração de determinadas sinapses, que ficariam predominantes, enquanto as outras, que não fossem utilizadas por não terem sido estimuladas, desapareceriam ou ficariam menos potentes ou inativas.

É importante considerar que a teoria da seleção natural descreve e trabalha o que é puramente inato. Levando em conta que um dos aspectos mais relevantes quando se estuda o comportamento é sua extrema variabilidade, e que um mesmo animal pode apresentar variações em seu comportamento de acordo com os desafios do meio em que vive, a teoria da seleção natural apresenta um novo modelo de existência e funcionamento para o ser vivo.

O argumento mais significativo dessa teoria é o de que "o organismo nasce para este mundo, com todas as complexidades deste (mundo) previstas no momento e no modo de construção de seu organismo". Em face de um desafio do meio, o processo de envolvimento e de reação se inicia. O que se percebe de fora como uma aprendizagem por instrução é na realidade o organismo pesquisando, no seu repertório de circuitos existentes, qual deles redundará em estratégias que melhores resultados proporcionarão diante de um dado desafio específico e que por isso deverá ser o escolhido. Ao estabelecermos esse conceito como parte dos mecanismos integrativos da mente, mais do que uma hipótese de como indivíduo e meio interagem, penetramos no campo dos mecanismos básicos pelos quais essa interação tem lugar.

Acredito que a hipótese dos processos de desenvolvimento por instrução não tem podido trazer esclarecimentos maiores à compreensão dos mecanismos envolvidos na memória e aprendizagem, principalmente como isso se vai transmitir filogeneticamente e de geração em geração. É possível que a teoria da seleção natural proporcione um conhecimento mais profundo dessa integração entre o ser e o meio, ou seja, sobre a epigênese, para esclarecer mais profundamente o desenvolvimento mental humano.

Num lento processo de mudanças que caracteriza a seleção natural, milhões e milhões de anos de evolução depositaram em nossos cérebros circuitos neuronais mutantes e mutados, que nos permitiram a adaptação a um meio complexo, pela possibilidade de utilização de um repertório de respostas adequadas e criativas aos desafios inimagináveis, passíveis de nele existirem. Se, de fato, a teoria da seleção opera nos processos de construção da estrutura cerebral – desde os níveis dos neurônios e das sinapses, dos circuitos mais simples, aos circuitos altamente complexos, responsáveis pelas mais sofisticadas funções, como a linguagem, a simbolização, a antecipação, o planejamento, a resolução de problemas –, devemos rever seriamente as concepções vigentes sobre a natureza dos processos psicológicos.

Outra questão que emerge da teoria da seleção natural na formação dos circuitos que responderão aos estímulos do meio é a da plasticidade cerebral, em função de circuitos que estão disponíveis para serem utilizados além daqueles selecionados, ou de mudanças nos níveis das sinapses moduladas por atividades bioquímicas complexas. Essa questão tem ficado muito evidente nos trabalhos de reabilitação de pessoas com danos cerebrais que tiveram funções afetadas e que, em maior ou menor grau, puderam reabilitar-se pela utilização ou mesmo criação de circuitos alternativos, incentivando a pesquisa para a criação de estímulos adequados a essa finalidade.

Por outro lado, a plasticidade cerebral permitirá, por meio desses mecanismos, que o processo de aprendizagem no homem possa ocorrer durante toda a vida. Acrescentem-se aqui as evidências de que existe no ser humano o fenômeno da neotenia ou heterocronia, em que ocorre o envelhecimento retardado das estruturas, principalmente do cérebro. Do meu ponto de vista, o fenômeno que faz do bebê humano o mais imaturo dos bebês leva o homem a ter também o mais retardado dos envelhecimentos e a beneficiar-se ao longo da vida da capacidade de mudar sua configuração neuronal e sináptica, ainda que à custa de muito esforço e determinação, e da capacidade de aprender sempre.

A teoria do darwinismo neuronal e os registros básicos de memória

As ideias acima referidas deram origem à teoria do darwinismo neuronal, que contrariava a teoria instrucionista vigente na neurobiologia, agora transformada em neurociência, por defender que o fundamento da construção do cérebro era a seleção e não a instrução, uma vez que o ser humano nascia programado. No entanto, apesar de divergentes, as duas teorias tinham um importante ponto em comum: a ideia de que os neurônios, para se desenvolver, precisavam de estimulação.

A teoria do darwinismo neuronal, bastante controvertida, perdurou como discussão nos meios científicos até que, em 1983, Jean-Pierre Changeux, que já vinha desenvolvendo concepções a respeito, publicou *L'homme neuronal*. Com base nas surpreendentes descobertas das pesquisas neurobiológicas das décadas de 1950 e 1960, ele defende que, desde a concepção até algumas semanas de vida, há uma extraordinária proliferação de neurônios e sinapses no tecido nervoso. A partir de um determinado momento até o nascimento, observa-se que o desenvolvimento é acompanhado por um fenômeno de regressão, com a morte de grande parte desses neurônios, o que é válido para algumas espécies animais e para o homem.

No momento do nascimento, simultaneamente ao fenômeno de regressão, verifica-se, no nível das terminações nervosas, o fenômeno de redundância difusa, ou seja, os neurônios que restam, ramificam-se por um exagerado número de prolongamentos, ligando-se a outros neurônios com mais de uma ramificação, obedecendo, ao que parece, a uma determinação genética. O que se vê em seguida, após o nascimento, é que, depois dessa fase de redundância sináptica, ocorre uma etapa de regressão de ramificações axônicas e dendríticas, estimulada pela experiência no contato com o meio ambiente.

Ao que tudo indica, esse é o momento crucial do desenvolvimento do sistema nervoso. Parece legítimo fixá-lo como um processo característico da epigênese das redes de neurônios, em que a influência das experiências no meio ambiente e os estímulos destas na conformação das redes neuronais promovem alterações sinápticas.

Segundo Changeux, esquematicamente, existiriam, ao nascer, espalhados por todo o cérebro do bebê, milhões de neurônios interligados pelas sinapses, de forma redundante. Cada experiência vivida pelo indivíduo, ao nascer, vai ser captada por ele, e seu sinal vai circular de um neurônio para outro numa série, escolhendo passar por determinadas ramificações e não por outras, por um mecanismo de seleção natural. Está aí marcado o trajeto dessa experiência. Ao repeti-la, possivelmente o trajeto a ser utilizado já esteja previamente facilitado, de modo que será pelo mesmo caminho que circulará o sinal da experiência repetida.

Essas ideias pareceram-me corresponder às que eu desenvolvia a partir de meu trabalho de observação dos fenômenos psíquicos com meus pacientes, tanto na situação transferencial como nas situações de vida.

Dessa perspectiva, Changeux considera o homem uma espécie de gravação da história pessoal, que faz do indivíduo humano o único não duplicável – clonável, na nomenclatura biológica –, resultante de sua história social. Dois indivíduos humanos, ainda que absolutamente idênticos geneticamente, nunca são clones, porque a história de cada um é singular, do nascimento até a morte.

Mais tarde, Gerald Edelman, Prêmio Nobel de Medicina de 1972 por seus trabalhos no campo da imunologia, voltou-se para a pesquisa em neurociência, investigando os fenômenos cerebrais e mentais à luz da teoria que ele chama de darwinismo neuronal, que desenvolveu em diversas obras (entre elas, *Neuronal darwinism*), a mais importante das quais talvez seja *Bright air, brilliant fire*, que possivelmente marca o início da revolução neurocientífica.

Edelman defende a hipótese da seleção natural das sinapses, segundo a qual as experiências vividas pelo ser humano ao nascer, nos momentos precoces de sua relação com o meio ambiente, vão ativar seletivamente este ou aquele circuito neuronal, que já preexiste, programado geneticamente como herança filogenética. Esses circuitos estão como que esperando, prontos, as experiências de vida do bebê, por intermédio das quais serão utilizados, de acordo com a qualidade da experiência prevista como possível de acontecer. Esse processo, que Edelman chama de categorizações, refere-se à satisfação ou não de necessidades instintivas ligadas à preservação da vida.

Sintetizando suas ideias, Edelman considera que, num primeiro momento, formam-se circuitos neuronais que ele chama de repertório primário, após as fases de divisão e morte celular, determinadas pela programação genética. Num segundo momento, em função dos estímulos do meio sobre o organismo, há seletivamente o fortalecimento de determinadas conexões sinápticas, ao lado do enfraquecimento de outras, possivelmente por processos bioquímicos específicos.

Esse mecanismo está relacionado à memória e um sem-número de funções, as quais ficam efetivamente esculpidas dentro de uma rede de circuitos que se interligam, de tal forma que a circulação de impulsos, oriundos de situações em que tais estímulos se repetem, se faz automaticamente por essas vias. Trata-se do repertório secundário.

É importante considerar que, mesmo num cérebro desenvolvido e amadurecido, pode ocorrer o estabelecimento de novos circuitos, por meio de novas sinapses que se formam ou pelo fortalecimento das que ficaram ao lado da que foi estabilizada dentro da rede neuronal, em virtude do fenômeno da plasticidade neuronal.

Num terceiro momento, os repertórios primário e secundário conectam o anátomo-fisiológico ao psicológico. Os neurônios são conectados formando grupos (conexões intrínsecas) e esses grupos se conectam entre si (conexões extrínsecas). Cada grupo apresenta diferentes aspectos de conectividade interna e difere em tamanho, pelo número de neurônios envolvidos em conexões, e pelas características anatômicas das áreas em que estão situados, pois se espalham por todas as estruturas do cérebro, ligando entre si atividades as mais complexas. Esses grupos são chamados de mapas e a conectividade externa apresenta intensas interligações paralelas, que correm nos dois sentidos, as quais são chamadas de ligações reentrantes.

Talvez essa seja uma das ideias mais importantes propostas por Edelman, pois dá uma noção da forma pela qual as áreas cerebrais que emergem no processo de evolução se interligam e se coordenam para criar novas funções. É a *teoria da seleção de grupos neuronais (TNGS)*, segundo Edelman.

Além disso, é decisivo, na configuração cerebral, o papel desempenhado pelos circuitos neuronais que contêm as categorizações das experiências ocorridas nos momentos mais precoces da vida, uma vez que servirão de modelo para os circuitos subsequentes. Ou seja, os circuitos subsequentes que ficam disponíveis pela maturação da estrutura em que se situam, são estabilizados e obedecem à modelização desses circuitos básicos, ou seja, dessas categorizações iniciais. Esses circuitos básicos, categorizados inicialmente, são responsáveis pelas funções adaptativas, homeostáticas, imunológicas e endócrinas; encontram-se nas estruturas cerebrais primitivas, como as estruturas bulbopontinas, o hipotálamo e os centros neurovegetativos, e operam principalmente por meio de sinais neurais interoceptivos e químicos. Assim, essas estruturas cerebrais primitivas são estruturas homeostáticas, responsáveis pelo equilíbrio interno do organismo.

Essa seria a primeira categorização dos primeiros estímulos e experiências, pois, pela programação do bebê, ele já traz prontos na área cerebral funcionante, ao nascer, os circuitos que vão ser utilizados e estabilizados, conforme haja ou não satisfação, alívio da tensão provocada por uma necessidade que precisa ser atendida. São circuitos que trazem uma noção de investimento hedônico, do tipo "alívio/não alívio", "satisfação/não satisfação", "prazer/desprazer".

São essas experiências determinadas pelos centros hedônicos, interoceptivos e proprioceptivos, que proveem a base de valores que, juntamente com as memórias, determinarão para cada indivíduo, pela vida afora, os comportamentos rígidos ou mutáveis de acordo com a aprendizagem na experiência, ou seja, a capacidade de adotar posturas mais ou menos flexíveis diante das demandas da vida e de mudar ou não o comportamento em função do que foi possível aprender com a experiência.

Gradativamente, à medida que o tempo passa, vão se desenvolvendo estruturas cerebrais mais altas, e, nesse nível, as sinapses que se formam têm como referencial as experiências primitivas. Em determinado momento, existe uma categorização, uma memória, uma aprendizagem, que é como se fosse uma consciência daquilo que se aprendeu – ainda num nível não consciente, porque ainda não existe a linguagem. A partir de um determinado momento, essas experiências prévias vão sendo categorizadas sob a forma de conceitos e definições. Isso vai sendo registrado de tal forma que um determinado tipo de experiência é classificado sem necessidade de categorização primária. As experiências presentes passam a ser interpretadas por meio dessas categorizações de conceitos. É a chamada consciência primária, que pode ser encontrada em primatas.

A alta consciência ou a consciência elaborada surge com a linguagem, uma função que só o ser humano tem. Por isso se diz que o ser humano é um ser de linguagem.

Do meu ponto de vista, o que importa salientar é que possivelmente todos esses aspectos que o ser humano vai desenvolver, inclusive a linguagem, já estão programados no bebê ao nascer; já existem estruturas que estão em processo de formação e que permitirão que se instale a linguagem. É por isso que, de alguma forma, a linguagem da mãe é compreendida pelo bebê: talvez exista algum tipo de estrutura desconhecida, que permita ao bebê utilizar outros códigos semânticos para entender a fala da mãe.

Quando surge a fala e ela se junta a essa categorização por conceitos, que existe no indivíduo em funcionamento em estruturas ainda não totalmente corticalizadas, emerge um outro tipo de consciência, que é a consciência elaborada, a alta consciência para Edelman, a consciência que cada um tem da própria consciência, ou seja, essa capacidade de colocar as palavras, a simbolização, na própria experiência.

A partir do momento em que surge a fala, as categorizações, ou seja, as sinapses, o conhecimento, a aprendizagem já não estão mais baseados naquilo que é programado. Nesse momento, o bebê se introduz num mundo que não está mais previamente etiquetado, num mundo que não é mais programado fixamente para ele. Nesse momento, ele se abre para o mundo, à medida que terá, ele próprio, de descobrir e conhecer esse mundo e lhe atribuir sentido e significação.

Hoje em dia, está cada vez mais evidente, para os profissionais que trabalham com a investigação das manifestações psíquicas, a importância das experiências precoces de vida do bebê na formação morfológica do cérebro, na formação dos registros das funções psíquicas, como desde há muito eu suspeitava, denominando-os *registros básicos de memória*. Esses registros localizam-se em estruturas subcorticais, mais primitivas, antes de se localizar no lobo pré-frontal, que é a parte do cérebro onde se desenvolve a consciência de controlar os impulsos, a consciência dos valores sociais e a conquista de valores humanísticos. O mais extraordinário é que tudo isso foi antecipado por Freud no seu *Projeto para uma psicologia científica*, que considero uma obra de gênio.

É no pré-frontal, principalmente, que se dá aquilo que eu chamo de processo de humanização, quando o indivíduo adquire a condição de ultrapassar os ditames egoísticos da sobrevivência material imediata, sua e do seu grupo, e desenvolve a capacidade de sincera e altruisticamente interessar-se pela vida nas suas mais diferentes formas de expressão, o que implica necessariamente comprometer-se com o bem-estar do outro e do grupo a que pertence e com a saúde do planeta onde vive, da qual depende a sua própria e a de seu grupo.

Como se constroem os registros básicos de memória

Muito antes da leitura dos trabalhos de Changeux e de Edelman, eu já defendia a hipótese de que as experiências primitivas atuavam no presente de uma forma inconsciente, como um tipo de memória especial que estava inscrito nas conexões sinápticas. Mesmo no trabalho corporal, e, antes, como médico e psicoterapeuta reichiano, acreditava que existiam formas peculiares de funcionamento somático, homeostático, imunológico, endocrinológico, e, claro, neuropsicológico, que conferiam a cada indivíduo um jeito de ser e estar no mundo que constituía sua marca registrada.

Do meu ponto de vista, por trás dessa marca registrada existe um arcabouço afetivo-emocional cognitivo no qual estão gravados os fenômenos que presidem a forma de funcionar do indivíduo na sua totalidade. Esse arcabouço constitui os *registros básicos de memória*, que consistem numa determinada forma pela qual os circuitos neuronais e sinápticos estão configurados e funcionam em cada indivíduo. Formados a partir de experiências de vida muito precoces, inclusive na vida intrauterina, esses circuitos modulam as expressões genético-constitucionais com as quais cada indivíduo nasce e que constituem, elas mesmas, uma pré-programação.

Tudo se passa da seguinte forma: à medida que os acontecimentos vão se desenrolando e o indivíduo vai vivenciando diferentes experiências, vão sendo selecionadas determinadas configurações neuronais e sinápticas, dentre as possíveis previstas, as quais, à medida que a experiência se repete, se tornam a configuração permanente dos circuitos neuronais e sinápticos do indivíduo.

Teoria dos registros básicos de memória

A essa determinada configuração corresponde um determinado modo de funcionar do sujeito, um modo específico de o sujeito ser e estar no mundo. Essa configuração também será responsável pelas respostas características, repetitivas e estereotipadas, por meio das quais o sujeito irá se manifestar em situações semelhantes na vida ou irá se expressar como seu jeito característico de ser vida afora.

Entendo que o inconsciente freudiano é constituído também por esses registros primitivos, que se mantêm ativos e atuam imperceptivelmente o tempo todo, sem a pessoa dar-se conta, levando-a a repetir no presente, automaticamente, comportamentos que deram certo para a sobrevivência em situações do passado. O trabalho do psicoterapeuta consistiria na identificação, juntamente com o paciente, dessa forma de funcionamento automática, para que, uma vez consciente, pudesse ser modificada e ele pudesse libertar-se desse aprisionamento e evoluir para formas mais livres e ampliadas de funcionamento corporal integrado.

É importante lembrar, neste momento, um pressuposto básico da teoria dos registros, que está presente ao longo de todo o nosso trabalho: a extrema conectividade e capacidade plástica que se inscrevem na fisiologia mesma do sistema neuronal, que permitem a construção desses registros e, pelo esforço e pela vontade, a sua modificação. Aliado a essa capacidade neuroplástica, é preciso considerar a questão da neotenia, já citada, que se refere ao fato de que no ser humano, comparado com outros mamíferos, existe um processo bem mais lento de amadurecimento e envelhecimento das estruturas. Assim, a própria renovação dos neurônios, feita a partir da estimulação das células-tronco produzidas nas margens dos ventrículos, vai ter sua ação potencializada pelo fato de o homem, mesmo em idade avançada, ser relativamente imaturo, e por isso poder alterar suas configurações neuronais e sinápticas, tendo a capacidade de aprender sempre.

Compartilhamos com Francisco Varela o entendimento de que há três momentos decisivos na história da evolução que vão desembocar na emergência do *distintivamente humano*: em primeiro lugar, quando surgem nos seres vivos os sistemas neuronais com a lógica do acoplamento sensório-motor com o ambiente, o ciclo de percepções e ações, guiado pelo instinto de sobrevivência; em segundo, quando o sistema biológico cria essa enorme capacidade plástica e conectiva, que se inscreve na própria fisiologia do sistema neuronal, presente sobretudo no grupo dos mamíferos, que permite a modificação estrutural desse sistema ao longo da história, no caso do ser humano altamente beneficiada pelo fenômeno da neotenia; e, finalmente, quando surge a linguagem, porque, além do acoplamento com o ambiente, é possível o acoplamento entre os indivíduos da espécie para a coordenação de uma ação, instalando-se a partir daí, para os humanos, pela comunicação, uma capacidade de expansão sem precedentes na história de qualquer espécie terrestre.

Essa capacidade de expansão vai engendrar a emergência de uma complexidade de funcionamento para os humanos que se retroalimentará o tempo todo. Pela linguagem e pela comunicação, além de um meio natural, que é dado pela natureza, cria-se a cultura (fruto do acoplamento entre os indivíduos para a coordenação de uma ação), um meio humano e social, cuja influência será decisiva na emergência do *distintivamente humano*.

O pensamento e a expressão oral desse pensamento, com a capacidade de interlocução instaurada pela própria linguagem, vão iniciar um circuito retroalimentador sobre as estruturas cerebrais, responsável pela expansão desse pensamento e pela expansão das estruturas cerebrais, e, em consequência, pela circularidade do conhecimento.

É decisiva a importância dos momentos precoces da vida do bebê na formação morfológica do cérebro e no registro das funções psíquicas. Os *registros básicos de memória* vão se constituir já a partir dessas experiências precoces, nas quais será fundamental o papel da mãe ou do cuidador, como se depreende das experiências de concepção, misconcepção e não concepção, tratadas a seguir. Para a constituição desses registros, concorrem três tipos de memória que se entrelaçam: a memória filogenética, a ontogenética e a epigenética.

Era com o propósito de ampliar meus conhecimentos e as possibilidades de atendimento adequado e eficaz de meus pacientes que eu frequentava congressos de psiconeuroimunoendocrinologia, na tentativa de construir, com os subsídios que colhia na prática clínica, uma visão integrada corpo-mente.

Em 1996, no Congresso Internacional de Psiconeuroendocrinologia promovido pela ISPNE, em Estoril, Portugal, a comunidade científica foi surpreendida pelo extraordinário trabalho de Seymour Levine, Helga Van Oers e E. Ron De Kloet, do Departamento de Psiquiatria da Stanford University School of Medicine, *Early experiences permanently alter HPA system*. Nesse trabalho, pela primeira vez, falava-se de registros básicos de experiências traumáticas precoces, que permaneciam nos indivíduos sob a forma de memória, perpetuando uma forma de funcionamento alterado do eixo hipotálamo, pituitária e adrenal (HPA), o que significava um estado de funcionamento orgânico e psíquico também alterado.

No mesmo congresso, Paul Plotsky, Michael Meaney e Charles Nemeroff, do Departamento de Psiquiatria e Ciências do Comportamento da Emory University School of Medicine, de Atlanta (Estados Unidos), apresentaram trabalhos na mesma linha, defendendo a hipótese de que experiências precoces adversas alteravam permanentemente as funções hipotalâmicas e extra-hipotalâmicas e de que essas alterações endocrinológicas estavam intimamente relacionadas com alterações comportamentais.

De lá para cá, diversas pesquisas em diferentes países foram publicadas, confirmando nossa posição. Dentre elas, cabe citar a que foi feita com soldados que lutaram na Guerra do Vietnã e voltaram com a chamada Desordem do *Stress* Pós-Traumático. Esse trabalho, do qual participaram vários pesquisadores, mostrou que, embora todos os soldados que haviam combatido na guerra tivessem sofrido a mesma situação de estresse, privação e violência, somente os indivíduos que eram produto de lares desfeitos e haviam passado por situações precoces de privação afetiva e abuso haviam desenvolvido aquela patologia, transformando-se em sujeitos perigosíssimos depois da experiência da guerra, incapazes de se reintegrar à vida social. Os demais haviam conseguido recuperar uma condição física e psíquica saudável.

A memória filogenética e o funcionamento psíquico: pré-concepção, concepção, misconcepção e não concepção

De um ponto de vista esquemático, como já referido, o bebê humano é o mais imaturo dos bebês animais. A gravidez intrauterina é interrompida prematuramente e o bebê é obrigado a completar seu desenvolvimento fora do útero materno, num útero social e humano, que é o meio ambiente modificado e adaptado às necessidades humanas.

Esse bebê está programado para, ao nascer, ter dentro de si a emergência das manifestações de suas necessidades instintivas básicas, já existentes, mas quiescentes até então, que buscam ser satisfeitas no meio extrauterino. Esse meio também é constituído e programado para ser propício a atender o bebê nas suas necessidades orgânicas e nas peculiaridades específicas da espécie humana. A natureza propicia o preparo do meio ambiente, o que é demonstrado, por exemplo, no fato de que, ao nascer o bebê, o organismo da mãe, modulado pelo mesmo instinto de sobrevivência, já tem seu seio produzindo o necessário para atendê-lo na mais priorizada de suas necessidades instintivas de preservação da vida. Sempre é bom lembrar que as estruturas cerebrais que estão em funcionamento no bebê, nesse momento, são as que lhe garantem sobrevivência corporal.

Essas experiências iniciais já estão, como todas as outras subsequentes, previstas na estrutura neural, filogeneticamente, sob a forma de circuitos neuronais diferentes e específicos, que lhes correspondem, e que estão disponíveis para serem utilizados ao nascer. Ao serem utilizados repetidamente, vão-se fortalecendo como vias facilitadoras de circulação de impulsos oriundos das experiências internas do bebê.

Quando as experiências do bebê acontecem, firmam-se os circuitos básicos, eletivamente, de acordo com a modalidade de satisfação das necessidades instintivas, ou seja, uma situação experimentada prazerosamente vai estimular um circuito x, enquanto uma outra situação de mesma natureza, experimentada desprazerosamente, vai estimular o circuito y.

Essas necessidades instintivas emergem no meio interno do bebê como estímulos interoceptivos e proprioceptivos. Essas sensações – corpóreas e viscerais – são difusas: um estado de bem-estar ou mal-estar, que se origina da ruptura do estado de plenitude orgânica em que tudo estava provido, em que as ações do meio externo (o meio intrauterino) determinavam um estado de ausência de estímulos sensoriais.

A ruptura desse estado é o gatilho para acionar o funcionamento dos circuitos já existentes, relacionados às necessidades instintivas, que pressionarão o bebê, pelo impulso, a buscar a satisfação das necessidades instintivas que precisam ser atendidas – que chamo de *estado de falta* – para aliviar-se e recuperar o estado de plenitude, que é o seu referencial. Esse estado de insatisfação, de falta, perturba o meio interno, gera sensações de mal-estar, de natureza intero e proprioceptiva, moduladas pelo sistema cortical endócrino e neurovegetativo, responsável pela homeostase. Dependendo da intensidade, as sensações serão insuportavelmente desconfortantes, levando o bebê a paroxismos de sofrimento, com intensa reação de natureza somática.

Quando o bebê encontra o que está programado para satisfazê-lo, o estado de mal-estar reverte-se para o de bem-estar e ele recupera o estado de plenitude registrado na memória, anterior ao nascimento. Nesses termos, a autopreservação ou sobrevivência bem-sucedida é reconhecida pelo organismo do bebê como recuperação do estado de plenitude. Como acabamos de referir, quando se instala o estado de falta, com todo o cortejo de perturbações internas, a ameaça à sobrevivência leva a um estado de paroxismo do organismo, com manifestações corpóreas semelhantes às que ocorrem com o animal acuado e em pânico. São os registros de situações semelhantes a essa que vemos emergir em quadros de síndrome do pânico, por exemplo.

O organismo do bebê, nos momentos precoces de vida, está aprisionado a esse referencial edênico, e o bebê, na sua experiência, vai alternando estados de plenitude com estados de falta, de forma que se sucedem estados de satisfação-insatisfação-satisfação-insatisfação, de forma regular ou não, com ou sem perturbações.

Se houver a sucessão de "satisfação-insatisfação-satisfação" de forma adequada, regular, determinada pela periodicidade imposta pelo organismo do bebê, que encontra ressonância no meio ambiente e que se traduz pelo pronto atendimento, ocorrerá no seu organismo, e ficará gravada no circuito neuronal, a conexão da sequência insatisfação-satisfação. Com o decorrer do tempo, por se tratar de um modelo de reflexo condicionado, criar-se-á a memória de que à insatisfação sucede a satisfação. Com isso, haverá gradativamente uma diminuição das reações orgânicas à insatisfação, bem como uma diminuição do estado de ameaça, e o bebê, então, embora tomado pela insatisfação, não será assaltado por sofrimento insuportável, tendo seu estado interno e mente nascente livres da pressão instintiva. Nesse caso, realiza-se a *concepção*, se pensarmos que a *preconcepção* refere-se à disposição inata caracterizada por um estado de necessidades instintivas que buscam satisfação.

Se não existir a sequência "satisfação-insatisfação-satisfação" de forma regular, o bebê ficará impossibilitado de aprender a conexão de fatos no tempo, geradora da noção de tempo. Não haverá um momento em que o organismo esteja livre da tensão, representada pelo estado interno perturbado pela ameaça. Ocorre, nesse caso, o que Money-Kierle chama de *misconcepção*, em que as atividades mentais futuras ficam aprisionadas na busca da satisfação não realizada e, mesmo que depois essa realização aconteça, as atividades mentais continuam funcionando como se não a reconhecessem.

Teoria dos registros básicos de memória

Do meu ponto de vista, as respostas conceptivas e misconceptivas, com todo o cortejo de experiências relacionadas, serão capturadas por um circuito neuronal preexistente, que fica facilitado na primeira utilização pela experiência. A partir daí, os estímulos representados por experiências subsequentes semelhantes, que contenham elementos da primeira experiência, circularão por aquele circuito, fortalecendo-o a ponto de ficar indelevelmente gravado.

Segundo o meu entendimento, uma outra situação ainda pode ocorrer, que é a de *não concepção*, vivida pela criança que nasce e não encontra a mãe. É o caso da criança que é entregue a um orfanato, que é adotada de forma inadequada, sem amor e os cuidados devidos, ou de uma criança que teve a mãe e de repente perde esse laço. Ou essa criança desenvolve a capacidade de estabelecer uma relação com outra mãe/cuidador ou fica como memória aquela experiência de *não concepção*, que certamente acarretará perturbações no seu desenvolvimento afetivo-emocional, com prejuízos também na área cognitiva. As crianças que passam por situações desse tipo e não conseguem envolver-se numa relação com um objeto substitutivo, dificilmente conseguem recuperar-se, porque não conseguem desenvolver confiança e esperança. Muitas acabam morrendo, o que explica o alto índice de mortalidade infantil em crianças abandonadas. Alguns autores dedicaram-se a estudar essas crianças, e, dentre os estudos realizados, foi feito um mapeamento do hipocampo, que nelas se mostrou atrofiado. Em nosso trabalho social, temos um campo fértil de investigação, pois é comum encontrar adultos que trazem dentro de si vivências muito precoces de não esperança. Eles carregam um sentimento de não ter nada a perder, que não é cognitivo, é uma vivência emocional, que depois explodirá em comportamentos predadores, violentos, antissociais em sentido amplo, por terem precocemente esperado, esperado, tentado, tentado, e nunca terem sido atendidos.

Se, ao contrário, o bebê encontra um meio adequado de atendimento de suas necessidades e ocorre a *concepção*, ele tem a possibilidade de ir se desenvolvendo nessa relação com a mãe e, concomitantemente, humanizar-se, porque ao mesmo tempo que o bebê é acolhido e tratado amorosamente, também vai sendo restringido nas suas reações de forma adequada, afetuosamente, e vai aprendendo, nesse contato com a mãe, a adequação de suas reações. Introduz-se, nesse momento, um processo de inibição das reações violentas do bebê, visto que, nessa altura, à medida que ele se desenvolve, existe um abrandamento da intolerância aos estados de carga/desprazer e descarga/prazer, com o aparecimento da capacidade de discriminação dos estados corporais. Ele aprende também a suportar uma espera, capacidade que não tem nos primeiros momentos de vida, quando qualquer espera representa uma eternidade, visto que ele não tem noção de tempo.

Quanto mais o bebê for adequada e prontamente atendido nas suas necessidades de insatisfação/satisfação, insatisfação/satisfação, mais facilmente desenvolverá a capacidade de esperar, porque aprende a conexão de fatos no tempo, como já observado; aprende que à insatisfação segue-se a satisfação, o que fica gravado em sua memória. Assim, num momento de não atendimento, ele já tem a memória de que foi atendido, de ter sido satisfeito. A partir dessa memória, ele desenvolve a capacidade de poder esperar porque traz na sua tela mental a imagem da mãe satisfazendo-o, num processo alucinatório que impede que ele entre em desespero e permite mesmo que adormeça sem ser atendido. Há, aí, um processo inibitório também, porque, se este não estivesse presente, o bebê provavelmente não conseguiria acalmar-se e continuaria em estado de fúria, chorando até a exaustão. Surge, então, precocemente, uma função chamada inibição, uma barreira de repressão exercida pela mãe nesse momento, que vai restringindo e modulando, ainda que amorosamente, as reações do bebê, ao mesmo tempo que nomeia os estados corporais por que ele vai passando e ensina-lhe os comportamentos adequados.

Acredito que as experiências possíveis, como concepção, misconcepção ou não concepção, estabilizar-se-ão na estrutura cortical como formas básicas de funcionamento psíquico, que se manifestam perene e constantemente em todas as pessoas, em todas as situações, por toda a vida, de forma não consciente.

Esses fenômenos vividos pelo bebê na fase inicial de vida referem-se a situações internas moduladas pelas estruturas bulbopontinas, corpo estriado, hipotálamo e ainda partes de alguns outros núcleos da base. São situações derivadas das sensações interoceptivas e proprioceptivas e, como tal, autorreferentes.

Nesses momentos iniciais, o externo (o outro) não existe. O bebê, nesse momento, é o meio interno. Há um longo tempo disponível ao bebê para que se consolidem esses circuitos básicos, contendo as memórias de experiências internas. Essas memórias servirão de parâmetro para as experiências futuras, já sob o império dos estímulos exteroceptivos, vindos do meio externo.

Somente a partir do momento em que entram em funcionamento as estruturas do sistema límbico e parte dos lobos corticais é que começa a existir para o bebê a presença dos estímulos exteroceptivos, também capturados pelos circuitos existentes previamente nessas estruturas mais elevadas, de acordo com os elementos contidos na experiência. Esses circuitos das estruturas mais elevadas em seguida estimularão a memória presente nos circuitos básicos das estruturas antigas para adquirir significados conceptivos, misconceptivos ou não conceptivos.

É muito importante para o bebê ter a memória de que foi satisfeito, porque é a partir dela que ele desenvolverá a capacidade de poder esperar. Nesse espaço onde aparece a memória, onde a inibição já foi introduzida, o bebê vai trazer, no lugar da presença da mãe, a memória da mãe. Nesse primeiro momento, é um processo alucinatório, é um sonhar, é o processo do sonho já se instalando aí, com todas as implicações que terá no futuro para o equilíbrio psíquico do sujeito.

Do meu ponto de vista, a atividade alucinatória do bebê já evidencia uma capacidade de pensar, uma capacidade cognitiva que surge nesse momento. Quando ele alucina a figura da mãe, ele pensa a figura da mãe.

É a função alfa, de Bion, e é como em Freud: no lugar do seio, o não seio. No lugar do não seio, aparece o objeto e todo um processo de ligação de símbolos a objetos, um processo de simbolização; aparece a palavra e a ligação da palavra com o objeto, a representação do objeto pela palavra, surgindo o pensar, que já é uma ação. Então, o bebê pode, nesse momento, a partir do pensar, realizar uma ação corporal que ele escolhe, ou ficar só no pensar, que já é uma ação escolhida, selecionada, discriminada.

Em termos neurocientíficos, como dissemos, esse processo pode acontecer devido à entrada em funcionamento de uma estrutura chamada pré-frontal, principalmente a área ventromedial, cujo núcleo órbito-frontal, a parte cortical mais desenvolvida do pré-frontal, é considerado o senhor executivo do sistema límbico, o sistema das emoções. No meu entendimento, a região ventromedial do pré-frontal é uma estação de elaboração dos afetos, onde afetos e emoções são integrados e se transformam em sentimentos. Quando se transformam em sentimentos e existe essa consciência das emoções, entram em funcionamento outras áreas do cérebro, principalmente o giro do cíngulo, na sua área anterior, envolvido na regulação das emoções e da cognição, e a ínsula, além da já referida região ventromedial do pré-frontal. Quando isso acontece, existe a possibilidade de que a palavra se ligue à representação do objeto e o bebê possa pensar, e é a partir dessa capacidade que ele pode selecionar, discriminar, escolher, o que é fundamental no ser humano.

É importante enfatizar, ainda um vez, que não basta ter o pré-frontal para que esse desenvolvimento naturalmente aconteça. Sem a relação com a mãe ou cuidador, sem essa mediação, não existiria nem a simbolização nem a palavra.

Nesse momento, o indivíduo desperta para a realidade, começa a ter uma relação de objeto, uma relação de discriminação, com a possibilidade de ação sobre o meio. Começa a dar-se conta de que, dentro da realidade, ele é obrigado a frustrar-se porque não consegue realizar todos os seus desejos; tem de adequar-se à realidade para conquistar o que deseja, inclusive abrindo mão de alguns de seus desejos para poder realizar outros.

É aí que surge a importância dos sonhos para o equilíbrio psíquico do indivíduo. Todo desejo não realizado, toda necessidade não satisfeita fica como uma carga acumulada no organismo, que precisa ser descarregada. No sonho, durante a noite, o sujeito tem a possibilidade de satisfazer aquele desejo, de descarregar aquela energia acumulada, restaurando o equilíbrio energético do organismo. Em termos de economia fisiológica e energética para o equilíbrio homeostático, o sonho é de importância fundamental para o organismo.

Afetos, emoções e homeostase na teoria da sobrevivência e sua importância para a teoria dos registros básicos de memória

Para entender o que são os afetos e as emoções, como surgiram e o importante papel que desempenham na manutenção da condição chamada vida, é preciso não perder de vista as relações bilaterais que se estabelecem entre o ser e o meio no qual o ser está inserido e que explicam a emergência, nos seres vivos, dos sistemas de manutenção e preservação da vida e de comunicação com o meio.

É preciso não esquecer, igualmente, que o cérebro, o sistema nervoso, o psiquismo, enfim, tal como se manifesta no ser humano, são emergências que surgiram em função das pressões exercidas pelo instinto de sobrevivência sobre o ser, esse impulso motivacional básico presente no momento mesmo de origem da vida, que direciona o ser para que desenvolva condições cada vez mais adequadas de sobrevivência para si e para sua espécie.

Também não se pode desconsiderar, em momento nenhum, que a profunda integração que existe entre o ser e o meio se deve ao fato de que esse ser se originou desse meio e vai alimentar-se dele para poder continuar vivo, mantendo com ele uma estreita relação de interdependência. Por ter surgido do meio, o ser vivo carrega dentro de si uma constituição que deve estar em harmonia com ele. Por outro lado, no momento em que esse ser surge no meio, altera-se este, por força dessa nova presença. O meio alterado pelo aparecimento do ser vivo em seu bojo vai, por sua vez, provocar alterações nesse indivíduo, e assim sucessivamente, até que esse equilíbrio dinâmico se rompa e um desses sistemas se desintegre. Quanto mais baixa é a localização do ser vivo na escala evolutiva, tanto mais fixa é sua relação com o meio. Na verdade, no reino dos seres vivos, somente o homem guarda uma relação mais independente com o meio, podendo estabelecer-se e sobreviver em ambientes com características variadas.

Essa relação biunívoca entre ser e meio depende, fundamentalmente, dos *quanta* de informação presentes no meio e presentes no ser vivo. O meio estimula o ser, ou seja, emite informações para ele. Por força das informações que ele próprio carrega, o ser vivo capta os estímulos enviados pelo meio e, em contrapartida, emite-lhe uma resposta. Toda e qualquer relação que se estabeleça entre ser e meio dependerá das informações contidas num e noutro.

À medida que os seres se transformam por influência das informações que surgem do seu *habitat*, vão sendo estimulados a dar determinadas respostas. Quando não carregam dentro de si a informação adequada para reagir de forma positiva ao meio, acabam morrendo e desaparecem no meio.

Por força do impulso motivacional intrínseco básico presente nos seres vivos, que os leva a buscar de toda forma a autopreservação, provavelmente por tentativas baseadas em ensaio e erro, foi ocorrendo um fenômeno chamado mutação, por meio do qual os seres vivos, no decorrer de milhões de anos, foram sendo estimulados a promover modificações em suas estruturas, que lhes permitiram dar respostas mais amplas e adequadas às alterações do meio, de tal forma que, gradativamente, estruturas e funções foram se tornando mais complexas.

É justamente esse processo de desenvolvimento que preside a teoria da evolução de Darwin: situações e mudanças ocorridas ao acaso, no meio e nas estruturas dos seres, chamadas mutações, foram responsáveis pelo aparecimento das diversas formas de vida sobre a Terra. O que importa observar é que a evolução se processa de forma muito econômica na natureza, sempre a partir de algo que já existe. Tanto que François-Jacob e outros estudiosos da teoria darwinista da evolução dizem que ela se faz como uma bricolagem: há sempre um pequeno acréscimo sobre alguma coisa que já existia. Esse pequeno acréscimo, no entanto, pode representar um grande salto evolutivo, uma grande conquista em termos de adaptação, como a que se deu no ser humano em relação a seus ancestrais. Uma diferença de apenas 2% em termos genéticos rendeu ao homem uma significativa mudança em termos de sua configuração cerebral – um pequeno acréscimo no lobo pré-frontal, mais volumoso no ser humano do que no chimpanzé –, com consequências inimagináveis para o desenvolvimento das funções cerebrais.

Mesmo num organismo unicelular, muito simples em termos de estrutura, é possível identificar esse impulso em direção à autopreservação: o meio interno tem de ser preservado a todo custo, a fim de manter a energia que essa estrutura unicelular contém e condensa. Pode-se dizer, então, que existem dois sistemas de preservação da vida no momento mesmo em que ela surge. Um deles é o sistema que busca manter o equilíbrio do meio interno, chamado de homeostase, responsável pela preservação de sua natureza e composição, dando origem mais tarde nos seres mais desenvolvidos ao sistema endocrinológico. O outro sistema é capaz de distinguir o que é meio interno e meio externo, ou, em outros termos, o *self* do *não self*. Trata-se do sistema imunológico, presente também na origem da vida, que possibilitará que o meio interno seja preservado contra as agressões do meio externo, admitindo somente a penetração de substâncias necessárias à manutenção do meio interno funcionante, que não o alterem ou destruam. É por isso que determinados nutrientes estão cercados de uma série de mecanismos que lhes permitem penetrar no meio interno sem provocar qualquer desordem ou ameaça à integridade da estrutura interna do ser. Essa é uma função desempenhada pelo sistema imunológico.

Além desses dois sistemas, existe ainda um outro, presidindo tanto o sistema homeostático quanto o imunológico: trata-se das estruturas sensíveis, sensitivas, sensoriais, responsáveis pela captação das alterações do meio interno e que funcionam como um sistema de alerta para que os sistemas endocrinológico e imunológico entrem em funcionamento, com base em um fenômeno presente em todos os seres vivos – a irritabilidade, que vai constituir o futuro sistema nervoso. Essas estruturas sensíveis, além de captar os estímulos que representam uma ameaça e deflagrar o estado de alerta, também dispõem de recursos para provocar uma reação do ser, principalmente em termos de ação e movimento, como, por exemplo, uma reação de fuga diante de um estímulo nocivo. Tanto é assim que mesmo os seres primitivos, unicelulares, ao serem espetados por uma agulha, apresentam a capacidade de retração, como tentativa de escapar ao estímulo ameaçador.

Essa estrutura sensível, já presente no organismo unicelular, portanto na origem do ser vivo, por um processo de desenvolvimento e complexificação de estruturas, constituirá depois o sistema nervoso. Este, juntamente com os sistemas endócrino e imunológico, constituirá um sistema único, o sistema neuroimunoendocrinológico (SNIE). Essa integração neuroimunoendócrina existe, portanto, desde os primórdios da vida e passa pelos anfíbios, répteis, mamíferos, etc.

Assim, a tudo que acontecer no nível imunológico corresponderá uma alteração significativa no nível endocrinológico e no nível do sistema nervoso, e, no caso do ser humano, no nível psicológico. Essa constatação tem implicações importantes no campo da psicanálise, pois Freud já considerava que as mudanças nos estados internos do ser eram percebidas como afetos pelo próprio ser, que a elas respondia com ação e movimento.

Para Freud, os afetos são apreensões dos estados somáticos do organismo, estados esses resultantes das estruturas internas do ser na tentativa de manter a condição interna equilibrada para poder sobreviver. Afetos ou emoções dizem respeito à captação, por essas estruturas sensoriais, das alterações do meio interno, que farão surgir sensações, e, por meio delas, um estado de consciência no nível de cada ser que constituirá o estado de natureza emocional. Assim, o afeto é a primeira manifestação fenomenológica de uma entidade que emerge desse dinamismo das estruturas internas, que vai se caracterizar como mente, como consciência, e que eu denomino *protomente*, *protoconsciência*. Aqui, vê-se a mente emergindo dessa realidade integrada, unitária, indissociável, que é a unidade mente-corpo. Os afetos estão fundamentalmente ligados a situações estruturais da condição de ser *vivo* e constituirão as bases sobre as quais se construirão todas as outras funções de natureza psíquica. Isso é particularmente observável em termos do desenvolvimento embriológico do feto, no qual é possível identificar estruturas que funcionam precocemente com essa função, já no fim da gestação. Freud considera os afetos fenômenos que ocorrem num nível muito precoce da vida e que decorrem dos estados alterados do meio interno devido à dinâmica equilíbrio/desequilíbrio que caracteriza esse ser.

O afeto será o elemento mobilizador da ação do ser em busca do equilíbrio e da harmonia. A busca do equilíbrio do meio interno é condição decisiva para o processo de homeostase, que é o mecanismo de regulação interna do ser vivo. Nesse sentido, importa salientar que afetos e emoções são percepções dos estados internos do organismo, que desencadeiam o processo de homeostase ou de autorregulação corporal para garantir a sobrevivência. Essa é a condição primordial, que nasce como impulso motivacional básico, intrínseco, do ser, ou seja, instinto de sobrevivência, que se manifesta já no momento em que surge a vida.

A dinâmica de integração entre ser e meio, para a qual os afetos desempenham importantíssima função porque é por meio deles que é possível restaurar o equilíbrio interno do ser, dar-se-ia da seguinte forma: quando surge um contido – no caso, o ser humano –, o meio – que seria o continente –, se adapta, porque possivelmente, antes do aparecimento desse ser, esse meio tinha uma outra configuração. A partir do momento em que surge um determinado ser, o meio se modifica como consequência, e isso acontece porque o meio também é um ser vivo complexo.

Assim, quando surge um contido, o continente se adapta, tentando absorver a presença do ser, incorporando-o num outro nível de dinâmica. Para tentar integrá-lo no sentido de manter o equilíbrio, o meio necessita de um certo grau de adaptabilidade às mudanças em sua dinâmica. O mesmo se dá em relação ao contido, estabelecendo-se entre eles uma relação de reciprocidade fundamental e permanente, uma complexa relação de seres vivos de diferentes naturezas.

Nesse sentido, não é só o ser que precisa adaptar-se; o meio também tem de ter essa capacidade. Caso contrário, se ele não apresentar condições de absorver por inteiro a presença do ser e de oferecer-lhe as condições necessárias para sua sobrevivência, haverá um desequilíbrio e o ser desaparecerá. A condição necessária de sobrevivência do ser vivo se baseia na permanência de um estado alterado, constantemente regulado pelos mecanismos homeostáticos, que não permitirão que se rompa esse equilíbrio dinâmico entre ser e meio. Por seu lado, o ser que emerge no meio recebe essa alteração do meio que ele próprio provocou como uma mudança, à qual terá de adaptar-se para sobreviver. Esse jogo de interdependência entre ser e meio deve manter-se indefinidamente, até que um ou ambos os sistemas se desorganizem e se desintegrem. Essa é, resumidamente, do meu ponto de vista, a teoria da sobrevivência, na qual o papel dos afetos e emoções ocupa posição central.

Como afetos e emoções se transformam em sentimentos e dão origem à cognição

Lembro-me bem da reação que a eminente bióloga Lyn Margulis provocou na plateia quando apresentou seu trabalho sobre consciência celular no Congresso Internacional sobre a Consciência "Cajal y la Conciencia", em Zaragoza, na Espanha, em dezembro de 1999. Era um misto de perplexidade, deboche e incredulidade, que já deixei aqui referido, porque não sei o que de fato foi mais impactante, se a ousadia transgressiva de

Teoria dos registros básicos de memória

suas colocações ou a reação da plateia. Mas o que muitos interiormente se perguntavam era como uma bióloga da estatura de Margulis, ao lado de outros eminentes biólogos, neurocientistas, psicólogos, filósofos e físicos, alguns laureados com o Prêmio Nobel, como Gell-Mann, François-Jacob, Gerald Edelman, e neurocientistas da estatura de Jean-Pierre Changeux e Rudolf Lhinas, dentre outros, podia atribuir consciência a uma célula.

Ela dizia que, ao examinar uma célula, nós nos surpreenderíamos com a sabedoria com que ela se comportava, como reagia de forma adequada às modificações de seu meio interno, usando recursos próprios, adequados, ajustados, e como sabia defender-se das modificações do meio externo para manter-se viva. Esse comportamento que ela observava de forma dinâmica no interior da célula era devido a uma consciência, segundo ela, *característica de todos os seres vivos*. Mesmo os respeitados companheiros de apresentação ouviam o seu relato com incredulidade, mais propensos a acreditar que Margulis estava conferindo à célula um atributo eminentemente humano.

A mim, essa apresentação causou forte impacto e, ao mesmo tempo, estranheza. No momento, eu não estava preparado para compreender que de fato existiam precondições básicas, que mais tarde eu chamaria de registros, que impediam, mesmo a eminentes cientistas, de sair de seus paradigmas para pensar que as células, seres unicelulares, compartilham com todos os demais seres vivos, o que nos inclui, essa qualidade que se chama vida e que se caracteriza por uma série de manifestações que permitem a sobrevivência do ser, quer como um sistema de defesa, quer como um sistema de construção, quer como um sistema de reparação, quer como um sistema de perpetuação. Apesar de teoricamente serem capazes de dar-se conta de que esses sistemas, presentes nos seres unicelulares, são os mesmos que vamos encontrar aperfeiçoados e complexificados nos seres humanos, algo dentro deles não podia aceitar que tais sistemas, nos seres unicelulares, funcionassem acionados por uma consciência da mesma natureza que a do homem, embora num nível totalmente diferente, em face da simplicidade da configuração que propiciava sua emergência, diferentemente da configuração complexa do homem, que faz emergir a consciência em outro nível de funcionamento. A visão fragmentada da realidade e o paradigma do behaviorismo, que tanto dominou o universo científico, por permitir a aplicação da metodologia científica da investigação ao comportamento e a questões mentais humanas, criaram esse reflexo automático de visão descontínua. Assim, a consciência a que Margulis se referia para embasar o que levava os animais a adotar atitudes intencionais soava como algo místico, que não cabia naquele contexto.

Mas o que tem isso a ver com o processo pelo qual as emoções se transformam em sentimentos?

Quando apresentei meu trabalho "Afetos, Psicanálise, Neurociências e Investigação", meus colegas da Sociedade Brasileira de Psicanálise e do Grupo de Estudos em Psicossomática, que estudavam os afetos e as emoções, reagiram contra a minha hipótese de que os afetos eram os estados do meio interno, portanto, estados corporais, que eram percebidos primariamente a partir da dualidade bem-estar/mal-estar, o que, dito de outra forma, corresponde a prazer/desprazer. Eu dizia que essa função fazia parte do instinto de sobrevivência, da luta pela manutenção da vida, que é inerente à própria vida e que surge com ela. Perceber o estado em que se encontra o meio interno é fundamental para a sobrevivência, uma vez que é do equilíbrio desse meio interno, mantido dentro de parâmetros restritos, que vai depender a vida, devido ao bom funcionamento das estruturas e funções. Os seres vivos desenvolvem a capacidade de se auto-organizar para manter esse estado em equilíbrio, por meio de recursos flexíveis, que operam dentro de determinados limites. As concepções sobre afetos e emoções, vigentes na psicanálise, estavam muito distantes das ideias apresentadas por Freud nos seus escritos metapsicológicos, certamente em função do viés racional, não biológico, cartesiano, pelo qual haviam sido lidas e entendidas. Atribuía-se a afetos e emoções uma dimensão em que já existia a simbolização, um nível de consciência que envolvia outras funções além das puramente sensitivo-corporais.

Teoria dos registros básicos de memória

Quando Freud concebeu a forma de funcionamento no processo primário, dentro do princípio do prazer, ele tinha em mente a condição do indivíduo no momento precoce da vida, imaturo, em que, à semelhança dos seres mais primitivos, reage aos estados alterados do meio interno através da dualidade sensorial corporal desprazer/prazer, de forma grosseira, sem grandes discriminações, que exigiriam outro nível de consciência. *É o momento em que afetos e emoções estão totalmente restritos ao corpo, e o organismo dá resposta às suas necessidades homeostáticas por meio de reações e reajustes corporais.* Disso decorre que o organismo necessita de um certo grau de capacidade de se auto-organizar, autorreparar e autoproduzir para encontrar de novo um ponto de equilíbrio e continuar sobrevivendo. As reações são em relação ao seu meio interno, e o estímulo que produz a resposta vem do meio interno.

Em termos neurobiológicos, todo esse processo de homeostase, que envolve a captação do estado em que se encontra o meio interno, o corpo, é assegurado pelas estruturas que existem na base do cérebro, mais em torno do tronco cerebral, e no assoalho do cérebro anterior. Assim, a substância cinzenta periaquedutal, por exemplo, recebe as informações que vêm do corpo através dos feixes ascendentes que correm a medula espinhal e alcançam o bulbo, processa as informações nesse nível simples e, através de feixes descendentes, manda as respostas efetoras para o corpo. Por outro lado, os estímulos que alcançam o bulbo cerebral estimulam os núcleos que dão origem aos sistemas serotoninérgicos, como os núcleos da Raphe; os núcleos que dão origem aos sistemas colinérgicos, como os neurônios da formação ponto-mesencefálica reticular; os núcleos que dão origem aos sistemas dopaminérgicos, como os núcleos da substância nigra e da área tegmentar ventral; os neurônios do hipotálamo lateral e medial, e outros, dando conta dos estados do corpo e mobilizando, de acordo com as informações, as reações adequadas.

À medida que os núcleos do sistema límbico vão se desenvolvendo e gradativamente vão entrando em funcionamento, essas estruturas mais corticalizadas, como o cíngulo, em particular o cingulado anterior, que constituem a córtex paralímbica e a região ventromedial do córtex pré-frontal, surgem, no cérebro anterior, envolvendo o cingulado anterior e o córtex pré-frontal, nos mamíferos situados na parte mais elevada da escala evolutiva como os primatas, as chamadas *spindle cells*, que Albright em suas pesquisas relaciona com os primatas maiores como os chimpanzés e gorilas. Esses elementos estão indubitavelmente ligados ao surgimento de funções psíquicas mais elevadas.

Por outro lado, é preciso considerar que, no caso do ser humano, o bebê nasce completamente imaturo, principalmente em termos das estruturas cerebrais e funções psíquicas, saindo do meio intrauterino para um meio cultural no qual o organismo é bombardeado por estímulos de um meio humano. A expressão das manifestações genético-constitucionais é modulada pelas influências desse meio humano típico, e as funções psíquicas que vão emergindo do desenvolvimento complexo da estrutura e do dinamismo bio-orgânico vão sendo mediatizadas pelas ações das pessoas que integram o meio e que se relacionam com o bebê ou cuidam dele. Assim, por exemplo, os estados do corpo que, num primeiro momento, são classificados biologicamente num parâmetro binário – prazer e desprazer, bem-estar e mal-estar –, alcançam a possibilidade de serem discriminados pela criança em suas nuances diferentes, graças à nomeação que a mãe ou quem cuida do bebê vai fazendo.

Até esse momento, o bebê, o ser humano, compartilha de um estado de consciência que é puramente corporal, e suas apreensões do próprio corpo e do meio, bem como suas ações são determinadas por essa consciência corporal, que podemos chamar de primária. Poderíamos dizer que a inteligência é restrita a uma inteligência corporal, obedecendo exclusivamente às determinações do instinto de sobrevivência e, no mais adulto, também às determinações do instinto de preservação da espécie. Até os mamíferos inferiores, os animais completam seu desenvolvimento da consciência até esse ponto. Esse processo corresponde à teoria de Lyn Margulis e, por outro lado, permite compreender Jaak Panksepp e suas agruras em relação à vida emocional dos animais.

Os primatas superiores e o homem, no ponto mais alto da escala evolutiva, prosseguem o curso de desenvolvimento da consciência: como que uma parte dessa consciência ligada ao corpo se prolonga, se descola, se distancia, se desdobra e adquire uma condição de autonomia de percepção, no sentido de que é capaz de voltar-se para si mesma e formar uma percepção de si, do seu estado corporal, do que se passa consigo, do que se passa com o meio, do que se passa com o outro (inicialmente, o outro significativo) e na sua relação com ele. É como se essa consciência se libertasse dos limites do corpo, da restrição ao corpo, transbordando-o, para olhá-lo de fora e de cima e percebê-lo reflexivamente.

A atribuição de uma qualidade, de um significado, de um sinal ou de um símbolo a uma experiência será aprendida no contato com a mãe, a cuidadora ou outro adulto. Com isso, o universo do bebê se amplia pela concomitância de dois acontecimentos: de um lado, o amadurecimento das estruturas cerebrais mais complexas, que enseja o surgimento de novas capacidades funcionais e permite penetrar em novas modalidades de funcionamento, e, de outro lado, o concomitante acompanhamento dos cuidadores, uma vez que o bebê está inserido nesse útero social já ao nascer pela intermediação deles, sem o que a presença pura e simples de estruturas cerebrais mais desenvolvidas, por si só, não faria surgir esse outro nível de consciência mais elaborada.

Assim, as emoções, que eram vividas como estados puramente corporais, adquirem um significado ampliado, mais complexo, e, apesar de se basearem em fenômenos corporais, participam numa função emergente de consciência em outro nível, capaz de voltar-se para si e se ver, numa atitude autorreflexiva, que permite ao indivíduo dar-se conta do que se passa consigo.

Nesse contexto, fazem sentido as afirmações dos pesquisadores do psiquismo pré e perinatal e dos pesquisadores do *attachment*, que insistem num instinto de intersubjetividade para explicar a razão pela qual o bebê vem preparado para encontrar a mãe, identificando-a depois do nascimento

pelo olfato, audição, gosto, paladar e por outras vias, como sustentam Marie-
-Claire Busnel, Trevarthen e outros.

A moderna neurociência do desenvolvimento, aliada à neuropsicologia social, ao estudar as relações intersubjetivas precoces, tem feito, como salientei em diversos artigos, importantes descobertas relativas às funções do hemisfério cerebral direito do bebê e hemisfério cerebral direito da mãe nos primeiros momentos de vida da criança. Descobriu-se que as estruturas cerebrais não entram em funcionamento nem amadurecem ao mesmo tempo. Mesmo os núcleos subcorticais, as estruturas bulbopontinas e da base do cérebro, como a amigdala, do lado direito funcionam primeiro e amadurecem antes que o lado esquerdo. Essa diferença cronológica de funcionamento tem razão de ser porque as funções que emergem no lado esquerdo decorrem do desenvolvimento das funções do lado direito.

Por outro lado, é no lado direito do cérebro que estarão presentes determinadas funções fundamentais no contato e comunicação do bebê com o seu meio, inclusive as funções afetivas, emocionais, que captam os estados corporais e acionam os mecanismos responsáveis pela regulação biológica.

As modalidades de comunicação que se realizam em nível pré-verbal, prosódico, gestual, signalítico, enfim, num nível diferente da comunicação psíquica de indivíduos que conquistaram o desenvolvimento da linguagem, acontecem no hemisfério direito. É sabido que determinadas funções, como a captação das expressões emocionais da face, a capacidade de captar o que se passa emocionalmente com o outro, os mecanismos de relação empática, se preservam no adulto como funções do hemisfério direito.

A descoberta de que, no estado de maternagem, a mãe utiliza o hemisfério direito do cérebro possibilitou desvendar o enigma da comunicação que se processa entre a mãe e o bebê praticamente no nível do imperceptível. Essa comunicação, que, do meu ponto de vista, se faz pela ação dos chamados neurônios em espelho, que estão presentes no lobo frontal temporal, principalmente direito, possibilita que possamos compreender como se dá o processo de estimulação do cérebro do bebê pela mãe, que mediatiza a inserção do bebê no mundo das relações interpessoais e no meio cultural e, com isso, modula as expressões genético-constitucionais com que a criança nasce.

É essa influência do meio, principalmente pela ação mediatizadora da mãe, e o amadurecimento das estruturas cerebrais programadas para desenvolver tais funções, que vão permitir que afetos e emoções que, de início, se restringiam a sensações puramente corporais, baseadas em parâmetros binários, prazer e desprazer, gradativamente ampliem os matizes de qualidade dos estados e, de simples consciência corporal, adquiram a condição de consciência em outro nível, no nível psíquico, de uma instância que se vê, que se autorreflete, podendo perceber *de fora, de além do corpo*, o que se passa com esse corpo e comandar voluntariamente suas atitudes e ações para autorregulação e nas relações com o meio.

Os preconceitos oriundos do behaviorismo, do cientificismo e do academicismo impediram, do meu ponto de vista, que determinados aspectos de há muito observados na relação mãe-bebê fossem aceitos. Aqueles que traziam corajosamente o resultado de suas observações eram ridicularizados. Assim, a existência de um tipo de comunicação como que telepática entre mãe-bebê é perfeitamente observável por todos aqueles que, como eu, se dedicaram um dia a estudar o comportamento do bebê sem preconceitos. Os trabalhos de pioneiros como Colwyn Trevarthen hoje vêm demonstrando, de forma indiscutível, as habilidades do bebê, explicáveis por uma atividade psíquica que está funcionante num nível diferente do adulto, que tem acesso ao cognitivo e à linguagem, e que poderíamos atribuir a uma consciência em nível primário, em nível corporal, que compartilhamos com os animais. Pesquisadores corajosos, que se afastam dos padrões do *establishment* científico, como o biólogo Rupert Sheldrake, por exemplo, investigam fenômenos que são familiares a todos aqueles que convivem com animais domésticos, como cães, gatos, cavalos, etc. É muito interessante, nesses termos, o que Sheldrake chama de *sétimo sentido*, uma modalidade de comunicação de que dispõem os animais como o cão na sua relação com o dono.

Quem cuidou de bebês recém-nascidos e não presenciou a capacidade que alguns deles apresentam de dar-se conta do afastamento e da aproximação da mãe do local onde se encontram, manifestada em sinais inequívocos de inquietação, agitação, angústia, de um lado, e aquietação, tranquilidade e satisfação, de outro?

Esses aspectos são importantes para ilustrar minha hipótese de que a passagem das emoções para os sentimentos depende dessa aprendizagem mediatizada pela mãe, que vai interpretando e nomeando para o bebê os estados por que ele próprio vai passando. É importante lembrar que as emoções se referem à condição de captação dos estados corporais, orgânicos, condição manifestada sob a forma de consciência primária, que diz respeito a um ego corporal. As emoções se transformam em sentimentos no momento em que emerge, da consciência primária restrita aos limites do corpo, uma instância em que essa consciência primária se expande para além dos limites do corpo e se vê, uma instância que é capaz de se dar conta do que se passa com o corpo, como se estivesse fora dele. Com isso, quero salientar a importância da função da mãe e a importância da relação mãe-bebê nessa díade em que ocorre o fenômeno do *attachment* para a constituição do humano e para a conquista das funções psíquicas mais elaboradas que caracterizam o homem e que serão responsáveis pela excelência da autorregulação. Podemos deduzir que eventuais falhas na maternagem de alguma forma repercutirão na construção do psiquismo do futuro indivíduo.

O que importa salientar é que o sucesso da díade mãe-bebê vai depender da capacidade da mãe de captar o estado do bebê para poder realizar a regulação biopsíquica da forma mais precisa e adequada possível. Portanto, muito do sucesso dessa díade vai depender das condições de desenvolvimento psíquico da mãe, de como seu hemisfério direito foi desenvolvido na relação empática. Pensando no fato de que cada bebê é uma individualidade que traz em si a marca de sua peculiaridade, podemos imaginar que a mãe tem de ser dotada da capacidade de captar a realidade de cada filho, o que não está previamente programado nem contido nos manuais de cuidados do bebê.

As condições de sensibilidade da mãe e do bebê para as funções que se realizam reciprocamente por meio do hemisfério direito estão exacerbadas no pós-parto e permanecem enquanto dura essa relação diádica no estado de dependência do bebê, graças às altas taxas de oxitocina e vasopressina circulantes no sangue.

É interessante notar que Freud assinalou que, nos momentos precoces da vida, o homem funciona psiquicamente dentro do que chamou de processo primário, segundo o princípio do prazer. Ou seja, o organismo funciona na base da regulação, que alterna a situação de desequilíbrio do meio interno, traduzida sensorialmente como mal-estar, desprazer, com o estado de equilíbrio buscado pelo organismo e patrocinado pela mãe, *em face da imaturidade do organismo do bebê, incapaz de prover sua própria regulação*, que se traduz em bem-estar ou prazer. Esses estados são acompanhados por movimentos de energia, que podem ser violentos, quando os recursos de satisfação da necessidade não encontram o patrocínio adequado da mãe ou de qualquer cuidador do meio em que o bebê se encontra. Então, se o acúmulo de energia causado pelo desequilíbrio se torna muito grande, alcançando o nível do insuportável, com consequências, a descarga dessa energia, na tentativa de encontrar o equilíbrio, se faz de forma violenta, agressiva, ultrapassando os limites do necessário, por vezes com danos a si mesmo e ao objeto a que se direciona.

A mãe ou quem cuida do bebê, mediante sua capacidade receptiva e de comunicação, determinada pelo hemisfério direito do seu cérebro, através dos neurônios-espelho, se transforma no continente do sofrimento do bebê, aliviando-o do excesso de energia acumulada e promovendo a sua descarga dentro de um nível controlável, sem sofrimento, e impedindo que o bebê seja tomado por um estado corporal de desespero e agonia, que muitas vezes se expressa em convulsões. Por meio dessa experiência com a mãe, o bebê vai aprendendo e memorizando a sequência de modificações e transformações por que ele próprio passa, que vão do estado de desprazer para o estado de ausência de desprazer ou estado de prazer, e deste novamente para o estado de desprazer, sem o acometimento de situações insuportáveis, terríveis e traumáticas, dolorosas, que gradativamente aprende a evitar. O atendimento adequado da mãe, que se adapta às necessidades do bebê segundo a natureza deste, permitiria, pois, que o bebê incorporasse a aprendizagem da experiência de um atendimento que não falha, não abandona, não exclui, e assim, quando, numa próxima situação, em um determinado momento, a mãe demora ou se ausenta, esse bebê, tendo dentro si o que poderíamos chamar de confiança corporal por aprendizagem registrada na memória, é capaz de suportar a emergência do desprazer, derivando para a imagem da mãe continente presente em sua memória, tornando-se capaz de esperar o atendimento de suas necessidades para descarga, sem entrar em desespero.

É preciso não esquecer que esses estados de desprazer e prazer são, em princípio, captados como afetos e emoções pelo bebê. Com a nomeação que a mãe vai fazendo desses estados, relacionando-os com as experiências pelas quais o bebê vai passando, por meio de sons, entonações peculiares (*motherese*, em inglês; prosódia, em português), gestos, carinhos, expressões faciais e corporais, falas, palavras, toda essa linguagem não necessariamente verbal vai sendo aproximada e relacionada, preenchendo um universo no qual antes só existia, para o bebê, a experiência sensorial do corpo. Logo, possivelmente, o que acontece num momento de ausência da mãe é a aparição na mente do bebê do cortejo de imagens, sons, gestos, etc., da situação toda experimentada com a mãe, num mecanismo semelhante a uma alucinação, a partir do qual o bebê consolida a relação do símbolo, do nome, da imagem rememorada com o objeto.

Desde então, está aberto o caminho para que o bebê comece a balbuciar sons para nomear os objetos, experiências e situações, tanto externos como internos. Nesse momento, as palavras substituem na mente os objetos, e a criança está de posse da capacidade de pensar, que se completa. A partir daí, de forma total, como diz Freud, a energia ligada às experiências biopsíquicas de regulação, que na vigência do princípio do prazer estava livre e funcionava sob a forma de descarga, na reação tudo-nada, agora se encontra vinculada e sob o controle da volição, ou seja, da vontade. Aí estamos na vigência da forma de funcionamento chamada por Freud de processo secundário, dentro do princípio da realidade.

A partir desse momento, os significados da sobrevivência do ser humano ultrapassam os limites restritos do corpo para alcançar o mundo das relações externas. O bebê, que estabelece a relação intersubjetiva tão somente em função de sua sobrevivência corporal, passa a estar presente na relação intersubjetiva com possibilidades de considerar o outro da díade; gradativamente, sua capacidade de dar-se conta de quem é o outro e o que se passa com o outro não mais se restringe aos seus interesses, mas aos dos outros em si, que passam a ter existência e vão se transformar em objeto de afeto que cuida.

Está aberto o caminho para as infinitas possibilidades de significado que serão atribuídas às transformações por que passa o instinto de sobrevivência, como bem assinalou Freud no seu monumental e pouco compreendido *Além do princípio do prazer*.

A passagem das emoções para sentimentos e depois cognição se conquista com uma série de desenvolvimentos neurobiológicos que ocorrem no cérebro, principalmente no lobo pré-frontal. Relembrando: num primeiro momento, as emoções estão restritas ao nível sensório-corporal, numa consciência que podemos chamar de primária e que está submersa na própria sensação. Em seguida, transformam-se em sentimentos, quando surge a capacidade de dar-se conta do que se passa com o corpo, através da emergência de uma instância própria, da qual surge a capacidade cognitiva.

O trabalho monumental de observações investigatórias de neurocientistas, neuropsicólogos, psicólogos e psicanalistas envolvidos com a neurociência do desenvolvimento, a neuropsicologia do desenvolvimento, a neurociência afetiva, a neurociência social, que vêm estudando as interações psíquicas inter-relacionais e intercerebrais, tem trazido contribuições inimagináveis, visto que, ao mesmo tempo que se enriquecem com as contribuições psicanalíticas, abrem, por outro lado, perspectivas de compreensão da dinâmica psíquica a que a psicanálise não tinha acesso.

Foge ao escopo deste trabalho detalhar as contribuições que os diversos autores e cientistas têm trazido ao tema, o que pode ser conhecido nas referências bibliográficas, mas a clareza que hoje é possível ter sobre essas questões deve-se a esses pioneiros.

A psicanálise ficou extremamente restrita aos fenômenos que ocorriam no nível do intrapsíquico, e apesar de se saber da importância, no processo de desenvolvimento psíquico, da relação com o outro desde Freud e seus seguidores, os mecanismos mais íntimos do processo de desenvolvimento das funções psíquicas que dependiam dessa interação não haviam sido explorados. Pode-se dizer que a psicanálise ficou restrita à psicologia de uma pessoa, e pouco ou nada se deu conta da psicologia de duas pessoas. Ou seja, ignorou-se o fato de que o ser humano, para começar, só podia emergir como humano dentro da relação diádica primordial, para depois passar à relação grupal e depois social.

A partir da mediação feita por essa relação diádica, que permite ao indivíduo introduzir-se mais tarde no grupo maior, as estruturas cerebrais, de acordo com o programa de desenvolvimento, em primeiro lugar dos núcleos subcorticais, límbicos, do hemisfério direito, e, posteriormente, dentro do esquema de maturação das estruturas corticais, em especial do lobo pré-frontal, desenvolvem as funções para as quais estão programadas geneticamente. Freud, assim como o inglês John Hughlings Jackson, concebia um esquema hierárquico ascendente de funcionamento cerebral e mental, no qual as estruturas situadas mais abaixo, mais antigas, desempenhavam funções mais primitivas, e as estruturas situadas mais acima desempenhavam funções mais evoluídas, que controlavam as situadas abaixo. Assim, podemos pensar em termos de uma hierarquia ontogenética do sistema límbico. Podemos dizer, nesses termos, que cada nível mais elevado dessa organização representa e expande em grau de complexidade as funções previamente existentes em nível mais primitivo. Nesse modelo hierárquico de maturação cerebral, as estruturas corticais mais elevadas do ponto de vista do desenvolvimento passam a regular níveis subcorticais, mais precoces, o que ocorre mediatizado pelas reações intersubjetivas. Karl Pribram, em 1960, em *Intrinsec systems of the forebrain*, já referia que o lobo frontal, situado no topo da hierarquia córtico-subcortical, agia como regulador das funções internas.

Queremos ressaltar que o genial A. R. Luria, em 1973, no seu livro *The working brain*, escrevia que o desenvolvimento das áreas pré-frontal ventral e medial regulava a ativação que ocorre no pós-natal e é influenciada pelo meio.

Outros autores como P. Luu e D. M. Tucher, junto com Karl Pribram, em 1995, no artigo "Social and emotional self-regulation", aventaram a possibilidade de que as áreas medial e ventral do lobo pré-frontal tivessem uma função de inibição e facilitação sobre o sistema ascendente, exercendo, assim, o papel de regulação do estado de ativação no resto do cérebro. Muitos autores, como R. Joseph, salientaram que o sistema pré-frontal, através do órbito-frontal, posicionado como uma área de associação para esse cérebro límbico terminal ou como componente especial cortical pré-frontal do sistema límbico, agiria como o *senhor executivo* da ativação límbica.

Hoje, graças a técnicas sofisticadas de investigação, é possível conhecer em detalhe os mecanismos e os tipos de ativação e inibição que ocorrem no interior dos circuitos córtico-subcorticais, em situações tanto normais como patológicas. Luu e Tucker (1996), no seu trabalho *Self-regulation and cortical development: implications for studies of the brain*, observam que esse processo de desenvolvimento de maturação vertical alcança o ápice no período entre 10-12 meses e 16-18 meses, quando são feitas as conexões entre as diferentes áreas cerebrais para que esse trabalho integrativo de regulação ocorra.

Os achados dos investigadores permitiram identificar diversos sistemas de conexão, tais como:

- um sistema rostral límbico, uma sequência hierárquica de áreas límbicas interconectadas no córtex insular, órbito-frontal, cingulado anterior e amígdala;
- um sistema límbico anterior, composto pelo córtex órbito-frontal, núcleo basal do cérebro anterior, amígdala e hipotálamo;
- um circuito paralímbico contendo o órbito-frontal, a ínsula e o córtex têmporo-polar;
- uma rede neural límbico-anterior pré-frontal interconectando o córtex pré-frontal orbital e o medial com o polo temporal, o cingulado anterior e a amígdala, que está envolvida nas respostas afetivas dos acontecimentos no processo de memória e estocagem dessas respostas.

Por outro lado, existem evidências de que o sistema órbito-frontal, a ínsula, o cingulado medial e anterior e a amígdala estão interconectados entre si e com os núcleos monoaminérgicos e neuroendócrinos do hipotálamo, o que sugere que as informações exteroceptivas, decorrentes de mudanças do meio externo, e as informações interoceptivas, decorrentes do meio interno, são processadas na interconexão com o sistema autônomo, dentro da dinâmica de regulação fisiológica biopsíquica.

Com esses dados a respeito das áreas cerebrais subcorticais e límbicas, envolvidas no processamento das informações que vêm do interior do corpo e vão constituir os afetos, e de como eles são processados e regulados numa sequência hierárquica de acordo com o desenvolvimento, torna-se possível compreender que, nos momentos precoces da vida, os afetos e as emoções são relatados como estados puramente corporais. Podemos dizer que a consciência que deriva desse estado está mergulhada na própria sensação corporal, como já referido anteriormente.

Do meu ponto de vista, esse estado emocional corresponde ao que autores como Edelman e Damásio chamaram de consciência primária, estado em que as ações dos seres são ditadas exclusivamente pelas reações do corpo, por uma lógica determinada pelo corpo, contida em memórias procedurais e emocionais.

O grande mistério ocorre quando existe o salto da consciência primária para a consciência mais elevada, que, do meu ponto de vista, coincide com o momento em que a emoção se transforma em sentimento. Como já referimos outras vezes, é o momento no qual emerge, da consciência primária restrita aos limites do corpo, uma instância na qual essa consciência primária se expande para além dos limites do corpo e se vê, uma instância que é capaz de dar-se conta do que se passa com o corpo, como se estivesse fora dele. Na verdade, é semelhante a uma mimetização da mãe na relação diádica mãe-filho, quando olha para o filho e capta em si, em seu corpo, o que se passa com a criança, numa relação empática. E isso acontece quando a área órbito-frontal da região ventromedial do lobo pré-frontal está em pleno funcionamento, como o senhor executivo (regulador) do sistema. Ou seja, todas as experiências corporais são processadas e integradas nesse outro nível, de forma a provocar não uma resposta que visa exclusivamente à eliminação do desprazer pela reação orgânica automática, mas uma ação que visa a uma modificação das condições do corpo ou do meio interno mediante escolha.

Essa condição de consciência elaborada que, do meu ponto de vista, caracteriza o que chamamos de sentimentos e diz respeito à capacidade de dar-se conta do que se passa no próprio corpo, no *self*, envolve uma atividade mental que conhecemos como pensamento. Trata-se da atividade abstrata que identifica, nomeia e, portanto, compara, utilizando a memória da experiência passada ou de algum referencial. Do meu ponto de vista, esse referencial foi construído e ficou gravado como memória no contato de cuidado com a mãe, por meio da qual foi se exercendo a regulação do organismo do bebê naquele momento e que de alguma forma tem a ver com a situação experimentada.

Muitas vezes, nas minhas elucubrações a respeito das monumentais concepções sobre afetos e emoções trazidas por James e Lange, eu ficava pensando na possibilidade de essa experiência de identificação e nomeação ocorrer com a aprendizagem, por meio da qual o bebê relacionava determinado som ou palavra, repetido pela mãe, à situação ou ao estado vivenciado naquele momento. Assim, no momento em que a programação genético--constitucional, simultaneamente ao desenvolvimento e à maturação das áreas frontais, fizesse que o aparelho fonador se constituísse na garganta, no espaço supraglótico, para a emissão dos sons humanos imitativos, ocorreria esse salto da consciência, que englobava a passagem das emoções para sentimentos, ligados aos pensamentos, e estes, na dinâmica das memórias, trazendo as situações aprendidas para pensar a situação presente e, a partir daí, poder refletir, selecionar, decidir, escolher, optar, agir. Não há dúvida de que, no princípio, as atividades são imagens vivenciadas que se relacionam com os sons e as palavras com os quais a mãe nomeou as situações em questão. As ideias geniais de Gerald Edelman (1992) sobre a construção da consciência elaborada, da sintaxe e do léxico consolidaram minhas hipóteses a respeito da convergência entre os fatores genético-constitucionais apresentados pelas áreas cerebrais em desenvolvimento, e a influência do meio, principalmente da mãe ou de quem cuida do bebê, constituindo a díade essencial mãe-bebê a base sobre a qual se torna possível que as emoções se transformem em sentimentos e estes deem origem à cognição.

Do ponto de vista neurobiológico, a partir da ação reguladora, ativadora ou inibidora, da área órbito-frontal, as emoções são controladas em seu ímpeto de funcionamento primário, de premência de restauração do equilíbrio e descarga de energia ou tensão acumulada, para poder ficar na contenção, enquanto outras áreas do pré-frontal são acionadas para funcionar em conjunto, como, por exemplo, a área mediana, que faz a seleção e a opção de ações de acordo com o que for conveniente, também segundo as experiências prévias trazidas sob a forma de memórias emocionais. As conexões do órbito-frontal com o cingulado anterior estão plenamente em funcionamento, de tal forma que as conexões agem na seleção, opção, correção, valores, envolvendo amplo controle límbico, assim como as questões relacionadas às experiências nascidas da intersubjetividade, em que o outro passa a ter existência por si – tendo a mãe como o outro significativo emblemático, além do interesse pessoal em função da subsistência.

A entrada em funcionamento das áreas dorso-lateral do lobo pré-frontal leva à conquista da condição de poder focar a atenção nas situações presentes e desenvolver a capacidade de realizar ações complexas, que exigem sequências de etapas para serem concluídas, o que vai caracterizar a chamada *working memory*. Ao mesmo tempo, o desenvolvimento da área motora suplementar vai permitir a ação voluntária e programada, concomitantemente ao fato de que objetos, situações, intenções e ações vão sendo nomeados pela conexão com as palavras e pela fala, pelo funcionamento das áreas da fala situadas na região dorso-lateral do hemisfério esquerdo.

As correlações neurocientíficas entre o que é psicanaliticamente descrito como o desenvolvimento dos afetos e emoções, sua transformação em sentimentos e a origem da cognição foram assim estabelecidas.

Esse é o momento em que, segundo Freud, o ser humano se introduz na forma de funcionamento chamada de processo secundário, na qual as reações orgânicas, que se processavam automaticamente, livremente, segundo uma pré-programação, são capturadas por uma instância que emerge, pela entrada em funcionamento dos núcleos órbito-frontal do lobo pré-frontal, direcionadas de forma pensada, selecionada, escolhida, não mais envolvendo só o corpo, mas voltadas ao meio, que é percebido, levado em conta como existente para ser modificado. Com isso, conforme já referido, em primeiro lugar, a energia que envolve esse funcionamento, e que estava livre, passa a estar vinculada a uma ação controlada e voluntária, o que corresponde às ideias de Freud. Em segundo lugar, o bebê se dá conta de que está inserido num contexto de realidade com o qual se relaciona, estando, portanto, na vigência do princípio da realidade. Em terceiro lugar, dá-se conta da existência do seu cuidador, da mãe, de quem depende e de quem recebe o suporte psíquico e material necessário para a sua sobrevivência.

Esse é o momento em que o ser humano alcança o mais alto grau de autorregulação. A regulação biológica, que ocorre, na totalidade, de forma automática, por meio dos recursos biológicos, reflexos, automáticos, pré-programados, passa a ter a possibilidade de ser comandada pela volição, pelo pensar, pela ação consciente. Essa é a grande diferença entre nós, humanos, e os demais animais.

A partir desse momento é que o ser humano começa a conceber a si, ao outro e a realidade de acordo com todo o processo de aprendizagem que vai depender das experiências pelas quais vai passar e da qualidade das relações humanas que a vida lhe oferecer em termos de cuidado, afeto e transmissão de valores. São essas condições que lhe permitirão ou não alcançar os significados de si, do outro, da sobrevivência e da vida.

As experiências precoces na vida do bebê: um futuro de esperança ou violência?

Quando se pensa que é uma diferença de 2% em termos genéticos que separa o ser humano dos demais primatas superiores, entende-se por que o homem apresenta comportamentos que lhes são assemelhados, entre os quais determinadas diferenças manifestadas em função do gênero, como a prevalência da figura masculina no grupo, observada também na comunidade dos primatas superiores.

No entanto, embora pequena, essa diferença genética é responsável pelo salto evolutivo que a espécie humana foi capaz de operar e que se traduz, do ponto de vista anatômico, pelo surgimento de uma área cerebral da mais alta importância para as conquistas humanas, o lobo frontal, e nela, mais especificamente, uma área denominada lobo pré-frontal.

Sabe-se, hoje, que o cérebro funciona integrado, como já referimos anteriormente; que qualquer comportamento complexo, como a emoção, por exemplo, não se baseia apenas em uma área específica do cérebro, mas é fruto do trabalho integrado, interativo e simultâneo de diversas regiões; e que uma lesão em qualquer de suas partes leva-o a funcionar de forma adaptada. No entanto, investigações nos campos da neurociência, da neuropsicanálise, da neuropsicologia dinâmica e da antropologia psicanalítica têm descoberto que o eu, o ego, a parte de nós que nos permite dizer: "Eu estou aqui", "Eu estou vendo vocês", "Eu estou escrevendo para vocês", essa parte que grosseiramente poderíamos chamar de consciência surgiu em função do desenvolvimento do lobo frontal, mais especificamente do lobo pré-frontal, responsável pela alta sofisticação alcançada pelos recursos que o homem vem desenvolvendo na tentativa de adaptar-se cada vez mais e melhor ao meio, garantindo com isso a própria sobrevivência. O que precisa ficar claro, no entanto, é que a consciência, naturalmente, não está localizada no pré-frontal. Para resultar na consciência de alto nível a que nos referimos, existe a necessidade da concorrência de atividades presentes em outras áreas cerebrais, corticais e subcorticais, espalhadas pelo cérebro, que culminam com as atividades que surgem na emergência do lobo pré-frontal e que se integram às que já existem previamente em outras regiões.

Em nossa abordagem neuropsicanalítica, que busca integrar conceitos psicanalíticos aos achados neurocientíficos sobre o funcionamento cerebral, podemos dizer que o ego está situado entre dois polos de sensações – um, relativo às sensações que vêm do meio interno, e outro, relativo às sensações e aos estímulos provenientes da realidade externa. Freud, aliás, define a consciência como um aparelho de percepção de estímulos provenientes da realidade externa e do meio interno do organismo, dizendo que, para essa invasão, o ser humano não tinha escolha interna. O ego terá de fazer uma elaboração entre esses dois aspectos para poder agir. Poderíamos, do nosso ponto de vista, fazer a seguinte distinção:

- de um lado, o Id, constituído pelos estímulos vindos do meio interno. Corresponde, em termos neurocientíficos, aos impulsos motivacionais básicos ou intrínsecos, chamados de *drives*. Esses impulsos envolvem os instintos (*Tribe*), que são disposições inatas ou pré-programadas, chamadas por Bion de pré-concepções, que constituirão os afetos e as emoções, elementos que funcionam como sensores que detectam as modificações do meio interno. Num ego mais desenvolvido, sofrerão a influência do chamado controle executivo, que permitirá ao indivíduo realizar uma ação baseada em planejamento, escolha, decisão, etc.;

— de outro lado, os perceptos-memória, que se referem às percepções, pelo sujeito, da realidade externa, que darão origem às memórias, sempre formadas a partir da experiência, num contínuo processo de ensino-aprendizagem desde o momento em que o indivíduo nasce. As memórias também sofrem a influência do lobo pré-frontal para resultar na ação.

Nos momentos precoces da vida do homem, ainda nos últimos meses de vida fetal, as estruturas cerebrais situadas nas regiões bulbopontinas, já funcionantes, são responsáveis pela autorregulação orgânica, em que se destaca o PAG (substância cinzenta periaquedutal).

Após o nascimento, à medida que se desenvolvem os núcleos nas regiões do mesencéfalo, na área tegmental ventral, e o hipotálamo, todas essas estruturas passam a desempenhar papel importante nas funções homeostáticas.

Com o posterior desenvolvimento do organismo, a esses mecanismos homeostáticos, que, na realidade, são mecanismos que envolvem os afetos, associam-se os já conhecidos sistemas emocionais, que incluem o sistema límbico, o tálamo, o hipotálamo e o PAG, e, posteriormente, outras estruturas, como o giro do cíngulo, principalmente na sua área anterior, envolvido na regulação das emoções e da cognição, a ínsula e a região ventromedial do pré-frontal, principalmente no seu núcleo órbito-frontal, que é considerado o senhor executivo do sistema límbico, como inúmeras vezes temos insistido.

Nos primeiros momentos de vida do bebê, logo após o nascimento, existe um ego primitivo e corporal, que vem com uma programação inata para encontrar no meio os recursos que satisfarão suas necessidades básicas de sobrevivência, de forma semelhante à que acontece com os animais. As estruturas cerebrais que estão em funcionamento no bebê, nesse momento, são basicamente as que lhe garantem sobrevivência corporal.

No organismo do bebê, surgem impulsos que vêm do Id, normalmente sinalizando que houve modificação do meio interno, e esses impulsos mobilizam o bebê na busca de uma relação externa, na qual ele vai constituindo os seus perceptos-memória. No exato momento em que ele capta a modificação, surge nele um movimento em direção a, porque o impulso inicial é processado por uma programação inata, que desencadeia uma reação de resposta automática, estereotipada, pré-programada, que o leva a buscar o seio. De forma semelhante, diversos outros movimentos são realizados pelo bebê como resultado da estimulação de seu organismo, que se mobilizará para atender cada necessidade. Nesse processo, os afetos e as emoções têm um papel decisivo, porque são os sensores que detectam a modificação do meio interno e sinalizam ao organismo que alguma coisa precisa ser feita para que o equilíbrio seja restaurado.

Freud descreve esse processo, que ele denomina primário, ao referir-se às situações de carga e descarga do organismo. Segundo ele, o organismo se acumula de energia no momento em que emerge uma situação de desequilíbrio, gerando um estado de desprazer ou mal-estar. Os afetos captam esse estado de desequilíbrio, mostrando que o organismo está *afetado*. Essa carga acumulada precisa ser descarregada imediatamente para que o organismo volte à situação de equilíbrio, que, nesse momento, significa garantir a manutenção da vida. Como se trata de um ego corporal, essa situação de desconforto é vivenciada no corpo todo, e, além disso, como essas situações de desequilíbrio vividas pelo bebê normalmente resultam de modificações do estado interno do organismo – o bebê tem dor de estômago porque está com fome, por exemplo –, elas precisam ser atendidas imediatamente, sem demora, pois se trata de uma questão de sobrevivência corporal, orgânica: ele precisa alimentar-se para manter-se vivo, daí o caráter urgente de que se revestem as necessidades do bebê. A descarga dessa energia implica uma ação estereotipada, automática, de acordo com a pré-programação que ele traz dentro de si, que o impulsiona a estabelecer uma relação no mundo externo ao seu organismo, como procurar o seio, por exemplo.

Assim, na concepção freudiana, o processo primário é esse momento em que o ego primitivo é eminentemente corporal e se caracteriza por uma necessidade premente de descarga. A capacidade discriminatória dos estados corporais é muito pobre nesse momento e as situações se expressam em termos de desprazer/prazer, mal-estar/bem-estar, insatisfação/satisfação. Só mais tarde, quando começam a amadurecer outras estruturas cerebrais, o ego é capaz de distinguir os estados corporais, discriminando a dor, que é uma das emoções mais primitivas, de outros estados de mal-estar.

Ainda segundo Freud, a forma de gestão adequada ou não desse mecanismo insatisfação/satisfação, insatisfação/satisfação pela mãe ou cuidador será determinante para a estruturação do eu. Será a partir de cada uma dessas experiências que se constituirão os perceptos-memória do indivíduo, fragmentos de memória que constituirão o núcleo do eu, do ego do sujeito. Assim, os impulsos que chegam do meio interno mobilizarão o ser por meio dessas emoções básicas primitivas, que o farão ir ao encontro do mundo externo, da realidade externa. Da integração entre aquilo que acontece no mundo interno e aquilo que ocorre com a percepção do mundo externo surge a experiência egoica, que pode expressar-se por uma reação baseada na satisfação ou por uma reação baseada no desprazer, na frustração. Nesse caso, o bebê reage de forma violenta. À medida que esse ego se desenvolver, poderá, ele mesmo, começar a fazer uma elaboração, com base na experiência prévia – nessa experiência precoce, inclusive –, do que está se passando com ele no momento.

Do meu ponto de vista, os momentos precoces da vida do bebê se caracterizam como um estado de desamparo total e absoluto, em que ele é totalmente dependente da mãe ou cuidador. Se ele não tiver alguém que possa administrar esse mecanismo desprazer/prazer, que possa compreender o que é a sua necessidade básica e atendê-la, ele não sobrevive. Entendo que a gestação do ser humano é interrompida abruptamente para que ela possa prosseguir fora do útero materno, no útero humano e social, de tal modo que o processo de maturação do sistema nervoso do cérebro aconteça no contato com a cultura e o indivíduo possa *humanizar-se* no sentido de *tornar-se humano*, um ser de postura ereta, que fala e vive de forma compartilhada em sociedade, devendo, para tanto, internalizar valores e obedecer a determinadas regras. É a relação com a mãe ou cuidador que fará a mediação para a inserção do bebê no universo do humano e do cultural. Sem essa relação diádica mãe-bebê, não há possibilidade de humanização e, de forma ainda muito mais fundamental, nem de sobrevivência para o bebê, sequer de desenvolvimento. É por meio da relação primordial mãe-bebê em desenvolvimento que ao desenvolvimento psíquico vai correspondendo um desenvolvimento neurofisiológico e neuroanatômico. Trata-se da concomitância das funções neurológicas e psíquicas de que falava Freud.

A importância decisiva da relação mãe-bebê nesses momentos precoces para a estruturação do ego está sendo comprovada não só por psicanalistas, mas pelas descobertas da neurociência, principalmente a partir dos conceitos de *attachment*, de John Bowlby, de *simbiose e individuação*, de Margareth Mahler, sem invalidar as fundamentais descobertas de Melanie Klein e de outros autores.

Nós, que defendemos a importância crucial da relação mãe-bebê nos momentos precoces, falávamos desde sempre da existência de uma comunicação extrassensorial, telepática, entre a mãe e o bebê, até que se descobriram os neurônios-espelho e a comunicação que se processa de forma inconsciente pelo hemisfério direito do cérebro do bebê e pelo hemisfério direito do cérebro da mãe, num outro nível de realidade e compreensão, que os faz entrar em sintonia tão perfeita e que já foi inclusive mapeada pelas investigações neurocientíficas. O que é ainda mais surpreendente: a mãe fala com o bebê e ele entende, o que deve acontecer provavelmente em função de algum tipo especial de percepção do bebê, que, aos poucos, no contato com a cultura, ele vai perdendo.

Impulsos motivacionais narcísicos e de alteridade: como emerge o narcisismo e como se instala a sexualidade

A evolução é, em si mesma, um processo extremamente dinâmico porque se baseia, em primeiro lugar, no impulso presente em todos os seres vivos de buscar formas mais seguras e adaptadas de sobrevivência ao meio, o que muitas vezes significa partir para experimentações de risco, na tentativa de fazer face a mudanças repentinas das condições de existência, e acaba produzindo as mutações, elas próprias fator de alteração das condições do meio e de aceleração ou mudança de rumo do processo evolutivo.

No ser humano, esse movimento em direção a formas mais seguras e adequadas de sobrevivência ocorre de forma caprichosa e complexa, envolvendo os estados naturais internos do organismo em estreita relação com o grau de maturidade corporal em que se encontra.

No útero materno, o feto está em estado de total e absoluta dependência do organismo materno, constituindo parte deste. Se pudéssemos conceber algum grau de consciência no feto, diríamos que, para ele, seu organismo é o todo, que inclui o organismo materno, responsável por oferecer os recursos de sua sobrevivência e o processamento de seu desenvolvimento.

No momento em que o feto já apresenta um grau de maturidade orgânica que lhe permite um contato perceptivo maior com o próprio organismo e o organismo materno – o qual, apesar de inseparável, pode ser identificado por ele por meio de sons, odores, tato, paladar – realiza-se a separação orgânica necessária para iniciar o processo de funcionamento orgânico individualizado do bebê, com vistas ao desenvolvimento de recursos próprios para a constituição da autonomia.

Mas o nascimento do ser humano não acarreta a conquista automática da autonomia. Esta acontece por um processo gradativo de individuação, de consciência de separação e de identificação do outro separado (o organismo materno). No entanto, para que tal aconteça, após o nascimento, o bebê restaura, através dos recursos de comunicação sensorial, que permitem uma percepção do outro não separado, o estado anterior ao nascimento, o estado de unidade feto-mãe, e retorna ao estado organopsíquico intrauterino de totalidade integrada. À medida que as estruturas neurais vão amadurecendo e o bebê vai vivenciando experiências na relação diádica sem traumas ou rupturas abruptas, ele emerge para um estado de separação, de identidade, por meio do prolongamento dos períodos de permanência no contato com a mãe, que começa a reconhecer externa, assim como o entorno, que percebe como diferente do universo uterino.

Uma nova etapa começa a se estabelecer na relação mãe-bebê, em que este se reconhece dependente da mãe, diferentemente do que acontecia até então, quando atribuía a si a potência de garantir a própria sobrevivência. Daí para a frente, pela mediatização da mãe que está disponível, o bebê começa a dar-se conta de que "cabe a ele" buscar, por meio de seus impulsos, o que necessita para satisfazer suas necessidades básicas e posteriormente seus desejos. É um momento importante em sua vida, de aquisição de autonomia, do qual dependerá sua vida futura, suas realizações.

Freud definiu os primeiros momentos de vida do bebê, logo após o nascimento, como de narcisismo primário, em que os impulsos motivacionais estão restritos ao âmbito do si mesmo, são autorreferentes. Minhas observações ao longo da vida relativamente ao ser humano levaram-me a concordar com suas ideias e hipóteses, principalmente quando se considera a questão do ponto de vista biológico. Nos primeiros momentos depois do nascimento, o bebê preserva esse estado de autorreferência para a constituição do humano, e nele o biológico e o psíquico estão entranhados numa realidade única e indissociável. Se não houvesse o nascimento precoce e o desenvolvimento psíquico mediado pela mãe/cuidador, enquanto o neurobiológico está imaturo e em processo de desenvolvimento, certamente não ocorreria a concomitância das funções neurológicas e psíquicas de que fala Freud.

No interior do útero e nos primeiros momentos após o nascimento, o impulso motivacional predominante, nascido do impulso de sobrevivência, é o que Freud chamou de instinto de sobrevivência ou instinto do ego, que ele identificou com o instinto narcísico.

Se o ser humano tão somente tivesse permanecido no instinto de sobrevivência, teria permanecido na mesma vivência perceptiva de dentro do útero, de que o todo faz parte de si próprio, obedece a seus impulsos, está subordinado à sua vontade, às suas necessidades e aos seus desejos. É o que vemos acontecer nas patologias narcísicas, em que o indivíduo se revolta porque se sente traído quando a realidade não corresponde ao que está inscrito em seu psiquismo.

Por outro lado, constata-se em outros mamíferos que o nascimento tardio do bebê torna os seres totalmente dependentes do meio, a ponto de se poder dizer que ser e meio funcionam de forma integrada e qualquer mudança do meio que impeça o fornecimento dos recursos de sobrevivência leva o ser à morte. Também é uma manifestação de narcisismo, mas vista por outro ângulo, que nos é difícil perceber porque diferente da nossa. Podemos pensar que os seres humanos narcisistas estão condenados a morrer, sem recursos para a própria transformação e a do meio, quando o meio, que lhes é integrado e lhes pertence, fracassa em satisfazer suas necessidades. Daí a violência com que reagem à situação.

No momento precoce de vida ainda, e com o processo de maturação das estruturas cerebrais em andamento, um outro impulso motivacional, cuja origem Freud buscava descobrir, se instala. Ele acreditava tratar-se de um desdobramento do instinto narcísico, o que, do meu ponto de vista, não é o que ocorre. Derivado dos elementos neuroquímicos (oxitocina e vasopressina) que favorecem o vínculo com o objeto, que o bebê já reconhece separado e não mais como seu próprio organismo ou o prolongamento dele, o impulso contido no instinto sexual, que tem a característica de relacionar-se, está a serviço dessa busca de objeto para a satisfação das necessidades, e vai, por isso mesmo, ampliar a relação do bebê. Se antes ele se encontrava numa relação fechada em si próprio, fechado na sua pré-programação, esse outro impulso o leva a abrir-se para o mundo, permitindo que ocorram as manifestações sexuais ligadas à procriação e à perpetuação da espécie. Cabe lembrar, a propósito, que no ser humano, diferentemente dos outros animais, essas manifestações sofreram no passado processos de mutação, em virtude de o homem ter enfrentado tempos severos de mudança das condições do meio, como a glaciação, extremamente ameaçadoras à sobrevivência. É o que Freud chamou de instintos sexuais ou de sexualidade, que regem as relações de objeto.

Esse impulso, inextricavelmente ligado ao afeto, será o responsável pelo sistema de busca – o *seeking system* – em cuja base está a relação com o objeto primário, a mãe, protótipo da relação de objeto. É esse impulso motivacional básico que acionará a busca, em última instância, pela realização humana, pelo cultivo e prática de valores humanísticos, pelo conhecimento, etc.

No momento em que se instalam os recursos maiores de sobrevivência no ser humano, com o desenvolvimento da capacidade de instrumentalização de recursos para vencer os obstáculos do meio e da capacidade de complementação dos sistemas orgânicos de defesa, o homem vai adquirindo maior confiança em si próprio e, ao mesmo tempo, se desonerando dessas funções. Com isso, vai se desonerando das imposições do instinto de sobrevivência e do instinto de perpetuação da vida para dedicar-se à conquista de outros valores, que estão além da sobrevivência. A partir daí, poderá ocupar-se da prole, do próximo que faz parte de seu grupo, do seu grupo como um todo, da comunidade mais ampla, etc., movido por um interesse genuíno e autêntico, que tem profundas raízes afetivo-emocionais.

Capítulo 4
A neuroplasticidade cerebral e a abordagem neuropsicanalítica

Uma abordagem neuropsicanalítica da prática clínica

O leitor que vem me acompanhando sabe que foi principalmente minha experiência com a prática clínica que me fez descobrir a existência dos registros básicos de memória: um arcabouço afetivo-emocional cognitivo no qual são gravados os fenômenos que presidem a forma de funcionar do indivíduo na sua totalidade – corporal, biológica, psicológica, comportamental, mental, social, e que consistem numa determinada forma com que os circuitos neuronais estão configurados e funcionam num indivíduo. Como já vimos, essa configuração, que traz em si uma forma correspondente de funcionamento integral do indivíduo, será a responsável por determinar as respostas características com as quais ele se manifesta diante de situações semelhantes na vida ou se expressa como sua forma de ser e estar no mundo. Não vamos tratar aqui essa questão em termos de caráter, temperamento, personalidade, velhas abordagens sobejamente utilizadas no passado. Para o leitor entender como trabalho com os registros, procurarei identificar momentos importantes na construção do meu jeito de ser psicanalista.

Nas minhas experiências pré-psicanalíticas, tive contato com a fenomenologia, que me foi muito cara em função de minha formação oriental.

As concepções de Husserl e Merleau-Ponty, principalmente, e depois Jaspers e Heidegger, foram, para mim, muito mobilizantes num determinado momento, em especial quando me dedicava ao estudo da psiquiatria numa abordagem fenomenológico-existencialista. Posteriormente, o psicodrama, a psicologia existencialista e as abordagens psicoterapêuticas reichianas e da *Gestalt* terapia fortaleceram a minha convicção de que a apreensão da consciência, o dar-se conta do que se passa consigo somente eram possíveis no aqui e agora. Nessa época, Jacob Levy Moreno e Fritz Pearls foram duas orientações importantes no meu trabalho com pacientes em psicoterapia, logicamente sem deixar de lado os inúmeros teóricos da psicologia existencial, como Rollo May, Maslow e outros.

Nessas diversas práticas, pude observar que grande parte das pessoas não tinha conquistado, aprimorado e desenvolvido esse recurso de dar-se conta do que se passa consigo na situação, no *aqui e agora*. Consequentemente, a apreensão de si, a consciência de si e da situação eram muito precárias e, além de não privilegiarem trabalhar com a consciência do *aqui e agora*, as pessoas ainda utilizavam a memória das situações passadas como referência de sua verdade! E essa memória se encontrava aprisionada de forma totalmente inconsciente, subordinada aos conflitos vividos em situações mais ou menos traumáticas, com a liberdade e os movimentos espontâneos tolhidos pelas normas culturais.

Trabalhar com o *dar-se conta de si mesmo* no *aqui e agora* produziu em mim e nos pacientes uma grande revolução. Pude constatar que, aqui no Ocidente, a quase totalidade das pessoas com as quais pude entrar em contato quando comecei a fazer um trabalho psicoterapêutico não tinha consciência do próprio corpo, ou a tinha precariamente desenvolvida, como uma emergência presente em situações de lesão ou trauma, que provocavam dores, pruridos ou outras afecções. Pessoas que usavam o corpo como forma de expressão, como bailarinos, dançarinos, atletas, surpreendentemente mostravam que não tinham consciência do próprio corpo na totalidade ou em partes, restringindo essa consciência ao que era necessário para suas atividades. A partir dessas constatações, várias perguntas se impunham: como podia ocorrer tamanha falta de consciência corporal nesse nível de abrangência e profundidade? Será que em algum momento da vida essas pessoas tiveram consciência do corpo? Em caso afirmativo, o que teria acontecido para que elas a perdessem? Haveria alguma consequência para o indivíduo decorrente dessa falta de consciência? Ou melhor, se a falta de consciência era o estado natural da pessoa amadurecida, que consequência esse estado traria para o indivíduo?

Meu trabalho de investigação corporal, relativo principalmente à consciência corporal, não ficou aprisionado à tentativa de responder essas questões que então me assaltavam. Orientei-o no sentido de promover um mergulho no universo da manifestação corporal na totalidade das situações em que as pessoas que trabalhavam comigo estavam engajadas e, em especial, nas situações que surgiam com meus pacientes no contexto da terapia.

Observando detidamente, procurei identificar até que ponto as pessoas tinham consciência dos fenômenos corporais que elas próprias vivenciavam. Esses fenômenos, que se tornavam conscientes para elas, forneciam os dados com os quais eu construía meu conhecimento particular sobre o assunto. Nesse percurso, uma liberdade foi naturalmente se estabelecendo na relação com os pacientes, desde o momento da aproximação, sem que ficasse previamente definido, de minha parte, o que fazer ou como fazer, o que esperar ou o que produzir, de tal modo que o que surgisse, a emergência resultante seria o material a ser observado, analisado e trabalhado.

Todo o trabalho de investigação corporal partiu desse enfoque. A própria situação terapêutica propiciou o surgimento de situações que conduziram à formulação de hipóteses sobre como e por que a consciência corporal, que nos momentos precoces da vida do ser humano se confunde com a própria consciência, ou, melhor dizendo, é a consciência possível, chamada pelos neurocientistas de consciência primária, vai a tal ponto se enfraquecendo até permanecer somente no nível do inconsciente, no modo e no nível que sejam estritamente necessários para a economia homeostática e para a delimitação dos limites do que seja o *self* e o *não-self*, indispensável, por exemplo, no trabalho imunológico.

De forma esquemática, formulei a hipótese de que, à medida que ocorre a emergência da consciência secundária (uma consciência mais elevada, que envolve a função da nascente e emergente cognição, através da capacidade de pensar, que se estriba na simbolização, na linguagem e no manejo destas para a capacidade de se autoperceber e autocomunicar) e esta passa a dominar e se tornar prevalente no trabalho de preservação da vida, a consciência primária se arrefece. A explicação para esse fato é simples: a economia de energia, esforço, espaço e tempo é uma característica da natureza. Assim, apagar a consciência primária, por meio de seu representante maior, a consciência corporal, é uma tendência natural dentro do modo de existir restrito à sobrevivência orgânica e à preservação do fenômeno da vida através da reprodução. Além disso, se o cérebro se constrói em camadas, como pensavam Hughlings Jackson e Freud, as funções superiores acabam comandando as inferiores, de tal forma que só quando existe uma lesão ou patologia há uma involução e as funções inferiores voltam a tornar-se prevalentes. No entanto, do nosso ponto de vista, exercitando-se a autopercepção por meio de atividades e ações específicas, é possível levar a consciência secundária a se conectar com as percepções inerentes à consciência primária, de onde pode emergir uma consciência total, uma consciência somatopsíquica integrada, em que não existe nenhuma parte apagada, rebaixada ou dominada.

Para viver num meio restrito e fixo, no qual o futuro nos é dado a conhecer pela memória e pelo raciocínio lógico, porque já está previamente estabelecido e pré-programado, certamente bastará a consciência secundária, a qual, em continuidade à consciência primária, proverá o organismo das respostas automáticas para fazer face aos acontecimentos esperados. Quando, numa outra condição de viver, necessitamos criar a cada momento respostas mais adequadas, seja por tentativa e erro, seja pela escolha entre múltiplas alternativas, torna-se essencial o exercício da consciência do aqui-agora, que nos permite o acesso ao que está se passando no entorno, no próprio momento, e principalmente a autopercepção mediata do "meu" estado, da "minha" condição, e do que a situação está "me" provocando. Nessas circunstâncias, necessitamos ter a capacidade de acessar a consciência corporal no nível primário, visto que esta, integrando-se à consciência secundária, permite uma experiência vivencial diferente da experiência puramente cognitiva, "teórica". Por isso, pude constatar que grande parte das pessoas que carecem de uma consciência corporal vivenciavam a experiência real da vida desconectadas do que tinham na consciência primária, unicamente pela via da racionalidade, da pura cognição, impossibilitadas de fazê-lo pela via dos afetos e das emoções.

Quando comecei a trabalhar com a psicanálise, trazia comigo essa experiência marcante, da qual não podia abdicar, como também não podia deixar de lado a experiência acumulada nos anos de contato com o sofrimento humano manifestado no somático, no orgânico, no corporal, e tratado pela medicina, à qual me dedicara com carinho.

Muito cedo aprendi a me exercitar na disciplina de deixar de lado o que conhecia e dominava para ficar na posição de aprendiz, com a mente esvaziada de pré-conceitos diante dos mestres, fosse uma disciplina nunca vista, fossem conhecimentos de uma escola rival daquela que eu seguia. Essa postura me permitia penetrar profundamente na essência da qual derivava aquele conhecimento. Eu ficava satisfeito quando me via capacitado a pensar como pensavam aqueles que eu colocava na condição de mestres. Somente então me permitia trazer, na minha intimidade, minhas próprias ideias, questionando-as à luz das novas ideias, assim como questionava as novas à luz das minhas próprias, procurando cotejá-las da forma mais imparcial possível. Foi por intermédio dessa prática que aprendi que existe um nível de atividade mental em que as contradições são assimiladas, pela emergência de um terceiro elemento que inclui os antagônicos, que deixam, assim, de ser antagônicos porque se fundem numa outra lógica, num outro arranjo. Foi essa mesma prática que me levou a desprezar profundamente as atitudes de pretensos epistemólogos que, na impossibilidade de conviver com a diversidade por questões fóbicas de fragmentação, buscam desesperadamente as convergências, uma atitude que empobrece, porque restringe, em lugar de poder dedicar-se à diversidade, que amplia e enriquece.

Ainda como um bom e disciplinado aprendiz, apliquei, durante os anos de minha formação, a técnica que me era ensinada nos cursos e seminários teórico-práticos de que participava e nas supervisões com meus pacientes. Se bem que os sinais e sintomas dos pacientes melhorassem com a metodologia, e a minha técnica encontrasse a aprovação dos professores, algo dentro de mim permanecia insatisfeito com os resultados e com a forma pela qual eu conduzia a prática psicanalítica. Esse desassossego me levava a pensar que, se aquela era a forma psicanalítica oficial de trabalhar para obter os resultados preconizados, então me faltava talento para o ofício. Talvez o que alguns colegas me diziam estivesse correto: eu estava tão contaminado pelas práticas corporais anteriores e pelas práticas da medicina que não conseguia penetrar no âmago do psíquico, do essencialmente não sensorial, do inefável.

No afã de buscar as razões desse desassossego, além de importunar meu analista na busca de razões inconscientes, passei a me autoanalisar na tentativa de conquistar o conhecimento psicanalítico, de entender o processo que conduz ao desvendamento do significado íntimo dos fatos, dos mecanismos psíquicos que estão na base da dinâmica psíquica e que são a pedra de toque do trabalho do psicanalista. Ficara muito surpreso ao constatar o mesmo mecanismo tempos antes no psicodrama, quando, no trabalho de formação ou no trabalho terapêutico com paciente, os terapeutas em formação ou pacientes buscavam aprender a ser espontâneos e criativos!... Eu me lembro que ficara chocado: espontaneidade e criatividade se desenvolvem, não se ensinam. E desenvolver é algo muito, muito mais trabalhoso.

Em psicanálise, apreender o significado dos enunciados teóricos e apreender os fatos e fenômenos psíquicos que surgem a cada momento da vida do indivíduo e na relação com os outros são processos extremamente mais trabalhosos e complicados do que aprender a colar o significado decorado da enunciação de um mestre aos fatos, conforme foram enumerados, classificados, comentados por ele.

Foi nessa época que terminei meus relatórios de supervisão e escrevi um trabalho para deixar a condição de candidato do Instituto de Ensino e ser aceito como membro pela Sociedade Brasileira de Psicanálise de São Paulo e pela Associação Internacional de Psicanálise. O trabalho que escrevi versava exatamente sobre essa questão da apreensão do conhecimento e da capacidade prática de psicanálise, dentro do processo de "vir a ser psicanalista ou não". O título que escolhi foi: *Por quem estes sinos dobram? A trajetória de vir a (...) ser psicanalista*.

Sentindo-me na plenitude de meus direitos e da minha condição de psicanalista, comecei a ousar investigar minhas hipóteses no meu trabalho e no trabalho que observava com meus colegas. Passei a experimentar minhas propostas, que partiam da observação das condições em que se encontravam meus pacientes, em termos dos recursos de que dispunham para realizar um trabalho que os levasse ao autoconhecimento.

Era, então, preciso conhecer os instrumentos e os recursos de que o indivíduo necessita para se autoconhecer, para se dar conta do que se passa consigo, e, a partir do conhecimento que advém dessa consciência, poder descobrir o que o levou a funcionar de forma aprisionada, e o que fazer para se libertar, para se tornar de fato um agente de sua própria história.

Do meu ponto de vista, essa foi a pergunta fundamental que iniciou a sequência que leva a uma fenomenologia que permite o desdobrar da percepção ampla, que, livre do passado que se repete, permite ao homem apossar-se do seu presente, agir e construir o seu futuro.

Também a partir da minha experiência pessoal com a psicanálise tradicional, da análise de meus pacientes, dos trabalhos de supervisão e da observação do trabalho de meus colegas, pude verificar que na psicanálise tradicional, para o paciente, as interpretações muitas vezes faziam sentido e um sentido importante, mas eram captadas pelo racional e memorizadas só como aprendizagem de algo que estava ocorrendo, mas com o qual o paciente na verdade não estava entrando em contato nem tendo acesso para penetrar na intimidade e poder identificar como uma experiência vivenciada no aqui-agora, no presente. Por vezes, as interpretações ficavam como algo nebuloso, que estaria ocorrendo, mas sem que houvesse uma identificação precisa da situação à qual elas se referiam e sem uma associação com a experiência da relação com o analista, perdendo-se no vazio. Do lado do analista, como ele não se dava conta da existência dos registros básicos de memória, que podiam explicar o comportamento recorrente e estereotipado do analisando, pouca mudança efetiva ele conseguia promover na vida do paciente, já que seu trabalho não se orientava no sentido de desvendar aqueles registros para, trabalhando a partir deles, modificá-los.

Compreendi, também, que na prática psicanalítica estávamos lidando com as velhas questões do aprisionamento do homem às suas raízes filogenéticas e ontogenéticas, inscritas em suas estruturas mais íntimas, que buscam a todo custo a sobrevivência de si próprio e da espécie. Na realidade, na situação analítica, estamos sempre lidando com as questões do analisando ameaçado na sua sobrevivência, à qual está aprisionado, motivo pelo qual não consegue sair desse nível de funcionamento, que ele alcançou em virtude do próprio estado de evolução em que se encontra, mas que o enreda numa cilada. Essa cilada consiste no fato de que, em geral, as pessoas que procuram análise encontram-se diante de situações da vida com as quais precisam lidar, mas para as quais não desenvolveram nem recursos nem habilidades, visto que a ameaça à sobrevivência e a ameaça de aniquilamento do ser não lhes deram a liberdade de desenvolver. Na maioria das vezes, os analisandos sequer se dão conta da situação precária em que se encontram porque acreditam que o que são e como são é tudo o que o ser humano pode ser, realizar e alcançar. Em verdade, isso se dá porque permaneceram tão só no que filogeneticamente lhes foi proporcionado pela transmissão hereditária e naquilo que a cultura lhes transmitiu como o que deu certo para a sobrevivência num meio externo totalizante, fixo e imutável.

Do meu ponto de vista, apesar de todas essas questões estarem presentes no inconsciente profundo, a que tantas vezes Freud se referiu, e apesar de ele salientar essa velha questão do instinto de sobrevivência funcionando como memória, que acaba sempre falando mais alto quando se trata dos seres vivos – e, no caso do homem, não haveria como ou por que ser diferente –, eu entendia que as abordagens psicanalíticas passavam ao largo dessas questões. Essa constatação sempre me provocou a impressão de que o *establishment* psicanalítico se esquecera do inconsciente como instância psíquica, e que o inconsciente de Freud ia muito além do reprimido. O reprimido não era senão uma fração dele. "Tudo que é reprimido deve permanecer inconsciente; mas, logo de início, declaremos que o reprimido não abrange tudo que é inconsciente. O alcance do inconsciente é mais amplo: o reprimido não é senão apenas uma parte do inconsciente", palavras textuais de Freud em *O inconsciente* (1915, p. 171). As lições primordiais de Freud, mesmo antes de *Interpretação dos sonhos*, os escritos chamados pré-psicanalíticos pelo *establishment* psicanalítico, nos dizem que *o psíquico é antes de tudo inconsciente*.

Do meu ponto de vista, as formas de funcionamento que os pacientes apresentavam no *setting*, na relação com o analista, eram formas automáticas de estar em contato com o outro. Elas obedeciam a um impulso que surgia dentro do indivíduo e o levava a comportar-se da mesma forma, fixa, dentro de um padrão predeterminado, que estava fora de sua consciência. O leque de comportamentos surgidos nesses momentos, trazidos pelos diferentes pacientes, mostrava como cada um tivera de desenvolver formas de existir e de funcionar que se manifestavam, por exemplo, numa determinada modalidade de estar presente em situações semelhantes, que acabava se transformando na forma dominante de comportamento, servindo em todas as ocasiões, uma vez que fora escolhida por ter sido a mais bem-sucedida no contexto das vicissitudes pelas quais cada um passa no seu processo de desenvolvimento.

Essa constatação mostrava com clareza para mim que não eram primordialmente situações determinadas pela repressão, pelo recalque, que determinavam a forma de o indivíduo ser e estar no mundo. Não necessariamente. Usando uma comparação singela, poderia dizer que o ser humano, ao começar sua existência, se assemelhava a um fio de água que nasce de uma mina e começa a escorrer buscando avançar. Nesse avançar, o fio de água ia construindo um caminho, determinado pelas condições do meio, do terreno, suas facilidades, dificuldades, obstáculos, desníveis, quedas, etc., que resultava num percurso absolutamente peculiar, caracterizado por determinada largura, forma, volume, configuração, etc. Ao nascer, o fio de água, que já podia ser um riacho, ia recebendo influências dos lugares por onde passava, que se somavam às necessidades de sua existência. Ao final, tratava-se de um rio cujas características que lhe davam identidade eram variáveis, em função das condições predeterminadas na origem e das vicissitudes que ocorreram no seu trajeto existencial, um rio que teve o seu desaguar em destinos que lhe eram imprevisíveis ao nascer e que foram sendo construídos pelo seu próprio avançar. Esse rio guarda em sua forma, no leito que escavou, nos vestígios que deixou, nos trajetos que escolheu e alterou, os dados que se transformaram nos registros de memória que possibilitam compreender seu trajeto hoje, relacionando-o com sua história e a história dos tempos em que existiu, estando presente e ativo. Examinando esse trajeto, vamos nos surpreender com trechos de configurações imprevisíveis, inusitadas, estranhas e contrárias ao que a nossa lógica traçaria, as quais o rio "experimentou" e entendeu que "deram certo", por permitir a vazão de suas águas de forma fácil e (re)conhecida, que era seu objetivo e impulso primeiro, motivo pelo qual continuou utilizando o mesmo percurso, sem se preocupar com outro trajeto.

Por meio dessa imagem, tentei traduzir o que entendo acontecer com as pessoas no decorrer de suas existências, já na época de meus trabalhos com outras abordagens que não as psicanalíticas, principalmente a abordagem corporal. Eu pude perceber o *setting* analítico como o local privilegiado para observar a explicitação das manifestações dos registros básicos de memória e sua identificação por mim, na condição de analista, e pelo analisando, mediatizado pelo analista. Ocorreu-me a hipótese de que só era possível ajudar os pacientes a promover seu desenvolvimento pessoal com inteira liberdade, de acordo com suas opções e desejos, à medida que pudessem dar-se conta de quem eram e como funcionavam na intimidade. Do meu ponto de vista, só posso modificar algo que "vejo" como é, quando posso exercer a vontade pela conquista da força de uma instância capaz de se contrapor às forças contrárias, externas e internas, inclusive de natureza biológica e instintiva, como ocorre, por exemplo, em mudanças em relação às adicções a comportamentos, a atividades sexuais em suas múltiplas facetas, às drogas, etc.

No desenrolar de meu trabalho psicanalítico, observei que os pacientes se comportavam como se estivessem numa situação prototípica, determinante do comportamento motivado por objetivos a serem alcançados, objetivos esses que estavam em sua memória inconsciente e não na situação real em que se encontravam. Ou seja, eles se encontravam num outro contexto, num outro tempo que não era o presente, com personagens que eram outros e não os atuais, porém acreditando convictamente que estavam na situação presente, atual. Mostrar ao paciente o que se passava com ele e com a relação que ele estabelecia com o analista naquele momento, ou fazer-lhe uma interpretação do significado do que ocorria, por mais corretas que fossem as apreensões do analista, como estabelece a técnica usual, além de não alcançar o analisando, deixavam-no confuso e perseguido, por ele não dispor do instrumental de percepção necessário e não ter a menor noção dos registros básicos de memória em que ele próprio funcionava normalmente sem se dar conta, e nos quais ele estava funcionando naquele momento, ou, psicanaliticamente falando, por não conhecer as fantasias inconscientes.

Inspirado e fortalecido por algumas ideias de Bion, comecei a reparar no foco de atenção dos pacientes no *setting* e descobri que a imensa maioria deles ficava com a atenção voltada para a pessoa do analista e para o que ele falava. Mesmo no momento em que o analista fazia a interpretação, o foco do analisando estava no analista e não na situação, em imagens ou emoções que eram relatadas, que não estavam presentes ou pertenciam ao passado. Com isso, o analisando não entrava em contato consigo próprio em termos psíquicos naquele momento nem com as emoções envolvidas no relato. Do meu ponto de vista, isso se deve ao fato de que a educação que nos forma privilegia a compreensão das *palavras* ditas por aqueles que ensinam, e não a compreensão dos *objetos* ou das *situações* para os quais elas apontam, no desvelar da simbolização, do significado, da escolha e da vinculação sêmica particular dentro da polissemia da palavra.

Observei também, entre os psicanalistas, a tendência a privilegiar as percepções do não sensorial em detrimento das percepções que se dão no nível sensorial, em relação ao qual eles demonstram preconceito, pelo fato de o objeto da psicanálise se situar além do que o sensorial promove. Com isso, muitas vezes, *eles*, os psicanalistas, não se apercebiam de que seus analisandos não tinham condições de perceber nem o sensorial, quanto mais o não sensorial. Eu me perguntava: "Como é que um indivíduo que não tem condições de perceber o sensorial pode dar-se conta do não sensorial?" "Será que a percepção do não sensorial não é também uma conquista do desenvolvimento psíquico, que não está presente naqueles que procuram a ajuda da psicanálise, e que justamente a psicanálise deverá promover?"

Constatei que era comum ouvir colegas reclamando de determinado paciente, que não conseguia apreender o fenômeno não sensorial, enquanto outros reclamavam daqueles que só tinham apreensão no nível do sensorial. Essas observações significavam, para mim, que meus colegas não estavam atentos para a importância da capacidade de percepção, de dar-se conta de si no aqui e agora do *setting* psicanalítico e do aspecto da memória. Certamente esses colegas não poderiam dar-se conta do que eu estava propondo.

A partir dessas constatações, comecei a orientar a minha prática clínica no sentido de desenvolver primeiro a percepção do sensorial nos meus analisandos, utilizando as técnicas da descrição dirigida como recurso para atingir esse objetivo. Assim, inúmeras vezes pedia-lhes que descrevessem um objeto, como um quadro, por exemplo. Com isso, ia estimulando neles o aguçamento da percepção sensorial para que depois pudessem captar o que não estava explícito, o implícito, a relação entre as partes, os elementos, chegando ao metafórico, ao metonímico, ao não sensorial, ao que talvez o autor tivesse desejado colocar naquela produção, naquela obra de arte, e que pode ser entendido como interpretação, pertencente, portanto, à esfera do não sensorial.

Com esse procedimento, aos poucos podia levar o analisando à percepção de sua própria atenção e de seu foco e do que lhe ocorria na consciência, em termos de afetos, emoções e postura. Quando existia a identificação da situação apontada e detalhadamente descrita por mim e ocorria mudança nas condições psíquicas do paciente, que permitia propor um significado para a configuração dos dados colhidos, eu o colocava com uma afirmação-indagação ao final: "Não lhe parece?", para estimulá-lo a me acompanhar na minha apreensão e permitir a sua.

Desde as primeiras experiências, constatei a necessidade de que as minhas colocações fossem feitas sempre numa postura suave e tranquila, descritiva, sem conotação crítica, para que o analisando pudesse aceitá-las e cooperar, o que de fato redundava em mudanças de estado na sessão. A minha postura dependia de, na medida do possível, deixar de estar aprisionado a meus próprios registros, que necessariamente me levariam a agir submetido a determinados objetivos psicanalíticos. Por isso, nesse estágio do trabalho, deixei de me preocupar prioritariamente com as interpretações e as teorias psicanalíticas, para me concentrar no trabalho de desenvolvimento da percepção.

Apesar das críticas e do preconceito contra o pedagógico, observei que em todos os analisandos, sem exceção, o exercício da maternagem com conotação pedagógica era-lhes confortável, permitindo que as situações mais desagradáveis fossem aceitas sem reação negativa ou constrangimento.

Quando surgiam, eram apontadas num clima de natural aceitação de minha parte, e, uma vez identificadas, seus significados podiam ser investigados, sempre que eu percebia que havia condições para isso.

Com essa postura, a possibilidade de interpretar, de dar significado a essas situações emergia como indagação dos próprios analisandos, que se intrigavam, por exemplo, quando se viam tomados por reações automáticas de respostas negativas, de impulsividade, de sentimentos negativos, malgrado a atenção e a percepção que tinham desenvolvido para com sua forma de funcionamento, que até então estivera fora da consciência. A partir de determinado momento, qualquer movimento que o paciente fizesse podia ser apontado e interpretado, sem causar qualquer reação que não fosse de aceitação, de indagação e de real curiosidade de sua parte em saber o que se passava consigo e que, no geral, estava fora de sua consciência.

Essa forma de trabalhar trouxe consequências imprevisíveis e, do ponto de vista psíquico, revelou-se muito mais eficaz do que eu poderia imaginar ao traçar meus objetivos iniciais de trabalho, que eram, basicamente, dar ao analisando condição de percepção do que ocorria na situação transferencial, começando pelo sensorial. Do meu ponto de vista, essa abordagem demonstrava como a forma de funcionar baseada no inconsciente, no que corresponde à memória procedural da neurociência, por funcionar automaticamente, dispensava a atenção e o exercício da percepção, e como, a partir do momento em que a atenção se fazia presente, por meio de uma atenção necessariamente seletiva, surgia um nível ou tipo de consciência que exigia a atenção focal e a percepção.

Fiz uma hipótese de que, ao exercitar essa função focal e mais duradoura, estava lidando com uma função semelhante à função de *working memory*, de Alan Baddeley. Tratando-se de uma função executiva, entendi que a contraparte neurobiológica estaria envolvendo a região do lobo pré-frontal. De qualquer forma, a função de atenção envolvia núcleos do lobo pré-frontal e do cingulado anterior, que permitiam um tempo, espaço e outras condições para que a percepção mais real e livre da memória fosse exercida, o que me foi confirmado por leituras posteriores. Ao buscar os detalhes para descrever a situação, a percepção de si próprio e do outro, as formas de relação do analisando se faziam mais acuradas, com uma aproximação maior do real.

Foi nesse momento que outra constatação importante emergiu a partir desse trabalho com a percepção. Observei que Freud tinha razão: a memória e a percepção são componentes mutuamente excludentes do processo de conhecimento. Por que eu vou usar a percepção se eu já conheço de memória? Esse vício, digamos assim, que as pessoas desenvolvem no processo de apreensão do real me parece ser próprio da cultura ocidental, em que o sujeito parte do pressuposto de que aquilo que ele já conhece, ele guarda na memória; ele não precisa refazer o trajeto do processo de conhecimento para reconhecer ou conhecer outra vez. Com isso, nesse novo trajeto, perdem-se boas oportunidades de fazer novas descobertas a respeito do objeto de conhecimento, através de uma percepção que ocorre num nível superior.

Essa postura me chamou a atenção, decerto por eu ser oriental e em alguns setores da cultura oriental o comportamento ser justamente o oposto. Lembro-me de meu pai, quando eu era pequeno, me estimulando para "conhecer" de novo algumas coisas. Eu lhe dizia: "– Ah, pai, isso eu já sei!". E ele respondia: "– Você está falando do que você já sabe. E o que você não sabe?". E era nessa oportunidade que eu começava a descobrir novidades e falava para ele: "– Interessante! Quando eu faço outra vez, eu vejo coisas diferentes!". Mais tarde vim a descobrir que essa postura das pessoas, em geral, diante do mundo faz uma grande diferença na forma de o indivíduo se comportar na vida e é um dos entraves à mudança.

Com base nessas descobertas, passei a chamar de instância primária esse ego imaturo, construído a partir dos registros básicos de memória, que serão o parâmetro a partir do qual o indivíduo vai apreender a realidade e responder a ela. Essa instância primária vai fazer o conhecimento do mundo sem que o indivíduo tenha necessidade de usar a percepção para atualizar a informação e reconhecer o objeto de conhecimento, e, por isso, porque utiliza a memória, a memória inscrita nos registros, passa a funcionar sempre do mesmo jeito, dentro dos mesmos padrões, respondendo de maneira estereotipada a diferentes situações na vida.

Ainda no âmbito do desenvolvimento da percepção, minhas experiências pessoais de longa data me mostravam que a possibilidade de perceber os fenômenos e fatos ocorrendo no aqui e agora do presente era decorrente de uma outra condição psíquica, a atenção voluntária. Observava que a tendência natural dos analisandos era, em nome da percepção, relatar o que viam como que projetado no que eu chamava céu da mente, como numa tela. Os fatos passados, eu presumia terem acontecido segundo as inscrições na memória, e, em relação aos fatos futuros, do meu ponto de vista, aqui também as memórias os construíam segundo o encaminhamento natural da lei da repetição a que esses pacientes estavam submetidos e com a qual estavam familiarizados. Concluí que a atenção era outro componente fundamental nesse processo e que eu poderia desenvolver nos pacientes o estado de estar atento voluntariamente a cada momento, a cada situação, o que eu chamei de atenção focal.

A observação do modo pelo qual os pacientes funcionavam me mostrava claramente que existia uma tendência natural, facilitada, do indivíduo, de funcionar repetindo as formas que deram certo para alcançar seus objetivos, ou seja, para sobreviver. É a tendência a buscar o caminho mais curto, mais fácil, que exige menos esforço e garante o máximo de segurança. Relacionei essa forma natural de funcionar do indivíduo a uma herança filogenética, que nos garante uma série de recursos pré-programados em ambientes preestabelecidos, recursos esses que, para operar, não exigem aprendizagem e estão disponíveis nos momentos precoces de nossas vidas para garantir a sobrevivência. Fazem parte da sabedoria da natureza, ao prover as garantias de perpetuação do ser e da espécie. Grande parte dos animais situados no nível inferior da escala evolutiva tem o comportamento restrito a essas modalidades, num meio também restrito, numa forma de vida totalmente previsível e restrita a uma programação prévia própria da espécie. Recordando Freud, podemos identificar no homem, na forma de funcionamento do processo primário, dentro do princípio do prazer, nos momentos precoces de vida, essa modalidade de funcionamento em relação a si, ao outro e ao meio.

A conquista da forma de funcionamento no processo secundário, dentro do princípio da realidade, não se faz de forma completa, pois é da natureza biológica do ser preservar a tentativa de evitar a dor, o desagradável, o difícil, o incerto, o arriscado, quando o indivíduo é deixado a si mesmo. Somente pela atitude voluntária e pelo esforço consciente é que o homem vai alcançando as formas mais evoluídas de funcionar no processo secundário, dentro do princípio da realidade.

No contato com o paciente no aqui e agora da situação psicanalítica, começamos a chamar sua atenção para o que vai acontecendo com ele, o que está se passando com seu corpo, sua postura, grau de tensão, gestos, respiração, movimentos, as emoções e os sentimentos que esteja experimentando, os pensamentos que vão ocorrendo. Com isso, o analisando vai adquirindo, por meio da atenção focada em si, a capacidade de se ver, ou seja, vai surgindo no ego do analisando uma parte, uma instância que se auto-observa, que se autopercebe.

Grande parte dos analisandos e mesmo dos analistas a quem descrevemos a experiência ficam alarmados com o fato de que deixamos de lado os ricos relatos associativos que os pacientes têm para trazer e salientamos a percepção do que vai se passando a cada momento, em cada situação. Ocorre que o material de relato dos pacientes, trazido espontaneamente, é decorrente de memórias, das quais os pacientes não se dão conta, ao passo que, ao adquirirem a capacidade de se perceber a cada momento com a ajuda do analista, eles próprios vão constatar que estão trazendo, na fala espontânea que emerge compulsivamente do seu interior, nos gestos, nos sentimentos, o conteúdo de suas memórias, que ocupa o espaço do que realmente está acontecendo, numa distorção de significado. Ou seja, os analisandos se tornam capazes de perceber a realidade dos fenômenos e dos fatos que antes não podiam perceber, no aqui e agora, porque esse espaço e esse tempo estavam invadidos e ocupados por uma memória que lhes referia o já conhecido e que dispensava o uso da percepção.

O que vai acontecer com o analisando, a partir desse momento, é que ele vai adquirindo condições de, em cada situação, a cada momento, dar-se conta do que emerge como memória do passado para ocupar a situação presente, e com isso ele passa a poder discriminar o que é memória e o que é a realidade do fenômeno presente que está se desdobrando. Gradativamente, pela volição e com o uso da atenção, o analisando vai conseguindo esvaziar sua mente e livrá-la da invasão de ideias preconcebidas, que o impedem de perceber cada fenômeno, cada fato, em cada situação independente, no presente, e distinguir o que já foi ou não experimentado anteriormente. Isso acontece a partir da experiência vivenciada pelo analisando, que se repete no *setting* psicanalítico, e o que fica claro é que as experiências nunca se repetem; por mais semelhantes que sejam, sempre há nelas algo de novo, nunca antes percebido.

Uma das condições para que esse trabalho da atenção possa frutificar mais plenamente é a capacidade de o indivíduo estar em silêncio consigo próprio e com a mente livre. O analisando aprende que o silêncio é fundamental e essa é uma das experiências que, de modo geral, as pessoas desconhecem: poder estar consigo próprio descomprometido da produção.

Esse estado de atenção com a mente vazia de objetivos e ideias, no contato com a experiência, aproxima-se do estado sem memória e sem desejo proposto por Bion. Ao estudar sua obra, entendi que ele também tentava descrever esse estado da mente vazia, no qual se busca, por meio de uma vivência prática cotidiana, um estado mental em que não existam preocupações, que nascem de um sentimento de poder e domínio sobre a natureza e que levam o indivíduo a acreditar que o que ocorre na vida e na natureza depende de seus próprios desejos e cuidados.

À medida que o analisando descobre que pode estar consigo próprio descomprometido da produção, suprime o uso da memória e esvazia a mente, ele percebe que pode começar a investigar, a entrar verdadeiramente em contato com as questões que são prementes em sua vida. Em vez de tentar solucionar o problema, ele tenta, antes, saber do que se trata. Nesse momento, começam a emergir daquela situação certos elementos de riqueza nunca antes captados, iniciando uma fase que chamo de redirecionamento. O analisando começa um trabalho de imersão, por meio do qual vai penetrando na experiência, a qual, segundo ele, se repete várias vezes e lhe provoca um sentimento de impotência, de não conseguir sair do lugar. Esse é um momento delicado e difícil do trabalho com o analisando, e a função do analista é mostrar que o fato de ele se dar conta da situação e poder tolerá-la já representa uma conquista.

A consciência do que antes passava despercebido, mas que no momento está sendo alcançado pela atenção e pela percepção do próprio paciente, já no princípio é, do meu ponto de vista, de natureza pré-consciente.

A possibilidade de que esses aspectos possam ser alcançados, conhecidos, interpretados, tem trazido um fortalecimento da instância secundária do paciente e uma consciência da vida mental que lhe permite ir em busca de aspectos mais profundos. Por outro lado, muitos dos aspectos transferenciais e que são situações contidas nos registros de memória de relações precoces se esclarecem nas formas de funcionamento e relação que se revelam nesse nível do trabalho.

Do lado do paciente, por meio da penetração perceptiva, por meio da qual ele busca descobrir novos elementos e novos ângulos de abordagem de uma experiência que se repete, ele consegue algo que até então ele desconhecia, que é tomar posse de sua experiência, tomar posse de si próprio. No momento em que ele toma posse de si próprio, tem o domínio de sua vida e uma mudança de percepção ocorre, permitindo-lhe o redirecionamento, porque nesse momento a vontade lhe está disponível de forma eficaz. Essa experiência de penetração na própria experiência emocional, para daí poder se perceber e agir, realiza de fato o fenômeno da autopossessão. O paciente se torna senhor de si.

De fato, quando o indivíduo toma posse de si próprio, uma série de fenômenos ocorre concomitantemente. O sujeito percebe a própria preocupação com aquilo que lhe pode acontecer, com o direcionamento que ele quer dar para sua vida, e se dá conta, então, de que precisa, antes, aceitar a própria condição, aceitar a própria situação, aceitar o fato de que ele entende a própria situação de uma determinada forma para, a partir daí, ver o que é passível de modificação. A postura mental do indivíduo, nesse momento do trabalho, pode ser referida pela expressão *let it go*, no sentido de que ele deixa a vida acontecer e com isso vai podendo experimentar situações, vai se permitindo escolher novos caminhos, novas alternativas, sem se preocupar com a sobrevivência *stricto sensu*. Quando assume essa postura, começa a adquirir confiança de que pode deixar a vida acontecer porque ele dispõe de recursos para fazer face às consequências.

No momento em que essa postura é incorporada pelo sujeito, ocorre uma explosão mental, a expansão. Quando o indivíduo percebe que ele não tem mais necessidade de controlar o futuro, ele deixa o futuro acontecer e vai acompanhando. A imagem que eu costumo usar para ilustrar essa condição é a seguinte: o sujeito entra no barquinho da vida e deixa o vento levá-lo com *rukha*, com o sopro divino, e à medida que o *rukha* vai impulsionando o barco, o sujeito vai tendo a possibilidade de ir junto, lidando com as questões que o *rukha* vai trazendo, conforme elas forem chegando, sem sofrimento antecipado.

Quando essa atitude se torna de fato a tônica do comportamento do indivíduo, ele se dá conta de que passa a gozar de uma liberdade extraordinária e de que começa, então, a ficar comprometido consigo próprio, com o outro, com o universo. À medida que o ser humano deixa de ter um compromisso com a sobrevivência, ocorre uma mudança de qualidade em sua vida, porque passa a operar a partir de uma outra instância, a instância secundária.

É inegável que essa abordagem por mim desenvolvida promove o fortalecimento da instância secundária que, do meu ponto de vista, é uma parte do ego que assume uma função semelhante à do superego, em termos de "ideal de ego", mas com uma postura não crítica, de aceitação, de acolhimento, influenciada pela postura do analista.

Instância primária e instância secundária

A ligação do núcleo responsável pela atenção, situado no lobo pré-frontal, com o tipo de percepção que eu buscava desenvolver nos meus analisandos e com a linguagem me fez pensar na existência de uma função conjugada situada no hemisfério esquerdo do cérebro, onde residem, no meu entender, as funções cognitivas conscientes. A existência de uma instância do ego que se auto-observa e acompanha paralelamente as atividades que ocorrem independentemente dessa consciência, numa forma de dissociação ou dualidade de atividades, me chamou a atenção. Era uma estrutura não subordinada aos registros básicos de memória e às suas características de funcionamento automático. Denominei-a instância secundária para distingui-la da instância primária, que nomeava a estrutura que funcionava baseada no automatismo e nos registros básicos de memória.

No início do trabalho com os analisandos, essa instância auto-observadora se mostrava incapaz de agir sobre o que acontecia psiquicamente ou de prevenir o surgimento de reações emocionais. Das situações transferenciais que surgiam, tomavam-se os elementos presentes muito mais como focos em que se concentravam a atenção e a percepção, para identificar no "aqui-agora" os movimentos automáticos, involuntários, totalmente fora da consciência, que os analisandos faziam na vivência de situações a partir da atribuição de identidades, emoções, sentimentos, ações ao analista. Percebia que, nesse momento, era mais importante privilegiar a aquisição da percepção, a partir do desenvolvimento da capacidade de uma atenção focal acurada, do que aprofundar a interpretação da atuação edipiana.

Acreditava que o analisando não tinha a apreensão necessária e suficiente para, ao me acompanhar, alcançar profundos *insights* da situação edipiana que estava no registro. No momento, restringia-me a essas situações mais superficiais, embora passíveis de serem apreendidas, por estarem mais próximas da consciência e envolverem o corpo e as emoções vivas. Ocorreu-me que essas situações se encontravam no nível de consciência que Freud chamou de pré-consciente e que situações que exigiam uma condição mais desenvolvida de autopercepção estariam no nível do inconsciente.

No decorrer do trabalho, o que parecia de início ser apenas um movimento sem importância, que ocorria fora da consciência, ao tornar-se consciente, acabou se revelando de um significado mais importante naquele momento do que o que ocorria nos fenômenos de transferência clássica, que eu apenas anotava para serem trabalhados mais tarde.

Quando descrevia para meus colegas o trabalho com meus pacientes, eles invariavelmente me criticavam por negligenciar determinadas apreensões, como as questões edipianas que surgiam, por exemplo, como se eu tivesse obrigatoriamente de privilegiá-las. Na verdade, eu as identificava e não as estava desprezando, mas estava me permitindo discuti-las com os analisandos num momento futuro. Era muito difícil para meus colegas entender que eu estava interessado em enfocar, juntamente com meus pacientes, em primeiro lugar, os movimentos somatopsíquicos, entendidos como emoções fundidas ao corpo, que ocorriam e eram perceptíveis a meus analisandos ao se relacionar comigo naquela situação. Escapava-lhes que, a partir de um trabalho com a percepção, os analisandos pudessem dispor de condições mais adequadas de apreensão dos fenômenos psíquicos mais complexos e profundos, naquele momento só visíveis ao analista. A experiência me mostrava que os analisandos *adquiriam* a capacidade de autopercepção dos fenômenos psíquicos.

Por essa abordagem, depreendi que a função da instância secundária, no início, era de mera observação passiva, o que levava os analisandos a perguntar para que servia a autopercepção, se eles continuavam incompetentes para interferir na ação que ocorria. Era a continuidade do trabalho de autopercepção, sendo enriquecido na prática com os detalhes de uma dada ação, que lhes permitia, surpreendentemente, verem-se num determinado momento em condições de interferir, coibir, corrigir, alterar o curso da ação. Pude observar que algo mais que simplesmente alcançar a situação, que estava fora da consciência, com a consciência e o significado deveria acontecer para que uma real elaboração ocorresse. Os pacientes aprendiam a contrapor-se ao movimento automático com o desejo, a vontade e o esforço, direcionando a ação num sentido diferente do costumeiro. Por exemplo, se a situação em análise era a de um temor que o paciente se dava conta de não corresponder à realidade, mas a uma situação passada ou a uma situação fantasiosa, o paciente fazia o movimento que o medo, naquela situação original, o tinha impedido de fazer.

As situações que se mostravam como uma emergência dos registros básicos de memória porque envolviam respostas automáticas da parte do sujeito, uma vez captadas pela atenção e pela autopercepção, eram analisadas; a partir daí, o paciente tinha condições de inibir pensamentos, emoções e ações, quando desejasse; e, esforçando-se, podia direcioná-los num outro sentido que julgasse mais adequado.

Depois de um tempo, que variava de analisando para analisando, os pacientes frequentemente relatavam, entre alegres e espantados, uma alteração inesperada que tinham podido imprimir, sem desejo e sem esforço, a respostas que antes ocorriam de forma automática a uma dada situação. Onde antes havia repetição irrefreável das ações e das experiências emocionais, agora surgia uma resposta nova, pensada, escolhida.

Do meu ponto de vista, essa resposta nova surgia porque uma nova conexão sináptica neuronal, que antes não existia, repentinamente se formava. As transformações que ocorriam nessas circunstâncias eram por vezes muito exuberantes e se refletiam no nível das respostas orgânicas, emocionais e cognitivas. Na realidade, operava-se a conquista de uma condição de autocontrole orgânico e psíquico, uma função homeostática superior, de autorregulação.

Minhas investigações sobre o que de fato ocorria na intimidade da estrutura neurobiológica, que resultava em modificações psíquicas tão extraordinárias, encontrava respaldo nas ideias de Luria e posteriormente de diversos outros autores. Pude ver confirmadas, no meu trabalho, as conectividades neuronais que se formavam de forma ascendente e descendente, das estruturas subcorticais paras as pré-frontais e das pré-frontais paras as subcorticais, com o envolvimento de outras estruturas, como a ínsula e o cingulado anterior.

Tanto o pré-frontal como o cingulado anterior foram objeto de meu interesse particular de estudo. Posner e Rothbart propuseram que o córtex cingulado anterior está envolvido na maturação do autocontrole e da autorregulação, à medida que o indivíduo progride desde o nascimento, passando pela infância, adolescência e maturidade. Há evidências de um aumento do funcionamento do cingulado anterior em indivíduos com grande *insight* social e que mostram maturidade nas situações da vida, da mesma forma que parece existir um baixo nível de funcionamento dessa estrutura em pessoas que demonstram perda frequente de autocontrole.

Para Allman, o córtex cingulado anterior é uma especialização do neocórtex, mais do que um estágio mais primitivo na escala de evolução. Os exames EEG, PET, FMRI e estudos de lesões indicam que o cingulado anterior tem um importante papel no autocontrole emocional, assim como na resolução de problemas emergentes e em foco, no reconhecimento do erro e nas respostas adaptativas às situações e condições de mudança, funções que são centrais no comportamento inteligente. Existe uma especialização recém-conquistada pela evolução no córtex cingulado anterior, que são as *spindle cells* (células-parafuso), que existe somente nos grandes macacos e no homem, surgida há cerca de 15 milhões de anos. O circuito constituído por essas células provavelmente aumenta o autocontrole emocional e a capacidade de resolução de problemas emergentes nesses animais. Para Albright (2001), a área dorsal do cingulado anterior está envolvida na seleção do estímulo, quando existe um conflito entre dimensões racionais em competição, enquanto a área ventral desempenha a função para os conflitos emocionais.

O caminho aberto pela autopercepção e pela vontade

A percepção do que se passava consigo em cada situação, o exercício de se perceber para discriminar o que era do *self* e o que era da "realidade" ou do "outro" permitiam aos analisandos uma mudança na forma de relacionar-se socialmente. A capacidade de dar-se conta do que se passava consigo próprio e as experiências emocionais vividas permitiam-lhes identificar o que era seu e interferia na percepção das situações e do outro. Da mesma forma, a percepção do outro, do que se passava na experiência emocional do outro, permitia identificar o que era do outro e o que era de si próprio, aprimorando a capacidade do indivíduo de lidar consigo próprio e com o outro.

Essa era a porta de entrada para o caminho das elaborações altamente abstratas, altamente simbólicas e metafóricas, uma permissão para se entregar ao *day dream*, situado numa outra dimensão do perceber e do pensar.

O trabalho com analisandos que não apresentavam queixas psicossomáticas permitiu firmar a convicção de que as manifestações somáticas decorriam de memórias de situações afetivo-emocionais ocorridas num momento muito precoce da vida, num momento em que o afeto e a emoção, entendida esta como realidade psíquica, ainda não se haviam descolado do corpo.

A mansidão aliada à firmeza; a vivacidade dos movimentos mentais para pesquisar outras alternativas de pensar a situação presente e enfocada; o não comprometimento do pensar e da ação com um objetivo ou resultado rigidamente definido; a capacidade de aceitação do fato de que, diante das leis da natureza, as nossas leis baseadas nos nossos desejos só podem levar à frustração, ao sentimento de injustiça, à revolta, à estagnação do crescimento; o deixar acontecer; o experimentar para poder lidar com as consequências, livrando o pensar e o agir dos grilhões do resultado, da ameaça à sobrevivência, entre outras conquistas da relação, conduziam os analisandos a profundas modificações e a uma profunda relação afetiva com o analista, num contexto em que predominavam as associações efetivamente livres e criativas, pautado por constantes mudanças e evolução no clima da relação. Ao lado dessa postura, a capacidade de compreender, tolerar a própria humanidade, bem como e principalmente a do outro, acarretava uma profunda modificação somática e psíquica nos analisandos.

A mudança de qualidade da relação do analisando com o analista refletia a reconstrução das relações objetais primitivas e a reconciliação com as figuras parentais, que em muitos momentos chegavam estilhaçadas.

Capítulo 5
O trabalho educacional sob o enfoque neuropsicanalítico

Entendendo a miséria humana: o peso da instintividade animal numa espécie em evolução

Uma das consequências de meu trabalho de investigação com base na prática clínica neuropsicanalítica foi a constatação de que as mazelas vividas pelo homem, não importa de que natureza – biológica, psicológica, social, econômica ou espiritual, decorrem de sua condição de ser vivo, integrante de um processo evolutivo que a natureza lhe proporcionou como a melhor condição possível na luta pela sobrevivência individual e perpetuação da vida sobre a Terra, mesmo que para essas mazelas muitos admitam uma explicação mística ou sobrenatural.

Ao longo dos séculos, estudos aprofundados têm procurado explicar as causas da miséria humana, da qual resultam a guerra e toda sorte de disputas. Uma vez identificadas as causas, soluções têm sido apontadas e muitas vezes postas em prática com muito empenho e idealismo, mas os resultados têm invariavelmente ficado muito aquém do esperado, quase sempre provocando sentimentos de decepção e desesperança em indivíduos que fizeram dessa luta a razão de ser de suas vidas.

Alguns pensadores têm sustentado que o ser humano é demasiado complexo e as causas apontadas, demasiado parciais, abordando apenas uma faceta do problema, e que talvez fosse necessário estudar as mazelas humanas a partir de uma teoria unificada, totalizante, que pudesse explicá-las todas e propor-lhes uma solução mais adequada, abrangente, efetiva e eficaz. Teorias e práticas têm surgido em profusão e, de modo geral, todos, interessados ou não, têm a elas fácil acesso de uma forma como nunca antes aconteceu por força da tecnologia da comunicação, o grande diferencial dos tempos atuais e o principal responsável pelo fenômeno da globalização.

Hoje, de fato, o ser humano vive num meio profundamente modificado pela sua própria ação, em que as concepções de tempo e espaço adquiriram outra configuração e o espaço do privado tem cedido cada vez mais lugar ao público, enquanto o local vai desaparecendo para ser engolido pelo contexto sem limites. No entanto, apesar de todas essas conquistas engendradas pelo espírito do homem, do meu ponto de vista, permanece inalterada a expressão da natureza do *humano, especificamente humano*. Tenho constatado que o ser humano continua preso a necessidades da mesma natureza que seus ancestrais primitivos, com a diferença de que, em certo sentido, as condições atuais permitem que elas sejam mais claramente compreensíveis para quem esteja livre para vê-las.

Utilizo a palavra *livre* porque acredito que, nunca como agora, por paradoxal que possa parecer, o homem se viu tão ameaçado de perder a capacidade de percepção da realidade, por encontrar-se submetido a uma cultura e a uma educação usurpadoras da autonomia e da identidade do sujeito. Tal cultura e tal educação criaram uma visão ideológica, paradigmática, dos grandes poderes em luta na sociedade, lastreada numa moral e numa ética de circunstância, que evoluíram para servir aos interesses do que cada grupo concebe como bom e adequado, de acordo com a obediência cega à determinante instintiva da sobrevivência. Sem falar na força massificante e alienadora do *marketing* e da mídia, o tempo todo a dizer ao indivíduo como ele deve ser e do que ele deve gostar, transformando seus sonhos de consumo no ilusório desfrute da quintessência do paraíso sobre a Terra.

Exemplos extraídos de diferentes épocas históricas não faltam para ilustrar essa afirmação. A Revolução Francesa pode ser um deles, por tratar-se de acontecimento emblemático, a partir do qual a história se repete. Analisou-se a condição em que vivia a grande maioria da população, os abandonados da sorte, ao lado do estamento privilegiado, que desfrutava de uma vida de opulência, de fácil acesso aos bens materiais e ao conforto. Para combater essa injustiça, estabeleceu-se que todos os homens nascem livres e iguais perante Deus e o direito, devendo, pois, gozar de igualdade de condições. A partir dessas premissas, uma revolução foi feita para reverter aquela situação de desigualdade e instaurar uma nova ordem social, baseada em ideais racionais nascidos da compreensão humana. Após uma luta sangrenta de irmãos contra irmãos, facções contra facções, um novo regime se estabeleceu. Embora uma série de conquistas e transformações importantes tenham ocorrido por força desses acontecimentos, as desigualdades sociais continuaram a existir na nova ordem: novas classes de privilegiados e novas classes de excluídos emergiram em substituição àquelas que a Revolução destronara.

O emblema da Revolução Francesa – liberdade, igualdade e fraternidade –, que se espraiou pelo mundo como a base de uma nova ordem sociopoliticoeconômica, tornou-se, com o tempo, objeto das mais espúrias interpretações, e, implícita ou explicitamente, o referencial sobre o qual inteligências se exercitariam para fazer emergir a qualidade humana mais admirável e mais abominável, não prevista pelos ingênuos filósofos da Revolução Francesa: o cinismo.

Os séculos XIX e XX assistiram a outras tantas revoluções socioeconômicas e políticas, inspiradas em diferentes ideologias e utopias. Teoricamente bem pensadas e explicadas a partir de uma lógica interna coerente e aceitável, esses movimentos trouxeram como consequência a divisão do mundo em diversos blocos, conflituosos, e permitiram extrair algumas conclusões a respeito do comportamento humano e das mazelas sociais.

Em primeiro lugar, ficou evidente a impossibilidade de confraternização entre os povos, mesmo quando a igualdade era um direito aceito por todos aqueles que comungassem a mesma crença, os mesmos valores, as mesmas práticas, negando-se-lhes, é bem verdade, a liberdade de escolha de outras crenças, outros valores, outras práticas. Em segundo lugar, evidenciou-se também a impossibilidade de estabelecer por decreto, imposição de força ou pressão de qualquer natureza, o regime igualitário, fraterno e de liberdade entre os homens, mesmo quando acontecia de inverter-se a relação de dominação ou desaparecer a classe dominante. Em terceiro lugar, a história assistiu, no seio dos próprios movimentos revolucionários ou apenas reformadores, a situações de conflito e a verdadeiras lutas fratricidas determinadas pelas mesmas causas que haviam deflagrado o processo. Em quarto lugar, a história tem mostrado também que as causas do caos social e as soluções estão muito além das apontadas e praticadas pelas ideologias vigentes, que apregoam mudanças pela imposição da força e pela violência, buscando tão somente a mudança do poder das mãos dos dominadores para os dominados, visto que as experiências de sofrimento e carência vividas pelos últimos não são suficientes para despertar empatia e real interesse pela situação do outro, quando dominados e carentes se encontram numa situação de domínio ou usufruto do poder.

Como se não bastasse, paralelamente às revoluções socioeconômicas, o mundo assistiu, em diferentes épocas, às chamadas guerras santas, promovidas pelas crenças religiosas, que se mesclaram com o poder secular para desfrutar do poder temporal e dominar aqueles que ameaçavam a configuração da Terra tal qual eles acreditavam lhes tinha sido outorgada por seu Deus. A intolerância religiosa foi, e ainda é, responsável por cruéis perseguições, à medida que, para cada grupo religioso, somente o seu deus é o verdadeiro e o do outro, falso. A história é testemunha de como, em todos os tempos, os homens encontram uma forma de interpretar as sagradas escrituras de suas comunicações com o divino que lhes permite realizar, em nome de Deus e do amor ao próximo, justificadamente, o contrário do preconizado pelos ensinamentos religiosos.

Os resultados da história estão aí para quem quiser analisar: o que se queria combater na velha ordem continua na nova, com a diferença de que o poder muda de mãos, quando a revolução é bem-sucedida, com um novo ciclo se repetindo para configurar o eterno retorno.

E, se a humanidade repete a história, é de admirar que fato tão notório tenha suscitado o interesse de alguns poucos estudiosos do comportamento humano. Nietzsche e Freud foram alguns dos poucos que se referiram ao tema, deixando o caminho aberto para futuras investigações. Freud, em especial, tratou a fundo a questão da compulsão à repetição que caracterizava a expressão dos neuróticos, chegando a relacionar esse comportamento com os instintos, os quais, segundo ele, conduziam os indivíduos à repetição de forma poderosa e inconsciente, mas deixou de dizer que isso se devia à herança filogenética que vinha dos ancestrais.

Minhas investigações antropológicas, biológicas, neurocientíficas e psicanalíticas, levadas a cabo durante decênios, trouxeram-me a convicção de que os paradigmas culturais, principalmente no Ocidente, são responsáveis pelo fato de biólogos, sociólogos, antropólogos, psicólogos e psicanalistas poderem aceitar, da teoria da evolução, o fato teórico de que o ser humano descende dos animais, trazendo dentro de si os sinais dessa herança, mas ficarem impedidos de pensar e analisar o comportamento humano considerando os aspectos animais nele presentes, quando se trata de situações que demandam uma postura, uma ação ou proposição de caráter educativo ou terapêutico.

De fato, parece impossível darmo-nos conta de que possamos ser seres em transição evolutiva e que, no mais natural e espontâneo de nossas manifestações, predominem aspectos que consagramos denominar reptilianos ou dos mamíferos inferiores, com preocupação exclusiva pela sobrevivência individual e pessoal, que se expressa por impulsos competitivos com o outro pelo domínio do poder, do território, pela posse de bens, etc.

Esse fato levou a quase totalidade dos estudiosos do comportamento humano a negligenciar, negar ou rejeitar a evidência de que o comprometimento com valores que transcendem a mera luta pela sobrevivência pessoal não é uma aquisição espontânea do ser humano, mas se dá por meio de árdua conquista e grande esforço. Com isso, as proposições oferecidas para minorar as mazelas humanas em todos os níveis partem do falso pressuposto de que o homem, de forma geral e particular, pelo fato de ser classificado como *Homo sapiens sapiens*, é um espécime pronto dentro do processo evolutivo, naturalmente dotado de qualidades que o fazem capaz de sentimentos espontâneos de solidariedade, fraternidade e amor ao próximo; em uma palavra, é um ser altruísta.

Nada mais falacioso, do meu ponto de vista. A história tem mostrado, no decorrer dos séculos, o fracasso de revoluções, reformas, movimentos sociais, ideologias de toda ordem e de todo matiz, inicialmente orientadas no sentido de estabelecer uma ordem social mais justa e igualitária, porque não levaram em conta a chamada *natureza humana*. Ou seja, o homem, na sua forma de funcionar, mobilizado por impulsos motivacionais intrínsecos que fazem parte de sua natureza animal e do estado de evolução em que se encontra, só é capaz, na sua forma automática e primária de ser, de produzir uma sociedade caracterizada pela desigualdade socioeconômica, pela exclusão, pela marginalidade, pela violência, pela injustiça de toda ordem, pela corrupção, etc. As próprias ideologias, é bom que se diga, são expressão dessa condição.

Defendo a ideia de que o ser humano se encontra em pleno processo de evolução. Por evolução não estou querendo significar que o homem caminha para a conquista de virtudes no sentido moral positivo, como possa sugerir o termo *evolução*. O homem caminha para a evolução no sentido biológico, expressa por conquistas que aperfeiçoam as funções adaptativas ao meio e lhe proporcionam maior garantia de sobrevivência. Todo o desenvolvimento da racionalidade, que leva o homem à conquista do conhecimento, ao domínio da natureza e ao desenvolvimento da tecnologia e lhe permite ações inimagináveis, existe em função do incremento de sua capacidade de sobrevivência e de perpetuação da espécie na Terra.

Esse comportamento adaptativo do homem ao meio, para promover e garantir a sua sobrevivência biológica e a perpetuação de sua prole, é impulsionado pela herança filogenética, de forma semelhante à operada nos animais situados abaixo dele na escala evolutiva.

A força dos impulsos da evolução é inerente a todo ser vivo, de modo que as gerações que se sucedem aprimoram as qualidades constituintes que herdaram, ao que parece numa continuidade de conhecimentos e habilidades que são transmitidas de uma geração para a outra, e que vão dispensar a aprendizagem do tipo instrucional para forjar esse conhecimento ou habilidade. Esse processo não significa que não exista a aquisição do novo. Ao contrário, o homem está preparado para a criação do novo. Se esse novo vai se perpetuar, essa é outra questão, mas as bases sobre as quais esse novo se constitui estão presentes e vêm do passado.

O que importa considerar, no entanto, é que o homem herda as formas de funcionamento que deram certo, que foram eficazes para promover a sobrevivência dos ancestrais, e cuja manifestação sob a forma de comportamentos vai ocorrer a partir de critérios de seleção natural, em que entram em jogo as circunstâncias peculiares que cada ser vivo em particular, ou grupo de seres, vai encontrar no meio em que se insere. Nesse contexto, as manifestações obedecem à peculiaridade de que suas origens são instintivas, ligadas à sobrevivência do ser e à perpetuação da espécie, e, como tal, escapam ao comando do controle consciente. Por isso o comportamento humano pode ser recorrente no decorrer da história.

Já as qualidades humanas baseadas nos valores que transcendem o nível de sobrevivência biológica dependem do exercício de funções psíquicas que são conquistadas no processo de desenvolvimento de potencialidades contidas nas frações cérebro-mentais que constituem o ganho evolutivo que deu origem à espécie *Homo*. Essas qualidades são potencialidades porque não são inatas, não estão disponíveis naturalmente, automaticamente, no homem, mas dependem da conquista individual, grupal ou coletiva. Estão disponíveis aos estímulos adequados, externos e internos, a partir de um determinado momento do desenvolvimento do ser humano, quando bebê, na ocasião em que funções primordiais de sobrevivência orgânica já estão praticamente consolidadas e está assegurado o atendimento adequado a necessidades básicas.

Nesse sentido, se não é possível desconsiderar a importância dos aspectos biológicos do desenvolvimento do ser humano para a sua constituição como *Homo sapiens sapiens*, também não se pode ignorar nesse processo o papel decisivo desempenhado pelo meio cultural em que o bebê humano está inserido desde o momento em que nasce. Não há como falar em filogênese e ontogênese sem falar em epigênese. Por isso a importância decisiva do processo educacional pelo qual passa o indivíduo desde que nasce para a constituição do *ser* (verbo) *humano*.

Essa abordagem nativista do desenvolvimento humano pôde ser pensada em virtude dos progressos da neurociência, que levou em conta a teoria da evolução, e de outras disciplinas e alguns pensadores capazes de uma visão integrada do homem, contrariando o pensamento e a ciência da época, que postulavam uma visão fragmentada da realidade.

Um bom exemplo é Jean-Piaget, extraordinário pesquisador do desenvolvimento mental humano, que criou uma teoria sobre a construção da mente humana com base nas descobertas de suas observações com crianças. Segundo ele, a mente do ser humano, ao nascer, é uma tábula rasa na qual as experiências da vida vão construindo o que vai se configurar como a mente humana, nas suas mais diferentes funções. Defrontou-se com Chomsky na década de 1970, que, em suas pesquisas sobre a origem da língua dos seres humanos, sua estrutura e funções, se deu conta de dados que interpretou como decorrentes da existência prévia de estruturas de linguagem inatas no cérebro das crianças, que estavam como que à espera de estímulos apropriados do meio para funcionar e se desenvolver. Segundo ele, o homem é uma máquina de linguagem. Em 1959 publicou o que chamara de

Gramática Gerativa Transformacional. Surgia, assim, o grande confronto entre o inatismo, também chamado de nativismo, e o construtivismo.

Vygotsky, na sua visão sobre a formação do homem, também enfatizou um aspecto da questão, ao eliminar a importância da herança filogenética em termos da estrutura cerebral, da consciência, das emoções e do comportamento animal, para privilegiar a influência sociocultural.

São inegáveis as contribuições desses e de outros estudiosos à compreensão da condição humana. Do meu ponto de vista, porém, a natureza humana, em sua totalidade e inteireza, deixou de ser apreendida. Cada uma dessas visões, fragmentadas, privilegiou aspectos que atendiam as exigências paradigmáticas de cada estudioso, comprometido com a ideologia que norteava e subordinava suas observações, interpretações e reflexões. Nesse sentido, o trabalho de Thomas Kuhn é extraordinário, ao demonstrar a força do paradigma no encaminhamento das investigações. Somente as forças do inconsciente poderiam explicar as determinações motivacionais no comportamento e nas escolhas de linhas de pensamento de investigadores como Piaget e Vygotsky, incapazes de considerar as programações filogenéticas e os mecanismos que os impulsos evolutivos utilizam na busca de recursos cada vez mais eficazes para garantir a sobrevivência e a perpetuação da vida na Terra, sob a forma de perpetuação da espécie.

O fato é: se, por um lado, são frequentes as investigações que apontam, por exemplo, quanto o homem está próximo dos chimpanzés na escala evolutiva em termos de sua estrutura genética, como corriqueiramente se noticia nos jornais, por outro lado, não se leva em conta quanto o homem compartilha de formas de funcionamento mental, psíquico e comportamental com os seus ancestrais selvagens, para, a partir dessa evidência, estudar como ocorre o processo de hominização e humanização do *Homo sapiens sapiens*. Encara-se como automática a aquisição de valores considerados humanos, então nem a possibilidade de distinguir as qualidades desses valores é cogitada.

Freud afirmou que a psicanálise trazia o segundo ataque ao narcisismo do homem, ao revelar sua condição instintiva e apontar o inconsciente como a grande fonte da realidade humana. Freud deu-se conta dessa condição humana, de sua construção presente baseada na ancestralidade instintiva, ao admitir o Id e ver na psicanálise a possibilidade de promover o desenvolvimento humano. Teriam falhado seus seguidores?

Toda a obra de Freud se baseia no ponto de vista de que o homem está sujeito às injunções dos impulsos instintuais, que, na maioria das vezes, são inconscientes, ou seja, estão fora da consciência, o que o impede de entender a verdadeira causa ou motivação de seus comportamentos e pensamentos. Ele mostrou que essas motivações inconscientes têm origem nos instintos de sobrevivência e de perpetuação da vida num primeiro momento, e, posteriormente, no que chamou de instintos de vida e de morte, que vão assumindo diferentes feições e manifestações, mesmo as mais nobres no sentido moral. Suas ideias certamente eram chocantes para o *establishment* cultural de sua época, como das épocas posteriores até hoje, pelo que se deduz dos ataques que sua obra sofreu e sofre e pelas deformações que são perpetradas em suas ideias. Seus próprios seguidores, como Ernest Jones e Max Eitington, se comportaram como se não tivessem alcançado o significado das ideias fundamentais de Freud, no que tange à natureza humana. O fato é que, no desenvolvimento da psicanálise, observamos a mutilação do pensamento de Freud, com a desbiologização da psicanálise, principalmente com a desvinculação dos impulsos motivacionais de suas raízes instintivas, chegando-se ao desplante de eliminar a palavra *instinto* para substituí-la por *pulsão* nos países de língua latina, uma palavra francesa que nada tem de ver com a natureza orgânica. A psicanálise ocupou-se da mente, do psíquico desvinculado do corpo, como se a constituição da personalidade do indivíduo não dependesse do corpo. Por anos eu me perguntava: "Por que temem tanto a instintividade no ser humano?". Ou seria melhor perguntar: "Por que a psicanálise teme tanto considerar a natureza animal do homem?".

Naturalmente, as leituras dos textos de Freud ficaram distorcidas pela cegueira paradigmática, e as próprias releituras de sua obra, que alguns autores se propuseram a fazer, permaneceram com esses vieses, mostrando a força inconsciente e determinante do paradigma. Assim, textos como *Totem e tabu*, *A psicologia das massas*, *O futuro de uma ilusão*, *O mal-estar da civilização*, *Por que a guerra?* ficaram à margem dos estudos e contribuições da psicanálise às questões sociais, na busca de uma compreensão das raízes dos males que afligem os homens, os povos, as nações, como expressões da natureza humana. Muito a propósito, a carta-resposta de Freud a Einstein, que o consultara sobre a existência de alguma forma de livrar a humanidade da ameaça da guerra, é um tratado sobre a natureza e a condição humanas, que, ao que parece, os psicanalistas, como todos os estudiosos humanistas que se debruçaram e se debruçam sobre as questões da miséria social, fazem por onde ignorar. Freud diz:

> É, pois, um princípio geral que os conflitos de interesses entre os homens são resolvidos pelo uso da violência. É isso o que se passa em todo o reino animal, do qual o homem não tem motivo por que se excluir. No caso do homem, sem dúvida, ocorrem também conflitos de opinião que podem chegar a atingir as mais raras nuanças da abstração e que parecem exigir alguma outra técnica para sua solução.

Por outro lado, Freud refere expressamente no texto, de forma a não deixar dúvidas, que as fontes de tais comportamentos são os instintos, no sentido de impulsos biológicos filogenéticos de origem animal, que não podem ser traduzidos por pulsões, como querem os psicanalistas:

> Permita-me que me sirva dessa oportunidade para apresentar-lhe uma parte da teoria dos instintos que, depois de muitas tentativas hesitantes e muitas vacilações de opinião, foi formulada pelos que trabalham na área da psicanálise? De acordo com nossa hipótese, os instintos humanos são de apenas

dois tipos: aqueles que tendem a preservar e a unir – que denominamos "eróticos", exatamente no mesmo sentido em que Platão usa a palavra "Eros" em seu *Symposium*, ou "sexuais", com uma deliberada ampliação da concepção popular de "sexualidade" –; e aqueles que tendem a destruir e matar, os quais agrupamos como instinto agressivo ou destrutivo.

Os estudos da biologia, da antropologia biológica, da biologia evolutiva e da neurociência, minha experiência no atendimento a pessoas e comunidades por quase cinquenta anos, e minhas vinculações, ao longo da vida, a diversas ideologias e correntes que buscaram e buscam proposições e ações no campo dos problemas sociais, me levaram a uma percepção de que todas elas falhavam por não considerar a questão da natureza humana. Quero dizer que, para a resolução das questões com que nos defrontamos relativas às desigualdades socioeconômicas, às exclusões, à marginalidade, à violência, às injustiças contra os mais carentes e necessitados, à falência e falácia dos planos governamentais, à indiferença dos privilegiados, à exploração pelos mais poderosos, etc., as concepções da ideologia ou do movimento eram construídas com base numa visão otimista do ser humano. Baseavam-se na ideia de que o atendimento às necessidades materiais fundamentais das populações, ao lado da instrução, levariam-nas necessariamente a se libertar das condições precárias para alçar, por si só, o caminho do desenvolvimento em direção à construção de uma sociedade de paz e prosperidade. A história tem mostrado que as coisas não se passam bem assim. Quantos acreditaram, e ainda acreditam, que, dando a essas populações instrução baseada na "consciência" dos direitos, e recursos para lutar por elas próprias, usando a força e a violência para vencer opressores e usurpadores, conseguiriam construir uma sociedade de paz, prosperidade e justiça. Aprisionados na ideologia e em seus objetivos, que passam a ser o foco principal da ação, e não a pessoa, a família ou a comunidade a ser educada no sentido da construção da própria consciência, essas abordagens se transformaram em trabalhos de doutrinação, e não de promoção humana e de desenvolvimento da identidade a que cada indivíduo tem legitimamente direito.

O que se viu no decorrer dos anos foi o fracasso das iniciativas de criação de uma sociedade justa e fraterna. Naqueles casos em que o objetivo ficou próximo de ser alcançado, as comunidades e as sociedades de paz, prosperidade e justiça logo se transformaram em redutos nos quais os antigos reivindicadores passaram a ser os algozes do momento, repetindo o que sempre haviam combatido, numa perpetuação dos problemas.

Reitero que os movimentos, as ideologias e as ações fracassaram porque não levaram em conta o fato de que todas essas questões são perfeitamente naturais como produtos e expressões da natureza humana.

Do meu ponto de vista, o desenvolvimento das qualidades psíquicas humanísticas ligadas aos sentimentos não correm, no homem, paralelamente ao desenvolvimento da racionalidade e de sua capacidade de adaptação ao meio. Por isso, vejo que a evolução humana se processa em duas vertentes: *hominização* e *humanização*.

Na vertente da *hominização*, observa-se que o processo de conquista se faz na área mental que incrementa os recursos de sobrevivência e de adaptação ao meio, o que permite ao homem libertar-se do aprisionamento ao meio fixo e expandir seu universo pela conquista do conhecimento. Essa conquista, por sua vez, é determinada pelo desenvolvimento da capacidade de racionalização, escolha, planejamento e antecipação, numa patente conquista de poder sobre o meio e consequente asseguramento da sobrevivência pessoal, da própria prole e do grupo de indivíduos de sua escolha.

Na natureza, esses desenvolvimentos ocorrem por força do instinto de sobrevivência, que pressiona os organismos dos seres vivos a caminhar no sentido da criação de recursos de sobrevivência cada vez mais aperfeiçoados, sofisticados e complexos, que permitam suportar melhor as modificações do meio no qual estão inseridos e do qual dependem, o que se traduz por maior capacidade de adaptação. À medida que se avança na escala evolutiva, desde os seres vivos mais primitivos, vai ocorrendo uma complexificação das estruturas orgânicas até que surgem diferentes níveis de consciência, dos quais derivam comportamentos e habilidades cada vez mais aperfeiçoados, que geram recursos capazes de permitir uma ação mais abrangente sobre o meio e garantir a sobrevivência e a expansão da espécie. Esse processo culmina no homem, capaz de utilizar seu próprio organismo como instrumento de ação, em especial seu cérebro, capaz de funções mentais prodigiosas, a serviço do domínio da natureza e da criação de recursos cada vez mais sofisticados para resolver problemas e remover obstáculos à consecução de seus objetivos.

São essas condições hominídeas que darão ao homem a capacidade de garantir, cada vez com maior segurança, a sobrevivência orgânica e material. O homem orgulha-se de si próprio, e a condição de ter maior ou menor quantidade de recursos torna-se emblemática de seu poder e prestígio entre seus pares, ao mesmo tempo que representa garantia da própria sobrevivência. A angústia do aniquilamento e da incapacidade de manter acesa a chama da vida é a condição mais temida nesse nível de evolução.

Já a vertente *humanídea* é um desenvolvimento específico da mente humana, que transcende os valores materiais para além da simples preocupação com a sobrevivência orgânica. Essa condição resulta da capacidade que o indivíduo adquire, pelo contato consciente com seus sentimentos, com a realidade na qual está inserido, de formular um significado sobre si mesmo e sobre sua relação com os outros e com a natureza, e dar-se conta de sua responsabilidade para consigo, para com os outros e para com a natureza, da qual depende fundamentalmente. Os valores que se tornam prioritários estão além daqueles que se referem ao próprio asseguramento e bem-estar. É o transcender do egoísmo para alcançar o altruísmo, *o social-ismo*.

A conquista desses valores não se dá apenas pela via do racional, pelo discurso consciente, pela incorporação de códigos morais, muitas vezes impostos pela pressão da cultura e das instituições. Ao contrário, é uma conquista que se incorpora como uma forma genuína de ser, uma forma de viver, de comportar-se, que se manifesta em todos os atos conscientes e inconscientes do indivíduo, em todas as situações de vida, e que vai muito além do discurso vazio, que repete mecanicamente conceitos aprendidos. É um ato que exige mais do que a consciência e está presente em todas as decisões e opções voluntárias, a cada momento da vida. É uma condição ainda rara de desenvolvimento no caminho da evolução humana, mas que pode ser alcançada, entre outras, pela via da educação.

Assim, estou convencido de que existem esses dois momentos bem marcados no desenvolvimento ontogenético do homem. Um primeiro momento, em que eclode o que estava programado, diz respeito à sobrevivência do indivíduo como ser vivo, ser puramente biológico. É nesse momento que se desenvolvem as funções e habilidades que permitirão ao ser maior possibilidade de adaptação e sucesso, tanto no meio natural como humano, culminando com a aquisição e a completude das funções mentais ou psíquicas, sempre na interação com o meio. Nesse momento, o homem desenvolve qualidades psíquicas que o fazem capaz de cuidar de si, de se voltar ao outro, ao grupo e ao ambiente, ainda movido pelo impulso de sobrevivência pessoal, orientado para a conquista de benefícios pessoais. As pessoas às vezes se surpreendem quando descobrem que grandes obras científicas, descobertas decisivas para a humanidade no campo das ciências, grandes obras sociais puderam surgir motivadas por sentimentos egoísticos, ligados a prestígio e poder, subordinados, portanto, ao instinto de sobrevivência pessoal.

Um segundo passo do desenvolvimento ontogenético pode começar já no momento em que as crianças que estão se desenvolvendo após o nascimento têm de alguma forma a percepção do outro, do quanto dependem dele para sobreviver e viver, e são capazes de dar-se conta do esforço do outro para atender suas necessidades e solicitações. Algumas desenvolvem sentimento de gratidão, que se contrapõe ao sentimento de inveja pelo poder que o outro tem de atendê-las. Outras ficam frustradas, alimentam raiva e ódio, tornando-se violentas e destrutivas quando o outro não pode atendê-las como desejariam. O meio no qual o bebê, ao nascer, se insere, é de fundamental importância para a construção do cérebro da criança, uma vez que o que está pré-programado no cérebro vai se manifestando no contato com os estímulos externos, e estes, por sua vez, também influem na modelagem da expressão das funções pré-programadas.

O ambiente cultural, que inclui o conhecimento, os valores, as crenças, os padrões de comportamento, o respeito e o cuidado pelo outro e pela natureza, ao lado do clima afetivo-emocional nas relações, é de fundamental importância para a formação da criança e do futuro adulto. Esses valores, essas situações vividas num momento precoce da vida se entranham no indivíduo, ficando inscritas nas conexões neuronais (sinapses), formando o que eu chamo de *registros básicos de memória*, que constituem os modos que darão identidade às pessoas nas suas formas de ser, comportar-se, relacionar-se com os outros, compondo, enfim, seu modo de estar no mundo.

Se o ambiente cultural da família for adequado, possíveis situações precoces que favoreceriam a emergência da inveja, do ódio, da raiva, em lugar da gratidão, poderão ser corrigidas por uma experiência reparadora. Se o ambiente cultural não for propiciador do desenvolvimento de qualidades adequadas, mas, ao contrário, for confirmador das situações precoces de não atendimento vividas inicialmente, essa criança crescerá com uma visão persecutória do mundo, e este lhe parecerá frustrante, enganador, usurpador. Dele ela terá muito ódio, assim como de todas as pessoas que tiverem o que ela não tem.

Quando o ambiente cultural da família favorece a apreensão da natureza humana, a criança cresce podendo entrar em contato com os sentimentos negativos e destrutivos sem receio, o que facilita o contato consigo mesma, a busca voluntária de valores positivos como o amor, o respeito e a consideração pelo próximo, o amor e o cuidado pela natureza, e a satisfação de poder cuidar, contribuir para o bem-estar de todos e do grupo, apesar de, na grande maioria das vezes, essa atitude demandar sacrifício, dor, perda em algum sentido para si mesmo. É o que eu chamo de capacidade de transcendência à sobrevivência. Esses sentimentos só podem ser alcançados pela consciência e pela prática voluntária, por meio da atenção vigilante em todas as situações. Pelo fato de implicar dor, perda e sacrifício, em lugar de prazer, recompensa material e garantia de sobrevivência, essa via de desenvolvimento do ser humano não é natural nem automática, mas depende de uma disposição da vontade. Por outro lado, ocorre que, quanto mais o indivíduo se aprofunda nessa rota do desenvolvimento humanídeo de forma permanente, mais ele constata que as formas primárias de comportamento, negativas e destrutivas, se manifestam à menor distração, o que exige o compromisso de estar atento e vigilante consigo mesmo o tempo todo em todas as situações. Parece que a via que espontaneamente o homem vem escolhendo é a da permanência na condição hominídea.

Nossas investigações em neuropsicanálise têm permitido constatar que, mesmo em pessoas adultas com sérias perturbações e distorções de comportamentos e valores, um ambiente afetivo-emocional acolhedor, sem julgamento moral, capaz de gerar no indivíduo confiança pelo comprometimento do outro ou dos outros, pode criar novos circuitos neuronais baseados em novas experiências, a partir da autopercepção, e formas socialmente mais adequadas de ser e comportar-se, com a incorporação da capacidade de autorregulação, autocontrole e opções de pensamento e ação subordinadas à vontade. Nessas condições, essas pessoas adquirem a capacidade de tomar a via do desenvolvimento humanídeo, pela formação de circuitos neuronais de ordem secundária.

No atual estágio de desenvolvimento, a sociedade humana baseia-se no culto aos valores hominídeos e nela impera a lei da sobrevivência. Uma das características do comportamento hominídeo é o recurso da simulação, da fraude, do simulacro, que é um recurso altamente sofisticado de sobrevivência. No Brasil, vivemos hoje estarrecidos diante de um cenário político em que desapareceu o significado do que seja hipocrisia, tal a quantidade de iniquidades e atos ilícitos praticados de forma escancarada e escandalosa. Desapareceram a vergonha, o temor, o pudor, a noção de honra. Pratica-se o ato ilícito aos olhos de quem quiser ver e, quando se é acusado, basta negar para se inocentar, colocando na categoria de idiotas aqueles que pelo menos têm a hombridade de admitir o erro e confessá-lo.

Mas essa situação não é privilégio de um grupo. Do meu ponto de vista, ela decorre da condição humana, que todos nós compartilhamos, embora seja próprio dessa condição negar esse fato. Dar-se conta dessa realidade é, por si só, doloroso para a autoimagem e para a autoestima. Admitir em si a existência dessa instintividade destrutiva significa colocar-se no mesmo nível das pessoas abominadas, condenadas, rejeitadas, excluídas. A superioridade, o poder, o mando, etc. fazem parte da condição humana, como fatores asseguradores de sobrevivência. Dessa feita, os aspectos de uma doutrina que permitiriam desenvolver essa consciência são negligenciados, excluídos, para serem aceitos somente aqueles que promovessem o enaltecimento pessoal.

Quando se debatem as grandes questões sociais, como a exclusão, a marginalidade, a violência, a tendência natural é responsabilizar as elites socioeconômicas pela situação, visto que elas detêm o poder e favorecem uma distribuição desigual de recursos, a exploração, o descaso pelos necessitados, etc. Os pobres, os marginalizados, os excluídos são vistos como vítimas, e as elites, como os algozes.

Do meu ponto de vista, no entanto, estamos diante das duas faces de uma moeda, uma vez que se trata de consequências derivadas da condição humana no atual estado de desenvolvimento hominídeo em que se encontra a humanidade.

Desde que a humanidade surgiu, existe o grupo que detém o poder, à custa de domínio e coerção, seja pela violência física, seja pela posse das fontes de satisfação das necessidades. Os animais sempre disputaram o poder de mando e de posse. Assim falando, assalta-nos a imagem de machos brigando entre si pela posse das fêmeas e pelo comando do grupo. Essa foi a forma que a natureza dos mamíferos encontrou como a melhor alternativa de sobrevivência individual e grupal e certamente foi transmitida filogeneticamente ao homem. Os estudos antropológicos mostram esse fato, que a história confirma. Freud teve um *insight* a respeito em suas investigações da psique dos indivíduos e aborda, em *Totem e tabu* (1913), a história da humanidade focada na figura do pai poderoso.

Cada homem procurou e procura atender às demandas de seu instinto de sobrevivência. Acresça-se o fato de que, na condição primária do ser humano, o prazer tem o significado de sobrevivência garantida, pela satisfação das necessidades e dos desejos, e o desprazer, uma ameaça à sobrevivência. Daí o culto ao prazer, ao lado da obsessão por poder, prestígio e posse de bens materiais. E, como se trata de uma condição muito primitiva, totalmente egocêntrica, tudo ocorre num contexto de competição e de utilização do outro para a consecução dos próprios interesses.

No extremo oposto estão aqueles que não reúnem condições nem de conquistar o poder, nem de buscar a posse de bens materiais para garantir de forma autônoma a própria sobrevivência. A única alternativa de sobrevivência que lhes resta é submeterem-se ao domínio do outro, deixarem-se utilizar como instrumento pelo outro para ganhar o necessário à satisfação de suas necessidades básicas. Naturalmente, sentem-se revoltados, com inveja do poder que o outro tem e eles não; incapazes de reconhecer em si as causas da própria incompetência, odeiam o outro, a quem culpam por usurpar seu lugar. Sonham um dia inverter as posições, quando, então, repetirão exatamente o mesmo esquema que o algoz lhes impinge no momento.

Por todas essas razões, entendo que um trabalho social só terá eficácia quando as pessoas envolvidas se derem conta de que não basta trabalhar um lado apenas da totalidade. Ou seja, não basta trabalhar as populações socioeconomicamente excluídas, se as populações detentoras do poder socioeconômico também não forem trabalhadas, pois ambas estão doentes, ou, melhor dizendo, ambas são expressões da mesma falta de desenvolvimento humanídeo, estão situadas no mesmo nível no processo de evolução, distinguindo-se apenas em sua forma de existir e de manifestar-se.

Por isso, sustento que um trabalho social verdadeiramente de promoção humana tem de passar, antes e necessariamente, por um trabalho educacional entendido numa perspectiva ampla e abrangente, de forma que a condição hominídea possa ser ultrapassada e se conquiste a condição humanídea.

Esse é o grande desafio, que permitirá a oprimidos e opressores desenvolver uma forma diferente de ser e estar no mundo, ao mesmo tempo que estará favorecendo às gerações futuras o contato de cada indivíduo consigo mesmo, com a essência de seu ser individual, com seus desejos e necessidades mais profundos, permitindo a cada um tornar-se de fato sujeito de sua própria história e construir seus caminhos no mundo de forma autônoma e por sua livre escolha.

Os paradigmas da educação tradicional e os desafios de uma proposta baseada nos afetos

A cultura pode ser vista como o repositório de conhecimentos, usos, costumes, habilidades, técnicas, etc., acumulado pelas gerações sucessivas, que estabelecem o *modus vivendi* consagrado como essencial e efetivo à sobrevivência humana num determinado contexto e que é transmitido às novas gerações que nele se inserem. É transmitida em parte por instrução e em parte pelas experiências vividas em práticas orientadas pelos usos e costumes, baseados no que deu certo no passado e no consenso da maioria.

No momento precoce da vida, quando o ser humano é totalmente dependente de seus cuidadores – em geral, a mãe, o pai e a família –, em face do estado de imaturidade em que nasce, a transmissão de informações e conhecimentos, valores, modos operacionais, usos e costumes ocorre de forma maciça e ativa por parte dos adultos. É o princípio do processo de socialização e humanização, por meio do qual são transmitidos conhecimentos e habilidades que são essenciais para a sobrevivência do novo ser naquele meio.

A transmissão automática e ativa da cultura pelos adultos encarregados da educação das crianças e a recepção passiva destas pela aprendizagem, que exige delas comportamento adequado e prevê programas com conteúdos preestabelecidos, constituem a tônica do processo educacional, que vai se perpetuar também nas universidades. É fácil entender a razão da persistência dessa forma de procedimento educacional. Intrinsecamente, em sua estrutura mais profunda, o educador não conhece outra modalidade de transmissão de conhecimento, sendo levado a repetir o já consagrado. Mesmo quando acredita inovar, o educador acaba fazendo variações sobre o mesmo método.

Ocorre que está inscrito no cérebro humano, sob a forma de registros de memória, que começam no nível filogenético e passam pelo ontogenético e epigenético, o modo de construção e transmissão de conhecimento, que se repete de geração em geração porque deu certo para a sobrevivência das espécies. Apesar das extraordinárias criações da mente humana, que revolucionaram e revolucionam o mundo pela tecnologia, trazendo profundas e irreversíveis modificações nos costumes e em aspectos importantes da cultura e do *modus vivendi* dos povos, como a globalização, em aspectos essenciais relacionados à condição humana, o homem tem permanecido imutável ao longo de gerações. Ou seja, essa forma consagrada de transmissão de conhecimento permite que a capacidade criadora da mente humana se manifeste restritivamente num único sentido, aquele responsável pelos grandes avanços tecnológicos em todos os campos científicos, mas não permite que essa mesma capacidade criadora se manifeste em campos mais amplos, como o que diz respeito à condição humana e à capacidade do homem de engendrar modos de ser e de conviver baseados no respeito e na aceitação mútuos, no autorrespeito, na preocupação com o bem-estar do outro e no apoio recíproco, na colaboração e no compartilhamento, abrindo espaço para a compreensão da vida e da natureza como um sistema baseado na interação e na coparticipação de todo ser vivo e na relação de interdependência com a totalidade do cosmo.

Seria enfadonho e repetitivo enumerar os erros e as mazelas da educação tradicional e dos métodos pretensamente *renovados* de ensino, que na realidade não conseguem sair do velho esquema ensino-aprendizagem e não representam senão variações sobre o mesmo tema, tendo como base a instrução. Afinal, a força do *establishment* não permite que se crie uma escola fora dos moldes reconhecidos pelas autoridades constituídas, e um aluno forjado numa instituição que não seguisse o currículo, a ordenação e a sequência dos programas oficiais seria prejudicado na vida adulta.

Penso o processo educacional numa perspectiva muito mais ampla e abrangente, que envolve a integração do ser humano ao meio desde o momento de sua concepção, passando por sua gestação e nascimento e sua inserção no meio natural e cultural, dos quais ele depende fundamentalmente para seu desenvolvimento biopsicossocioespiritual. A escola é apenas uma etapa nesse longo processo de formação e desenvolvimento do indivíduo, que certamente deveria estar orientada a estimulá-lo a desenvolver-se integradamente enquanto sujeito. Do meu ponto de vista, o papel da escola seria o de promover um desenvolvimento integrado dos aspectos biológico, psicológico, sociológico e espiritual do sujeito, e por psicológico quero significar não só o cognitivo, mas também, e integradamente com o cognitivo, o emocional. Certamente uma escola que cumprisse efetivamente essa função estaria muito longe do modelo que temos conhecido até hoje.

Nessa perspectiva, quando sou chamado a desenvolver um trabalho educacional como parte de um trabalho social de promoção humana – e nenhum trabalho social prescinde de um trabalho educacional, não há como falar em um sem o outro – envolvendo crianças, famílias e comunidades, o que tenho a lhes oferecer é o que concebo como ideal em termos de trabalho psicossocioeducacional para a humanidade, e não o que particularizo como específico para determinadas parcelas da comunidade, vistas como diferenciadas porque classificadas e estigmatizadas como carentes, excluídas, etc., a demandar supostamente uma forma específica de abordagem. Não se trata disso.

Minha proposta é cuidar dessas pessoas como seres humanos, dotadas, portanto, das características comuns aos seres humanos em geral. Como todos os demais seres humanos, encontram-se em determinados estágios de desenvolvimento, que foram aqueles que o caminho escolhido pela evolução lhes proporcionou, marcadas pelas vicissitudes próprias de suas heranças filogenéticas, ontogenéticas e epigenéticas, e que por isso necessitam de um outro ambiente para fazer florescer as potencialidades de desenvolvimento humanídeo que todos os indivíduos carregam.

Dito de outra forma, os recursos socioeducacionais que utilizo no trabalho social com essas pessoas são os mesmos que utilizaria em trabalho semelhante com pessoas, famílias e comunidades situadas no topo da pirâmide social. Certamente, se pudessem dar-se conta de si próprios, esses indivíduos veriam que precisam de ajuda idêntica à que propomos para a parcela da população situada na base da pirâmide social.

Chamo meu método educacional de *educação pelo vínculo afetivo*. Acredito firmemente que todo e qualquer processo educacional que promova uma construção de bases estruturais orgânicas, que ancoram modos de ser e de se comportar duradouros, acontece por intermédio de experiências que se fazem acompanhar de afetos, emoções e sentimentos. Esses afetos e emoções podem ser positivos ou negativos e o fato de serem positivos ou negativos fará toda a diferença no desenvolvimento psíquico do indivíduo. As situações de abandono, maus tratos, privações e frustrações vividas pela criança ficam inscritas no seu cérebro imaturo como registros de memória, juntamente com os afetos, as emoções e os sentimentos que elas provocam e estarão presentes, pela vida afora do indivíduo, na sua forma de ser e estar no mundo e na sua forma de se comportar na relação com os outros. Do mesmo modo, crianças cuidadas com atenção, carinho e compreensão terão inscritos nos seus registros de memória afetos, emoções e sentimentos positivos, que também se manifestarão na sua forma de ser e se comportar na relação com os outros na vida adulta.

Por isso enfatizo tanto a importância do papel da mãe ou do cuidador nos momentos precoces de vida do bebê. E o faço não só porque os sentimentos que presidiram essas experiências ficarão inscritos para sempre em seus registros de memória, determinando sua maneira de ser no mundo pela vida afora, mas pela importância que adquire, para o futuro desenvolvimento psíquico do indivíduo, a capacidade de alucinar que a criança desenvolve nesse momento. É preciso não esquecer que toda a mediação do mundo, nesses momentos primeiros da vida do bebê, é feita pela mãe ou cuidador, e uma criança sistematicamente tratada com atenção e afeto desenvolverá a capacidade de trazer, na sua tela mental, a imagem da mãe sempre presente, quando eventualmente essa mãe estiver ausente e a criança não puder ter suas necessidades atendidas prontamente. Uma criança nessas condições consegue até adormecer porque é capaz de acalmar-se e relaxar, visto que consegue trazer à mente a memória de uma situação passada em que a mãe a está satisfazendo. Ela revive no presente, de forma alucinatória, aquela situação do passado. Pessoas que tiveram essas vivências precoces desenvolvem segurança, esperança e confiança na vida, não sendo presas fáceis dos próprios impulsos.

Enfatizo novamente a importância da capacidade de sonhar para o equilíbrio biopsíquico do indivíduo. O sono e o sonho desempenham funções biológicas muito importantes, relacionadas ao funcionamento do sistema imunológico, e, se o indivíduo se vê privado de um dos dois, seu organismo certamente sofrerá consequências.

Freud tinha razão quando dizia que o sonho era a realização de desejos. Por isso mesmo, desempenha um papel tão importante na manutenção do equilíbrio harmonioso do organismo, relacionado à questão da sobrevivência. É sabido que um dos aspectos fundamentais da vida de qualquer ser vivo diz respeito à satisfação de suas necessidades. No caso do ser humano, não haveria por que ser diferente. No entanto, o ser humano esbarra em limitações de várias ordens, que o impedem de realizar seus desejos. Quando isso acontece, ele é obrigado, pela própria situação de seu nível de desenvolvimento, a privar-se da realização deles em função de valores mais altos que o mero instinto de sobrevivência.

Como o equilíbrio psíquico é, sim, muito importante para o equilíbrio do organismo como um todo, quando o indivíduo se vê impossibilitado de satisfazer determinados desejos, não importa a razão, essa situação vai provocar o acúmulo de cargas tensionantes no seu organismo, que mais cedo ou mais tarde provocarão desordens somáticas e dificultarão o processo de autorregulação orgânica. Nessas circunstâncias, o organismo precisa encontrar um estado de ausência de tensão e por isso lança mão de um mecanismo chamado sonho, por meio do qual o indivíduo consegue realizar um desejo, às vezes impossível ou proibido, e o organismo, por sua vez, descarrega a tensão acumulada, recobrando o equilíbrio.

O sonho é sempre a metabolização de alguma coisa, o que explica a sua importância para a restauração do equilíbrio biopsíquico do indivíduo, para o desenvolvimento de sua capacidade de ultrapassar as determinações dos instintos e para a possibilidade de caminhar em direção a um desenvolvimento humanídeo. Com a ajuda dos sonhos, os instintos perdem a premência que os caracteriza. Por isso, tanto o sonho quanto a capacidade de alucinar que o bebê desenvolve são muito importantes: colaboram para que a impulsividade característica dos instintos seja refreada, muitas vezes em nome de um valor maior.

Quando proponho a educação por vínculos, estou, acima de tudo, me contrapondo à orientação dominante, decorrente do racionalismo que permeia nossa cultura e que se manifesta em todos os níveis do conhecimento humano, seja filosófico, sociológico ou psicológico. Uma evidente manifestação dessa abordagem aparece na neurociência cognitiva e na psicologia cognitiva, herdeira do behaviorismo, e em outras correntes da psicologia, entre as quais está a psicologia genética, que também privilegiou o cognitivismo.

Não é fruto do acaso a estreita relação existente entre o cognitivismo e o construtivismo, que se baseia principalmente na construção da mente por instrução, de onde a necessidade de transmitir ao aluno pacotes de informações e de criar processos de avaliação baseados exclusivamente na capacidade de repetir pela memorização, tendo como parâmetro a resposta binária de opostos do tipo acerto e erro, sem levar em conta a emergência de uma capacidade de conhecer que é própria de cada um e as transformações intrínsecas e peculiares a cada indivíduo ao longo do tempo.

Sem dúvida nenhuma, um grande mérito cabe a Paulo Freire, o mestre de todos nós, que ousou colocar a nu o caráter político de todo ato educacional, revelando que toda educação, assim como toda atividade política, se faz sempre a favor de alguém e de alguma coisa – portanto, contra alguém e contra alguma coisa –, ao criar um método por meio do qual o indivíduo conseguisse formar uma primeira identidade de si próprio e construir-se, ainda que precariamente, na qualidade de sujeito. Trabalhando o contexto em sentido amplo no qual o indivíduo se insere e as relações pessoais e sociais que ele constrói nesse entorno, esse método lhe permite localizar-se no mundo, localizar seu ser no mundo, e formar, a partir daí, uma primeira ideia sobre quem ele é, ainda que por meio de oposições que deixam escapar a apreensão do todo. Do meu ponto de vista, embora essa metodologia tenha inegavelmente representado um grande avanço em termos pedagógicos, tanto o oprimido quanto o opressor encontram-se alienados de si próprios, não têm contato consigo mesmo, não têm noção do próprio desejo e são guiados, nas suas motivações mais profundas, por puro instinto de sobrevivência. Sem entrar no mérito de discussões epistemológicas sobre o conceito de alienação, atenho-me aqui ao significado de alienação enquanto fenômeno de ausência ou afastamento do contato do eu consigo próprio, após ter conquistado essa possibilidade. Alienação refere-se, então, à falta de contato do eu com suas necessidades mais profundas, à impossibilidade de estar consciente de si mesmo, de sua essência existencial, de suas necessidades e desejos. Esse contato o método de Paulo Freire não consegue promover. Por isso não favorece o desenvolvimento da autoconsciência, de uma verdadeira consciência de si e, a partir dela, de uma consciência do outro e de uma consciência do social.

Insisto em que não basta fornecer às populações excluídas social e economicamente instrução baseada na "consciência" dos direitos e recursos para lutar por elas próprias, usando a força e a violência para vencer a resistência de opressores e usurpadores, e necessariamente estará traçado o caminho para a construção de uma sociedade mais justa, igualitária e fraterna. Da mesma forma, não basta o domínio puro e simples da linguagem escrita, da capacidade de ler e escrever, para que o indivíduo possa ser dono de sua própria história. Não é a alfabetização em si que é importante, mas a conquista das capacidades de simbolização e abstração trazidas por ela, porque permitem chegar a formas mais elaboradas de consciência, que favorecem o dar-se conta de si mesmo, o autoconhecimento, o conhecimento e a consciência da realidade externa e dos outros, da rede de relações de interdependência em que cada um está inserido e que leva ao desenvolvimento de um comprometimento social em termos de direitos e deveres. Sem isto assegurado, é o ciclo do eterno retorno.

É por esse motivo que, sempre que os oprimidos conseguiram tomar o poder e supostamente tentaram instaurar uma nova ordem social, o esquema de dominação e espoliação permaneceu, tendo simplesmente mudado de mãos. Nada foi efetivamente feito no sentido de tornar a sociedade mais justa e menos excludente e melhorar de fato a distribuição de riqueza. A história nos confirma essa dura verdade, com exemplos recentes não só entre nós, mas também em diferentes épocas e diferentes países.

Assim, considero que a pedagogia do oprimido, construída em oposição ao que seria a pedagogia do não oprimido ou do opressor, parte de uma discriminação entre os seres humanos, de uma divisão de opostos de base moral que está enraizada num determinado contexto sociocultural e econômico, mas desconsidera uma realidade anterior e mais primordial, que é comum a oprimidos e opressores e que os faz oprimidos e opressores, dependendo do lado para o qual penda o fiel da balança. Trata-se da natureza humana, à qual oprimidos e opressores encontram-se de certa forma aprisionados.

No meu entendimento, é essa natureza humana, ou condição hominídea, em oposição à humanídea, como costumo chamar, que tem de ser ultrapassada por meio de um processo educacional em sentido amplo, que favoreça ao indivíduo o contato consigo próprio, com a essência do seu ser individual, de tal forma que ele possa localizar seu ser no mundo, saber quem ele é e quais são seus verdadeiros desejos.

Um processo educacional dessa natureza teria como objetivo tornar o indivíduo de fato sujeito de sua própria história, construindo seus caminhos no mundo de forma autônoma e por sua livre escolha, deixando de ser objeto, de um lado, de seus registros básicos de memória, que o obrigam a agir sempre da mesma forma, automática e inconscientemente, e, de outro, das determinações da cultura, que estão o tempo todo lhe dizendo como ele deve ser e do que ele deve gostar, alienando-o do contato consigo mesmo, com suas necessidades e desejos mais primordiais. Aí sim seria possível falar em uma educação que liberta e não aprisiona.

Nesse sentido, postulo para oprimidos e opressores uma educação por vínculos, a pedagogia do vínculo afetivo. Do meu ponto de vista, a alienação, no sentido aqui empregado, independe das contradições históricas que situam os sujeitos sociais em polos opostos de interesses e vivências. Antes, ocorre no terreno paradigmático da dicotomia racional-emocional, que, por sua vez, se radica na dicotomia mente-corpo que vem dominando a cultura ocidental desde o século XVII.

Acredito que é devido a essa visão extremamente fragmentada do ser humano, tão caracteristicamente presente na cultura ocidental, que foi se formando uma separação cada vez mais profunda entre racional e emocional, entre mente e corpo, a ponto de as emoções terem sido consideradas, por um bom tempo e por diversas correntes da psicologia, um entrave ao bom desenvolvimento cognitivo e intelectual do indivíduo. Acreditava-se que elas atrapalhavam esse desenvolvimento.

Minha concepção, ao contrário, parte do pressuposto de que o desenvolvimento biopsíquico do indivíduo só poderá ocorrer de maneira integral e integrada se ele tiver percorrido um caminho que parte do afetivo-emocional, enquanto primeira instância autorreguladora do organismo, para o cognitivo. Se ele tiver pulado etapas de seu desenvolvimento psíquico, é evidente que não terá condições de desenvolver-se integral e integradamente como sujeito que tem a posse de suas experiências e de sua história passada e presente para construir a história futura.

Considerações preliminares a qualquer proposta educacional

O que significa educar uma pessoa? O que é preciso considerar ao se desenhar uma proposta educacional para adultos?

Do meu ponto de vista, educar uma pessoa é levá-la a poder ter contato com a realidade, é desenvolver nela a capacidade de percepção da realidade, é dotá-la da capacidade de poder dar-se conta de si própria, de quem ela é, do que ela é constituída.

É possível imaginar quantas questões fundamentais surgirão para cada um no decorrer desse processo. A maior parte das pessoas existe e não se dá conta de sua existência. Não possuem autopercepção porque não tiveram oportunidade de desenvolvê-la. Movimentam-se por uma consciência muito primária que têm de si e da realidade, movidas pelo instinto de sobrevivência. Sendo assim, como se pode esperar que esses indivíduos, que apresentam essa condição, sejam capazes de ter uma consciência ecológica, por exemplo? Se não são capazes nem de dar-se conta de que existem em função da energia, de que a energia de que necessitam para viver provém do meio e que, por esse motivo, é preciso preservar o meio, a vegetação, para que possa existir essa troca energética com o meio, que é a base da vida, então a situação é muito mais complexa do que à primeira vista pode parecer.

Como ser humano, não tenho uma forma própria, direta, de captar a energia dos fótons, que, em última instância, é a fonte da vida. Só posso fazê-lo indiretamente. Por isso, sou dependente dos vegetais, sou dependente do meio. Não posso destruir a atmosfera, não posso destruir, por exemplo, a camada de ozônio, porque necessito da energia solar. É preciso que exista uma determinada camada de fótons em determinadas condições, em determinada frequência, que seja adequada para ser utilizada pelo ser humano e pelas plantas como fonte de energia.

Como é que o indivíduo, por mais convincente que seja seu discurso, pode ter uma consciência real da importância da manutenção desse contexto, se ele não tem uma autoconsciência verdadeira, se ele não passou por um processo educacional adequado, capaz de desenvolver nele a consciência real daquilo que é *ser* (verbo) *humano*, daquilo que ele é, daquilo que é o outro, daquilo que ele significa dentro do contexto em que ele está colocado e da importância decisiva da qualidade das relações que ele mantém com esse meio? Como posso ter respeito e fazer que as pessoas respeitem essas coisas? Como posso esperar que os homens não destruam a floresta amazônica, da mesma forma que destruíram a mata atlântica e outras matas? Como posso esperar que desenvolvam um sentimento verdadeiro em relação a esse patrimônio natural, que é de todos, é da humanidade, e do qual dependemos todos, nós e as gerações futuras?

Diversas questões precisam ser consideradas a esse respeito.

Do meu ponto de vista, não se trata simplesmente de fazer um trabalho educacional ou social que proporcione às pessoas a possibilidade de adquirir bens materiais e de alguma forma assegurar a própria sobrevivência. Não se trata de instrumentalizá-las para o mercado de trabalho com a oferta de programas profissionalizantes. Trata-se, antes, de levar as pessoas que estão na condição de excluídos, de despossuídos, sem se dar conta de si próprios, abandonados, *a sair dessa condição*. Eles não estão na condição de alienados porque estão excluídos, visto que as pessoas que os excluíram também estão tão alienadas quanto eles e são em parte responsáveis por uma exclusão econômica e social. Esses indivíduos que os excluíram estão numa posição muito próxima dos excluídos, muito mais próxima do que eles mesmos podem imaginar, em termos de autoconsciência. A diferença é que essas pessoas que excluem não podem ser abordadas diretamente por nós.

Então, precisamos começar a abordagem pelas pessoas que mais urgentemente necessitam. Enquanto trabalhamos com as camadas mais necessitadas, devemos de alguma forma proporcionar aos não excluídos o desenvolvimento de uma consciência, a fim de que possam contribuir com as questões dos excluídos. Se não por um interesse real, movidos por um sentimento de empatia e compaixão, que ao menos se deem conta do que os excluídos representam em termos de ameaça à sua própria tranquilidade, já que uma rebelião, uma situação de revolta, de violência podem ser incontroláveis. Estamos todos sentados sobre um barril de pólvora.

Além do mais, é preciso não esquecer que essa situação é explorada por aqueles que defendem uma ideologia e não têm a menor preocupação de levar os excluídos a sair dessa condição, visto que eles próprios, os defensores de ideologias, não têm consciência de si mesmos, consciência do seu meio e da relação de dependência estreita entre homem e meio, não têm consciência de fato da importância da relação com o outro. A história nos mostra que essa parcela da população é presa fácil de aproveitadores, de fanáticos, de ideólogos radicais. Todos estes, por alguma circunstância do destino, encontram-se em melhor situação do que os excluídos, do ponto de vista material; no entanto, são igualmente mobilizados pelo instinto de sobrevivência; olham para a situação e são movidos por uma reação instintiva de ódio, de raiva. A diferença entre os dois grupos está no fato de que o poder está nas mãos da chamada elite, mas a forma de ambos os grupos se ver e se colocar no mundo é muito semelhante.

Assim, se a elite for ao encontro dos marginalizados para fazer com eles algum tipo de trabalho, o que lhes transmitirá? A mesma visão de mundo, que é uma visão instintiva de ódio, de violência, da conquista pela força, de radicalismo, etc. Observamos o mesmo tipo de atitude tanto em uma facção política quanto em outra, o mesmo tipo de comportamento. Da mesma forma, o modo de fazer caridade, a caridade da Igreja, sem nenhuma preocupação em tirar os marginalizados, os excluídos, dessa condição de alienação e levá-los de fato a desenvolver uma consciência e a se envolver com o *ser humano*, com a percepção de si próprio, de sua realidade, de seu meio. Nenhum movimento social até hoje, por mais nobres que tenham sido seus propósitos, jamais se preocupou com essas questões de fato fundamentais. O resultado é que continua tudo sempre do mesmo jeito, sem qualquer possibilidade de modificação. Os indivíduos, tanto do lado da elite quanto do lado dos marginalizados, acabam funcionando num nível primitivo, mobilizados pelo instinto de sobrevivência, que os leva a adotar comportamentos predatórios, movidos pela ganância, pelo ódio e pela raiva.

A pergunta que se coloca é: por que é preciso que seja assim? É assim porque esse comportamento é humano, mas é humano enquanto os indivíduos não tiverem consciência; é um sinal da condição primitiva em que vivem, sem que se deem conta.

Quando o ser humano alcança, a partir do desenvolvimento de uma consciência profunda, a consciência do eu, a compreensão verdadeira de quem ele é, de onde ele vem, da sua relação com o meio, do que é o outro, as pessoas do grupo, da família, da comunidade, a importância que tem essa união, quanto ele depende disso, o indivíduo como que transcende o significado restrito daquilo que é material, daquilo que é relacionado à sobrevivência física, ele *sente isso efetivamente* – e aí não se trata simplesmente de um belo discurso, de pura retórica – e a vida como que alcança outro significado.

Freud considera a transcendência parte do processo de desenvolvimento humano. Ela acontece quando o ser humano é capaz de construir significados que ultrapassam a sobrevivência material, a sobrevivência física, e aquilo que é questão de vida e morte de si próprio. Quando o ser humano se dá conta de que existem valores mais altos que suplantam a própria vida, quando o homem chega a ponto de dizer que é preferível morrer honrado do que viver desonrado, ele deixa de ter medo de morrer porque existe um valor maior em jogo.

Essa é a pedagogia da transcendência, que é a base do nosso trabalho educacional exercido em sentido amplo. Uma longa experiência com a prática clínica psicanalítica e neuropsicanalítica, numa perspectiva de abordagem transdisciplinar do ser humano, permitiu-nos entender o real significado da neuroplasticidade cerebral e a potencialidade de transformação do ser humano. À medida que o indivíduo passa por determinadas experiências, criam-se nele novos circuitos neuronais, que se fortalecem e se consolidam como registros. Todos nós temos nossos registros básicos. Quando se oferece, às pessoas na condição de alienadas, de marginalizadas, a oportunidade de viver outras experiências, num contexto diferente daquele em que vivenciaram suas experiências precoces de vida, num processo educacional amplo, que tem um momento para começar, mas sem um conteúdo prefixado nem data para terminar, outros circuitos neuronais vão se formando, de tal forma que esses indivíduos passam a funcionar numa instância secundária, com base no princípio da realidade. Nesse processo, conseguem alcançar uma outra compreensão da realidade e da vida, que lhes possibilita funcionar não mais com base no mero instinto de sobrevivência, mas com base na transcendência pela conquista de novos valores. Esse seria, no nosso entender, o sentido de uma educação verdadeiramente libertária.

À medida que proporcionamos uma ajuda econômica, material, a essas pessoas, porque isso também é fundamental para que elas possam assegurar a própria sobrevivência, vamos simultaneamente dando-lhes condições para adquirir a consciência que lhes é peculiar, e não a consciência que nós queremos que elas tenham, porque não temos nenhuma bandeira, nenhuma ideologia. Se optarem pelo islamismo, tornar-se-ão islâmicos, mas certamente não se transformarão em voluntários que carregam bombas atadas ao corpo para explodir no mercado e matar inocentes. Nosso trabalho tem como objetivo que desenvolvam uma consciência profunda de si próprios e da realidade e, a partir daí, sigam seus próprios caminhos, o que só é possível num trabalho pedagógico transdisciplinar que, partindo da essência de cada ser humano, o considere em suas múltiplas dimensões.

Uma proposta educacional abrangente e includente: a pedagogia do vínculo afetivo

Já apresentamos nossas hipóteses sobre o papel decisivo dos afetos e emoções no desenvolvimento da função de autorregulação do organismo, como emergências do corpo no momento inicial da vida e que constituem a origem do psíquico e do mental do ser. Está cientificamente comprovado que, ao lado da satisfação das necessidades biológicas do bebê, fundamentais à manutenção da vida e que, satisfeitas ou não, resultarão num estado afetivo-emocional como reação do bebê, o contato do cuidador e sua relação com o bebê, em diferentes experiências afetivo-emocionais, serão fundamentais por si só para a vida do indivíduo, inclusive como elemento modulador dos estados afetivos decorrentes dos estados orgânicos.

Nossa teoria sobre os registros básicos de memória baseia-se na hipótese, comprovada por inúmeras experiências, próprias e de outros autores, de que todas as experiências afetivo-emocionais que ocorrem no momento precoce da vida do ser, bem como nas etapas imediatamente posteriores, ficam inscritas nos circuitos neuronais, nas formações sinápticas, como registros básicos de memória, que funcionarão como categorizações ou retranscrições para as experiências afetivo-emocionais posteriores. Freud e Edelman trazem a mesma concepção. Por isso as pessoas são levadas a repetir no presente os mesmos padrões de respostas e a vivenciar os mesmos afetos e emoções que presidiram as experiências do passado, sem dar-se conta absolutamente, interpretando a situação presente segundo a mesma configuração afetivo-emocional experimentada na situação original.

Sob a forma de registros básicos ficam inscritas também as crenças, os valores, as vivências, a interpretação do significado do outro, dos outros e do meio, inicialmente em referência a si mesmo, em termos de sobrevivência, e se as condições o permitirem e ocorrer o desenvolvimento psíquico, os valores e as vivências em que o outro e os outros passam a ter relevância, ocasião em que os acontecimentos podem começar a ser considerados em função do grupo e do meio, e não mais exclusivamente em função da própria sobrevivência.

Tendo essas premissas como base, a abordagem das pessoas, no nosso trabalho educacional, quer se trate de crianças, adolescentes ou adultos, qualquer que seja a condição econômica ou social, começa pela aproximação afetiva, com a criação de vínculos afetivos, com o objetivo de estabelecer uma relação de conhecimento em primeiro lugar. É fundamental dar tempo para que essa relação se aprofunde e consolide, de modo que a capacidade empática do educador e do educando e entre eles comece a desenvolver-se e a funcionar. Assim, um poderá começar a conhecer o outro para além de uma relação formal, instaurada sob o signo do formalismo das convenções sociais e do constrangimento próprio das primeiras aproximações.

Chamamos nosso método educacional de pedagogia do vínculo afetivo. Como já referimos neste mesmo capítulo, do nosso ponto de vista, todo e qualquer processo educacional que promova uma construção de bases estruturais orgânicas, que ancoram modos de ser e de se comportar duradouros, acontece por intermédio de experiências que se fazem acompanhar de afetos, emoções e sentimentos. Esses afetos e emoções podem ser positivos ou negativos e o fato de serem positivos ou negativos fará toda a diferença no desenvolvimento psíquico do indivíduo, como já reiteradamente salientamos. Por isso entendemos que todo trabalho educacional como todo trabalho terapêutico assentam-se, em primeiro lugar, sobre as mesmas bases afetivo-emocionais, construindo-se a partir de quatro eixos fundamentais: a capacidade de perceber, a si e ao outro; a capacidade de compreender o sentido que a percepção constrói a respeito de si, do outro, das coisas, dos acontecimentos e do ambiente; a capacidade de questionar-se de forma permanente sobre esse sentido, e a capacidade de estabelecer trocas e trocas criativas.

Nesse sentido, o primeiro passo de nosso trabalho educacional é que se estabeleça uma relação empática entre educador e educando, o que fatalmente acaba acontecendo pelo contato frequente entre ambos, inclusive com a família do educando, contato esse que não deve limitar-se ao formalmente estabelecido no projeto educacional, mas deve estreitar-se em encontros numerosos, não programados, de forma a aproximar afetivamente educador e educando. Nesse percurso, os educandos vão de fato conhecendo o educador, cuja figura aos poucos perde o ar de formalidade, passando a ser vista como "gente como a gente". Da perspectiva do educador, os educandos vão sendo conhecidos e observados no processo de estabelecer vínculos, o que permitirá identificar o modelo de registros básicos que trazem dentro de si, na maioria das vezes de forma mais fiel e verdadeira do que qualquer relato de vida. Será na participação no cotidiano da vida do educando que o educador poderá conhecer valores, impulsos, tendências, influências, desejos, sonhos, elementos que constituem a matéria-prima com a qual deverá trabalhar para levá-lo a dar-se conta de si mesmo ou a aprofundar a autoconsciência, colocando-se lado a lado com ele para pensar, refletir, aprender a perscrutar os próprios desejos e necessidades, trocar ideias, descobrir caminhos e alternativas à própria vida, pensar criticamente sobre a forma como agiu, o que ouviu, etc.

O trabalho dos educadores não se refere propriamente a levar educação formal ou programas de capacitação ou formação profissional a essas pessoas. Nossa abordagem não vê a educação como transferência de informação nem o conhecimento como aquisição de informação, mas como a possibilidade de construir, com cada indivíduo, caminhos de aprendizagem que sejam ao mesmo tempo caminhos de transformação desse sujeito do conhecimento. Na base dessa atitude está a construção de um processo eminentemente dinâmico de conhecimento e autoconhecimento, em que a participação ativa do sujeito, com as funções de atenção e percepção em alerta, faz emergir um sentido para o seu objeto de conhecimento, emergência essa que se constrói sempre a partir de um referencial que é o do sujeito. Assim, o caminho de aprendizagem de cada indivíduo é único e absolutamente pessoal, porque se constrói a partir da sua historia filogenética, ontogenética e epigenética, o que significa dizer que cada um constrói o seu caminho a partir da sua biografia. Nesse sentido também, não há como falar em neutralidade do conhecimento nem em conhecimento racional do objeto, como uma instância absolutamente separada do sujeito, que pode ser apreendida sem nenhuma interferência daquele que conhece. Todo ato de conhecimento é sempre referido aos valores do sujeito que conhece. Por isso não há como falar em sujeito e objeto do conhecimento como instâncias separadas e independentes. O mito da objetividade e da neutralidade científica do conhecimento é apenas um mito.

É parte do trabalho dos educadores adotar uma atitude mediatizadora entre as necessidades e os desejos dos educandos e as instituições ou pessoas que possam atendê-los de alguma forma na comunidade local ou fora dela, *após o trabalho de contato e conscientização*. Também não cabe ao educador fomentar a adesão a atividades de cunho ideológico, nem fazer pregações contra a injustiça social ou acirrar o ódio contra as elites.

O trabalho dos educadores consiste, antes de tudo, em desenvolver com os educandos uma relação de tal qualidade que supra justamente aquilo que lhes faltou no seu desenvolvimento precoce ou que lhes trouxe consequências danosas para sua formação. A ideia é desenvolver com essas pessoas uma relação que lhes permita restaurar ou criar um núcleo de confiança e esperança, a partir do qual possa ser criado o núcleo de identidade de que essas pessoas carecem, para, só então, desenvolver o desejo, o objeto do desejo e a capacidade de sonhar, que prenuncia a confiança de que com o próprio esforço, determinação e trabalho será possível alcançar o que se almeja.

Como se pode depreender, trata-se de um trabalho profundo de mudança das experiências afetivo-emocionais registradas e que possibilitará mudanças nos níveis de consciência de si mesmo e do outro, construindo ou retomando o caminho do desenvolvimento humanídeo de cada um. É por meio do estabelecimento de um vínculo afetivo-emocional de alta qualidade em termos humanísticos, perdido ou nunca vivenciado, que será possível construir a própria identidade e tudo o mais que daí decorre em termos psíquicos.

Cada educador torna-se responsável por um determinado grupo de pessoas na comunidade e um ponto de referência no processo de desenvolvimento delas. Por intermédio de seu trabalho, o educador buscará formar multiplicadores no próprio grupo pelo qual é responsável, trabalhando segundo a premissa de transformar cada uma das pessoas que atende em educador dentro da própria comunidade. À medida que isso for acontecendo, caberá a cada educador supervisionar o trabalho de cada multiplicador que ajudou a formar.

A ideia que anima essa metodologia é a de que cada comunidade, cada grupo social está imerso numa grande complexidade, que os pressiona de todos os lados em demandas de toda ordem que precisam de alguma forma ser confrontadas e resolvidas, para que a sobrevivência seja assegurada e não se instale o caos total. Tanto o educador como o multiplicador, e este mais do que aquele porque em geral vive no grupo há tempo e o conhece em profundidade, devem funcionar como elementos estruturantes, que têm condição de extrair alguma ordem dessa grande complexidade que é o grupo e trabalhar a partir dela em projetos que mobilizem a comunidade e a façam estruturar-se a fim de desenvolver-se em vários sentidos, inclusive do ponto de vista econômico e material. A ideia é que, com a formação de multiplicadores, formem-se na comunidade redes de relações entre os indivíduos e redes de redes, de tal forma que emerjam da dinâmica de todos esses atores sociais em sinergia projetos que se espalhem e atinjam outros grupos, sempre trabalhando para desenvolver a comunidade e capacitá-la a atender as demandas das pessoas e das famílias que a constituem.

Entende-se que as pessoas, assim como os grupos sociais e as organizações, são organismos vivos, que precisam aprender todo dia para poder lidar com um ambiente extremamente complexo, desafiador, inovador em vários sentidos, no qual a todo momento surgem novas demandas, novos conhecimentos, novos desafios. Quem aprende são as pessoas. Por isso, uma pessoa aprisionada nos seus registros básicos de memória, paralisada em seu desenvolvimento em função de vicissitudes por que passou na sua história precoce, não aprende nada, não consegue trocar com o ambiente. Para poder participar, ser um agente autônomo e contribuir em trocas criativas com o outro e com o ambiente, a pessoa precisa ser livre. Isso significa que precisará poder manifestar essa liberdade, muitas vezes expressa em pontos de vistas discordantes, o que em alguns momentos levará a brigas e discussões. Por isso é preciso aprender a desenvolver uma tolerância positiva e a buscar confluências, convergências, num ambiente aparentemente caótico, em que todos falam e ninguém se entende. Nesse sentido, o papel do educador é muito importante num primeiro momento, porque funcionará como elemento estruturante, capaz de aproveitar a sinergia dos atores e transformá-la em energia produtiva para o grupo.

A ideia é que a comunidade possa estruturar-se e desenvolver-se a partir do trabalho de seus próprios membros, numa primeira etapa com a ajuda do educador e da organização que o apoia, e num segundo momento sob a sua supervisão, até que adquira condições de se autogerir, criando no presente as condições necessárias, inclusive materiais, para a emergência de um futuro próximo que não seja de exclusão social, mas de inclusão verdadeira e efetiva e de reais possibilidades de desenvolvimento para seus membros.

Os educadores, que supervisionarão todo esse trabalho, constituem peça-chave nesse processo educacional e terão o respaldo estratégico de profissionais com vasta experiência na área psicológica, além da ajuda material de uma organização que apoie o projeto como um todo. Os critérios que devem presidir a sua seleção devem basear-se nas características emocionais das pessoas, identificadas em entrevistas de seleção pela capacidade de se emocionar com a situação dos outros, com as vivências, próprias ou alheias, de dor e perda de pessoas, animais, objetos, que trouxeram ou não aprendizagens de superação; pela flexibilidade no julgamento dos outros; pela capacidade de escuta e de consideração da opinião do outro; pela capacidade de acolhimento e de tolerância ao diferente, à crítica, à frustração, etc.

O processo de formação dos educadores deve focar muito mais a qualidade do vínculo afetivo que se estabelece no aqui-agora da situação vivenciada com os educandos do que propriamente no cumprimento de uma tarefa proposta. Por isso, é imprescindível que os educadores, no seu processo de formação, passem por vivências por meio das quais possam tomar contato com um novo parâmetro de valor para os sentimentos e o comportamento humanos, não mais baseado em critérios maniqueístas de bom ou ruim, certo ou errado, mas baseado na compreensão de que se trata de expressões próprias da condição humana de desenvolvimento, que podem ser adequadas ou não, construtivas ou não para si próprio e para a dinâmica de crescimento e desenvolvimento do grupo, e que precisam ser ultrapassadas.

A pedra de toque do trabalho do educador com os educandos, no aqui-agora das situações individuais e grupais vivenciadas, deve ser a postura de estar presente com as funções de atenção e percepção em alerta. É esse estado que possibilitará a autopercepção constante de si mesmo para monitorar o que se passa com as próprias emoções e sentimentos e poder usá-los como dados indicativos do que vai se passando com o outro, verificar o grau de empatia que está se estabelecendo na relação e captar o que vem do outro em mensagens não ditas, não verbais. O desenvolvimento dessa capacidade de percepção de si e do outro é fundamental em todo trabalho educacional, pois é por meio dela que o educador poderá ajudar as pessoas que não conseguem comunicar os próprios sentimentos e problemas, seja por inibição, por registros repressivos, seja pela falta de desenvolvimento da capacidade de comunicação. O papel do educador, nessas circunstâncias, é semelhante ao papel da mãe na sua relação com o bebê, que capta ou adivinha o que se passa com ele.

À medida que, com a experiência, os educadores forem refinando sua capacidade de autopercepção, desenvolverão a capacidade de discriminar melhor as vivências afetivo-emocionais que são suas e as que são de outra pessoa, em cada situação. A experiência neuropsicanalítica mostra que, nessas situações, os neurônios-espelho, que são responsáveis pelos fenômenos de empatia na relação, ampliam suas funções. Por isso mesmo os educadores devem ser treinados para não ter medo de errar, já que, uma vez que fizeram sua intervenção, devem, com a participação dos educandos, fazer a avaliação dos resultados e, se for o caso, ter coragem de admitir o erro e refazer a experiência, escolhendo dar um outro direcionamento para o trabalho. Dessa forma, a dinâmica se constrói a partir de um contínuo de realização de experiências e avaliação de resultados, em que, em grande parte das situações, é necessário fazer para testar, verificar o resultado e suportar as consequências.

Assim, uma das características desse tipo de trabalho é não haver um roteiro de ação preestabelecido para o educador. O objetivo é, de fato, conhecer as pessoas na sua individualidade, nas suas qualidades e necessidades específicas, a partir das quais o trabalho será desencadeado. Nesse sentido, não existe uma receita ou um plano específico para ser utilizado pelo educador. A direção do trabalho a ser desenvolvido será dada pela sensibilidade de cada educador; o trabalho a ser realizado será criação sua e sua responsabilidade, enquanto os ajustes e reajustes necessários serão feitos na dinâmica do processo de acompanhamento. O educador, naturalmente, não estará sozinho nesse processo todo, devendo contar com a retaguarda de educadores sêniores, que acompanharão o trabalho *pari passu*, e do *staff* representado pelos especialistas na área de psicologia.

Apesar de haver uma meta a ser alcançada no final do processo, os objetivos graduais, estratégicos, em função do próprio método utilizado, não são fixos e vão sendo estabelecidos a cada etapa percorrida. Pretende-se que o método imite o fluxo da natureza e da vida, como nós o percebemos. Nesse sentido, o trabalho começa com uma intervenção do educador, que desencadeia uma série de situações que chamamos de consequências, as quais só ficamos conhecendo depois que emergem. A segunda etapa do trabalho tem início com essas ações consequentes, em função das quais o educador opta por realizar uma determinada ação durante o processo de acompanhamento, cujas consequências serão esperadas, e assim sucessivamente. Acreditamos que um objetivo final fixo contrariaria o andamento natural do processo de desenvolvimento das pessoas, à medida que estaríamos impondo um sentido e um direcionamento para o trabalho, de modo a alcançar um objetivo predeterminado pelo educador. Se os resultados podem ser mais ricos e positivos nesse processo, a incerteza e a imprevisibilidade que permeiam todo o trabalho exigem muito mais dos educadores da linha de frente e do pessoal especializado de apoio. Por isso é preciso contar com pessoal altamente capacitado para o trabalho e educadores de fato imbuídos dos ideais de desenvolvimento humanídeo preconizados pelo método.

Referências

Abraham, K. (1980). *Contribuciones a la teoría de la libido*. Buenos Aires: Hormé.

Ádám, G. (1998). *Visceral perception: understanding internal cognition*. New York: Plenum Press.

Albright, T. D., Jessell, T., Kandel, E. R., & Posner, M. (2000). Neural science: a century of progress and the mysteries that remain. *Neuron, 25 (Millenial Review Supplement)*, S1-S55.

Andreasen, N. C. (2001). *Brave new brain: conquering mental illness in the era of the genome*. Oxford: Oxford University Press.

Arendt, H. (1992). *A vida do espírito: o pensar, o querer, o julgar*. Rio de Janeiro: Relume Dumará.

Bachelard, G. (2004). *Ensaio sobre o conhecimento aproximado*. Rio de Janeiro: Contraponto.

Baddeley, A. (1995). *Working memory*. Oxford: Oxford University Press.

Baddeley, A., & Weiskrantz, L. (Eds.) (1995). *Attention. Selection. Awareness and control*. New York: Oxford University Press.

Baron-Cohen, S., Tager-Fleisberg, H., & Cohen, D. J. (Eds.) (1994). *Understanding other minds: perspectives from autism*. New York: Oxford University Press.

Bateson, G. (1991). *Une unité sacrée: quelques pas de plus vers une écologie de l'esprit*. Paris: Seuil.

Baudrillard, J. (1981). *Simulacres et simulation*. Paris: Galilée.

Bauman, Z. (2006a). *Globalização: as consequências humanas*. Rio de Janeiro: Zahar.

Bauman, Z. (2006b). *O mal-estar da pós-modernidade*. Rio de Janeiro: Zahar.

Bauman, Z. (2008). *Vida para consumo: a transformação das pessoas em mercadoria*. Rio de Janeiro: Zahar.

Bauman, Z. (2009a). *Amor líquido*. Rio de Janeiro: Zahar.

Bauman, Z. (2009b). *Comunidade*. Rio de Janeiro: Zahar.

Bedau, M. A., & Humphreys, P. (Eds.) (2008). *Emergence: contemporary readings in philosophy and science*. Cambridge: The MIT Press.

Benedetti, F. (2009). *Placebo effects: understanding the mechanisms in health and disease*. New York: Oxford University Press.

Berger, P. (1973). *Perspectivas sociológicas: uma visão humanística*. Petrópolis: Vozes.

Berger, P., & Luckmann, T. (1974). *A construção social da realidade: tratado de sociologia do conhecimento*. Petrópolis: Vozes.

Bermudez, J. L., Marcel, A., & Eilan, N. (1995). *The body and the self*. Massachusetts: The MIT Press.

Bermudez, J. L., Marcel, A., & Eilan, N. (1998). *The paradox of self-consciousness*. Massachusetts: The MIT Press.

Berry, D. C. (1997). *How implicit is implicit learning*. Oxford: Oxford University Press.

Bilder, R., & LeFever, F. F. (Eds.) (s. d.). *Neuroscience of the mind on the Centennial of Freud's "Project for a Scientific Psychology"*. New York: The New York Academy of Sciences.

Bion, W. (1961). *Experiences in groups*. London: Tavistock Publications.

Bion, W. (1962). *Learning from experience*. London: William Heinemann.

Bion, W. (1963). *Elements of psycho-analysis*. London: William Heinemann.

Bion, W. (1965). *Transformations*. London: William Heinemann.

Bion, W. (1967). *Second thoughts*. London: William Heinemann.

Bion, W. (1970). *Attention and interpretation*. London: Tavistock Publications.

Bion, W. (1975). *A memoir of the future. The dream*. Rio de Janeiro: Imago. Book 1.

Bion, W. (1977a). *A memoir of the future. The past presented*. Rio de Janeiro: Imago. Book 2.

Bion, W. (1977b). *Two papers: the Grid and Caesura*. Rio de Janeiro: Imago.

Bion, W. (1987). *Clinical seminar and four papers*. Abingdon: Fleetwood Press.

Bion, W. (1992). *Cogitations*. London: Karnac Books.

Blalock, J. E. (Ed.) (1997). *Neuroimmunoendocrinology*. Basel: Karger.

Bohm, D. (2001). *Sobre el dialogo*. Barcelona: Kairós.

Bornstein, D. (2005). *Como mudar o mundo: empreendedores sociais e o poder das novas ideias*. Rio de Janeiro: Record.

Bowlby, J. (1960). Grief and mourning in infancy and early childhood. *Psychoanal. Study Child*, 15: 9-52.

Bowlby, J. (1969). *Attachment and loss*. New York: Basic Books. v. 1 e 2.

Brooks, D. R., & Wiley, E. O. (1988). *Evolution as entropy: toward a unified theory of biology*. Chicago: The University of Chicago Press.

Buber, M. (2001). *Eu e tu*. São Paulo: Centauro.

Busnel, M. C. (2002). *Relação mãe-feto: visão atual das neurociências*. São Paulo: Casa do Psicólogo.

Byrne, R. (1995). *The thinking ape: evolutionary origins of intelligence.* Oxford: Oxford University Press.

Cairns-Smith, A. G. (1999). *Secrets of the mind: a tale of discovery and mistaken identity.* New York: Copernicus.

Capra, F. (1983). *O tao da física.* São Paulo: Cultrix.

Capra, F. (1984). *O ponto de mutação.* São Paulo: Cultrix.

Carter, C. S., Lederhendler, I. I., & Kirpatrick, B. (1998). *The integrative neurobiology of affiliation.* New York: An. of New York Acad. of Science.

Céline, L. F. (1998). *A vida e a obra de Semmelweis.* São Paulo: Companhia das Letras.

Changeux, J. P. (1986). *L'homme neuronal.* Paris: PUF.

Changeux, J. P. (1994). *Raison et plaisir.* Paris: Editions Odile Jacob.

Chemorini, J. (1997). *Psychanalyse et anthropologie: Lévi-Strauss et Freud.* Montreal: L'Harmattan.

Chomsky, N. (1969). *Language and mind.* New York: Harcourt, Brace & World.

Chomsky, N. (1975). *Reflections on language.* New York: Pantheon.

Chomsky, N. (2000). *New horizons in the study of language and mind.* Cambridge: Cambridge University Press.

Churchland, P. M. (2004). *Matéria e consciência: uma introdução contemporânea à filosofia da mente.* São Paulo: Unesp.

Clyman, R. (1991).The procedural organization of emotion: a contribution from cognitive science to the psychoanalytic therapy of therapy action. *J. Am. Psychoanal. Assoc., 39*: 349-381.

Cohen, N. J., & Eichenbaum, H. (1994). *Memory, amnesia, and the hippocampal system.* Cambridge: The MIT Press.

Conway, M. (Ed.) (1997). *Recovered memories and false memories*. Oxford: Oxford University Press.

Corrigall, J., & Wilkinson, H. (Eds.) (2003). *Revolutionary connections: psychotherapy and neuroscience*. London: Karnac.

Costa, N. C. A. da (1997). *O conhecimento científico*. São Paulo: Discurso Editorial.

Cowan, N. (1995). *Attention and memory: an integrated framework*. New York: Oxford University Press.

Cozolino, L. (2002). *The neuroscience of psychotherapy: building and rebuilding the human brain*. New York: W. W. Norton and Company.

Cyrulnik, B. (2001). *La maravilla del dolor: el sentido de la resiliencia*. Barcelona: Granica.

Cyrulnik, B. (2002). *El encantamiento del mundo*. Barcelona: Gedesa Editorial.

Cyrulnik, B. (2005). *O murmúrio dos fantasmas*. São Paulo: Martins Fontes.

Cyrulnik, B. (2006). *Falar de amor à beira do abismo*. São Paulo: Martins Fontes.

Cyrulnik, B., Tomkiewicz, S., Guénard, T. et al. (2004). *El realismo de la esperanza. Testimonios de experiencias profesionales en torno a la resiliencia*. Barcelona: Gedesa Editorial.

Cziko, G. (1995). *Without miracles: universal selection theory and the second darwinian revolution*. Cambridge: The MIT Press.

Dahl, R., & Spear, L. (Eds.) (2004). *Adolescent brain development: vulnerabilities and opportunities*. New York: The New York Academy of Sciences.

Damásio, A. R. (1994). *Descartes's error*. New York: Grosset/Putnam.

Damásio, A. R. (2000). *The feeling of what happens: body and emotion in the making of consciousness*. New York: Harvest Books.

Damásio, A. R. (2001). *O sentimento de si*. Lisboa: Publicações Europa-América.

Damásio, A. R. (2003). *Looking for Spinoza: joy, sorrow and the feeling brain*. New York: Harcourt.

Darwin, C. (1964). *On the origin of species by means of natural selection, or the preservation of favoured races in the struggle for life*. Cambridge: Harvard University Press. (edição fac-similar)

Darwin, C. (1981). *The descent of man, and selection in relation to sex*. Princeton: Princeton University Press. (edição fac-similar)

Darwin, C. (1998). *The variations of animals and plants under domestication*. Baltimore: John Hopkins University Press. (edição fac-similar)

Darwin, C. (2000). *A expressão das emoções no homem e nos animais*. São Paulo: Companhia das Letras.

Devlin, K. (1997). *Goodbye, Descartes. The end of logic and the search for a new cosmology of the mind*. New York: John Wiley and Sons.

Edelman, G. (1989a). *The remembered present: a biological theory of consciousness*. New York: Basic Books.

Edelman, G. (1989b). *Neural darwinism: the theory of neuronal group selection*. Oxford: Oxford University Press.

Edelman, G. (1992). *Bright air, brilliant fire: on the matter of the mind*. New York: Basic Books.

Edelman, G., & Tononi, G. (2000). *A universe of consciousness: how matter becomes imagination*. New York: Basic Books.

Edelman, G. (2004). *Wider than the sky: the phenomenal gift of consciousness*. New Haven: Yale University Press.

Ekeland, I. (1987). *O cálculo e o imprevisto*. São Paulo: Martins Fontes.

Ekman, P., Campos, J. J., & Davidson, R. et al. (Eds.) (2003). *Emotions inside out. 130 years after Darwin's The Expression of the Emotions in Man and Animals*. New York: The New York Academy of Sciences.

Referências

Ellenberger, H. (1970). *The discovery of the unconscious: the history and evolution of dynamic psychiatry.* New York: Basic Books.

Elman, J., Bates, E. A., Johnson, M. H. et al (Eds.) (1996). *Rethinking innateness: a connectionist perspective on development.* Cambridge: The MIT Press.

Epstein, M. (1996). *Thoughts without a thinker: psychotherapy from a buddist perspective.* UK: Duckworth.

Érdi, P. (2008). *Complexity explained.* Berlin: Springer-Verlag.

Espinosa. (1992). *Ética.* Lisboa: Relógio D'Água.

Fazeli, M. S., & Coligridge, G. L. (1996). *Cortical plasticity.* Oxford: Bio Sci. Pub.

Feltz, B., Crommelinck, M., & Goujon, P. (Eds.) (2006). *Self-organization and emergence in life sciences.* The Netherlands: Springer.

Ferenczi, S. (1990). *Thalassa: ensaio sobre a teoria da genitalidade.* São Paulo: Martins Fontes.

Feyerabend, P. (1987). *Adiós a la razón.* Madrid: Tecnos.

Foerster, H. von (1960). On self-organizing systems and their environments. In M. C. Yovits & S. Cameron, *Self-organizing systems.* London: Pergamon Press.

Foerster, H. von (1962a). Bio-logic. In E. E. Bernard & M. A. Kare, *Biological prototypes and synthetic systems.* New York: Plenum Press.

Foerster, H. von (1962b). Time and memory. In R. Fischer (Ed.), *Interdisciplinary perspectives of time.* New York: New York Academy of Sciences.

Foerster, H. von (1973). On constructing a reality. In F. E. Preiser, *Environmental design research.* Stroudberg: Dowden, Richardson and Ross.

Foerster, H. von (1995). Ethics and second order cybernetics. In Constructions of the mind: artificial intelligence and the humanities. *Stanford Humanities Revue 4*, n. 2, p. 308-327.

Foley, R. (2003). *Os humanos antes da humanidade: uma perspectiva evolucionista.* São Paulo: Unesp.

Fonagy, P. (2001). *Attachment theory and psychoanalysis.* London: Karnac.

Fonagy, P., Gergely, G., Juriste, E. L., & Target, M. (2000). *Affect regulation, mentalization, and the development of the self.* Cambridge: Cambridge University Press.

François-Jacob. (s. d.). *O jogo dos possíveis: ensaio sobre a diversidade do mundo vivo.* Lisboa: Gradiva.

François-Jacob. (1983). *A lógica da vida: uma história da hereditariedade.* Rio de Janeiro: Graal.

Freire, P. (1967). *Educação como prática da liberdade.* Rio de Janeiro: Paz e Terra.

Freire, P. (1970). *Pedagogia do oprimido.* Rio de Janeiro: Paz e Terra.

Freire, P. (1977). *Cartas a Guiné-Bissau: registros de uma experiência em processo.* Rio de Janeiro: Paz e Terra.

Freire, P. (1991). *A importância do ato de ler.* São Paulo: Cortez.

Freire, P. (1994). *Pedagogia da esperança: um reencontro com a pedagogia do oprimido.* Rio de Janeiro: Paz e Terra.

Freud, S. (1996). *Edição "Standard" Brasileira das Obras Psicológicas Completas de Sigmund Freud* (Vol. 1 a 24). Rio de Janeiro: Imago.

Freud, S. (1998). *Um estudo autobiográfico.* Rio de Janeiro: Imago.

Fuster, J. M. (2003). *Cortex and mind: unifying cognition.* New York: Oxford University Press.

Gazzaniga, M. (1992). *Nature's mind: the biological roots of thinking, emotions, sexuality, language and intelligence.* New York: Basic Books.

Referências

Gazzaniga, M. (1997). *Conversations in the cognitive neurosciences*. Cambridge: The MIT Press.

Gazzaniga, M. (1998a). *The mind's past*. California: University of California Press.

Gazzaniga, M. (1998b). *El pasado de la mente*. Barcelona: Editorial Andres Bello.

Gelder, B. de, Haan, E. de, & Heywood, C. (2001). *Out of mind: varieties of unconscious processes*. Oxford: Oxford University Press.

Gell-Mann, M. (1994). *The quark and the jaguar: adventures in the simple and in the complex*. New York: Freeman.

Glaser, R., & KIecolt-Glaser, J. (Eds.) (1994). *Handbook of human stress and immunity*. San Diego: Academic Press.

Gleiser, M. (2008). *Mundos invisíveis*. São Paulo: Globo.

Gleiser, M. (2010). *Criação imperfeita*. Rio de Janeiro: Record.

Goldberg, E. (2002). *O cérebro executivo: lobos frontais e mente civilizada*. Rio de Janeiro: Imago.

Goldberg, E. (Ed.) (1990). *Contemporary neuropsychology and the legacy of Luria*. Hillsdale: Lawrence Erlbaum Associates.

Goleman, D. (2001). *Inteligência emocional: a teoria revolucionária que redefine o que é ser inteligente*. Rio de Janeiro: Objetiva.

Goleman, D., & Dalai Lama (2003). *Como lidar com emoções destrutivas para viver em paz com você e os outros*. Rio de Janeiro: Elsevier.

Grafman, J., Holyik, K. J., & Bpller, F. (1995). *Structure and functions of the prefrontal cortex*. New York: Annals New York Academy of Sciences.

Green, A. (1998). Sobre a discriminação e a indiscriminação afeto-representação. *Rev. Bras. Psicanal.*, *32* (3).

Greene, B. (2001). *O universo elegante: supercordas, dimensões ocultas e a busca da teoria definitiva*. São Paulo: Companhia das Letras.

Grof, S. (1987). *Além do cérebro: nascimento, morte e transcendência em psicoterapia*. São Paulo: McGraw-Hill.

Guimon, J. (1997). *The body in psychotherapy*. Basel: Karger.

Hameroff, S. R., & Penrose, S. (1996). Orchestrated reduction of quantum coherence in brain microtubule: a model for consciousness? In S. R. Hameroff, A. W. Kaszniak, & A. C. Scott (Eds.) (1996). *Toward a science of consciousness I: The First Tucson Discussions and Debates*. Cambridge: MIT Press, p. 507-540.

Hameroff, S. R., Kaszniak, A. W., & Scott, A. C. (Eds.) (1998). More neural than thou (a reply to Patricia Churchland). In S. R. Hameroff, A. W. Kaszniak, & A. C. Scott, *Toward a science of consciousness II: The Second Tucson Discussions and Debates*. Cambridge: MIT Press, p. 197-213.

Hameroff, S. R. (1998). Funda-mentally: is the conscious mind subtly linked to a basic level of the universe? *Trends in Cognitive Science*, 2(4): 119-127.

Hameroff, S. R., Hagan, S., & Tuszinsky, J. (2002). Quantum computation in microtubules? Decoherence and biological feasibility. *Physical Reviews E*, 65(6), 061901.

Hameroff, S. R. (2007). Consciousness, neurobiology and quantum mechanics: the case for a connection. In J. Tuszinsky (Ed.), *The emerging physics of consciousness*. Springer-Verlag.

Heisenberg. (1996). *A parte e o todo*. Rio de Janeiro: Contraponto.

Highstein, S., & Thach, W. T. (Eds.) (2002). *The cerebellum: recent developments in cerebellar research*. New York: The New York Academy of Sciences.

Hobson, J. A. (1999). *Dreaming as delirium: how the brain goes out of its mind*. Cambridge: The MIT Press.

Holland, J. H. (1999). *From chaos to order*. Cambridge: Perseus Books.

Horgan, J. (1998). *O fim da ciência: uma discussão sobre os limites do conhecimento científico*. São Paulo: Companhia das Letras.

Horn, G. (1985). *Memory, imprinting, and the brain: an injury into mechanisms*. Oxford: Clarendon Press.

Horowitz, M. J. (Ed.) (1999). *Essential papers on posttraumatic stress disorder*. New York: New York University Press.

Houk, J., Davis, J., & Bieser, D. G. (1995). *Models of information processing in the basal ganglia*. Cambridge: The MIT Press.

Husserl, E. (2001). *Meditações cartesianas: introdução à fenomenologia*. São Paulo: Madras Editora.

Hyman, S. E., & Nestler, E. J. (1993). *The molecular foundations of psychiatry*. Washington, D. C.: American Psychiatric Press.

Jablonka, E., & Lamb, M. J. (2010). *Evolução em quatro dimensões: DNA, comportamento e a história da vida*. São Paulo: Companhia das Letras.

Jackson, J. H. (1998). *Evolution and dissolution of the nervous system*. Bristol: Thoemmes Press.

James, W. (1950). *The principles of psychology*. EUA: Dover Publications.

James, W. (2001). *Talks to teachers on psychology and to students on some of life´s ideals*. EUA: Dover Publications.

Juarrero, A., & Rubino, C. A. (2008). *Emergence, complexity, and self-organization. Precursors and prototypes*. USA: ISCE Publishing.

Juignet, P. (1986). *De la neuropathologie à la psychopathologie*. Paris: Editions Findakly.

Junqueira Filho, L. C. U. (Org.) (1995). *Corpo-mente: uma fronteira móvel*. São Paulo: Casa do Psicólogo.

Kandel, E. (2006). *In search of memory: the emergence of a new science of mind*. New York: W. W. Norton & Company.

Kaplan-Solms, K., & Solms, M. (2000). *Clinical studies in neuro-psychoanalysis: introduction to a depth neuropsychology*. London: Karnac Books.

Kauffman, S. (1993). *Origins of order: self-organization and selection in evolution*. Oxford: Oxford University Press.

Kauffman, S. (1995). *At home in the universe*. England: Penguin Books.

Kauffman, S. (2008). *Reinventing the sacred: a new view of science, reason, and religion*. Oxford: Oxford University Press.

Kimura, M., & Graybiel, A. M. (1995). *Functions of the cortical basal ganglia loop*. Tokyo: Springer.

King, J. A., Ferris, C. F., & Lederhendler, I. (Eds.) (2003). *Roots of mental illness in children*. New York: The New York Academy of Sciences.

Kolk, B. A. van der, McFarlane, A. C., & Weisaeth, L. (Eds.) (1996). *Traumatic stress: the effects of overwhelming experience on mind, body, and society*. New York: The Guilford Press.

Krasnegor, N. A., Lyon, G. R., & Goldman-Rakic, P. S. (Eds.) (1997). *Developments of the prefrontal cortex: evolution, neurobiology, and behavior*. Baltimore: Paul H. Brookes.

Kuhn, T. (1989). *A tensão essencial*. Lisboa: Edições 70.

Kuhn, T. (1990). *A revolução copernicana: a astronomia planetária no desenvolvimento do pensamento ocidental*. Lisboa: Edições 70.

Kuhn, T. (2003). *A estrutura das revoluções científicas*. São Paulo: Perspectiva.

Kuhn, T. (2006). *O caminho desde a estrutura*. São Paulo: Unesp.

Laplanche, J. (1992). *O inconsiente e o Id*. São Paulo: Martins Fontes.

Laplanche, J. (1995). A psicanálise como anti-hermenêutica. *Psicanalítica*, v. 3, n. 3, 71-86.

Laplanche, J. (1997). Breve tratado do inconsciente. *Psicanalítica*, v. 5, n. 5, 7-43.

Laplanche, J. (1998). *A angústia*. São Paulo: Martins Fontes.

Laplanche, J., & Pontalis, J.-B. (1967). *Vocabulaire de la psychanalyse*. Paris: PUF.

Laplanche, J., & Pontalis, J.-B. (1985). *Fantasme originaire, fantasmes des origines, origines du fantasme*. Paris: Hachette.

Lazlo, E. (2006). *Science and the reenchantment of the cosmos. The rise of the integral vision of reality*. Rochester: Inner Traditions.

Lazlo, E. (2007). *Science and the Akashic field: an integral theory of everything*. Rochester: Inner Traditions.

Lazlo, E. (2008). *Quantum shift in the global brain: how the new scientific reality can change us and our world*. Rochester: Inner Traditions.

Lazlo, E., & Seidel, P. (Eds.) (2006). *Global survival: the challenge and its implications for thinking and acting*. New York: Select Books.

LeDoux, J. (1998). *O cérebro emocional: os misteriosos alicerces da vida emocional*. Rio de Janeiro: Objetiva.

LeDoux, J. (2002). *Synaptic self: how our brains become who we are*. New York: Viking.

LeDoux, J., Debiec, J., & Moss, H. (Eds.) (2003).*The self from soul to brain*. New York: The New York Academy of Sciences.

Levin, F. M. (1991). *Mapping the mind*. London: The Analytic Press.

Levinas, E. (1978). *Autrement qu'être ou au-delà de l'essence*. Paris: Martinus Nijhoff.

Levinas, E. (1993). *Dieu, la mort et le temps*. Paris: Grasset.

Levinas, E. (1995). *Alterité et transcendance*. Paris: Fata Morgana.

Levine, S., Van Oers, H., & De Kloet, R. (Septembre 1995). *Early experiences permanently alter the adult HPA systems*. 26th Congress of International Society of Psychoneuroendocrinology (ISPNE), Munich.

Lévi-Strauss, C. *Antropologia estrutural* (4a ed.). Rio de Janeiro: Edições Tempo Brasileiro.

Libet, B., Freeman, A., & Sutherland, K. (Eds.) (1999).*The volitional brain: towards a neuroscience of free will*. UK: Imprint Academic.

Loftus, E., & Ketcham, K. (1996). *The myth of repressed memory: false memories and allegations of sexual abuse*. New York: St. Martin's Griffin.

Luger, T. A., Paus, R., Lipton, J. M. et al. (Eds.) (1999). *Cutaneous neuroimmunomodulation: the proopiomelanocortin system*. New York: The New York Academy of Sciences.

Lupasco, S. (1951). *Le principe de l'antagonisme et la logique de l'énergie: prolégomènes à une science de la contradiction*. Paris: Hermann & Co.

Luria, A. R. (1963). *Restoration of function after brain injury*. EUA: Pergamon Press.

Luria, A. R. (1966). *Higher cortical functions in man*. London: Tavistock Publications.

Luria, A. R. (1973). *The working brain: an introduction to neuropsychology*. New York: Basic Books.

Luria, A. R. (1981). *Fundamentos de neuropsicologia*. São Paulo: Edusp.

Luria, A. R. (1982). *Language and cognition*. Washington, D.C.: Winston & Sons.

Luria, A. R. (1999). *A mente e a memória: um pequeno livro sobre uma vasta memória*. São Paulo: Martins Fontes.

Luria, A. R., Vigotsky, L. S., Leontiev, A. N. (1988). *Linguagem, desenvolvimento e aprendizagem*. São Paulo: Edusp.

Luu, P., & Tucker, D. M. (1996). Self-regulation and cortical development: implications for functional studies of the brain. In R. W. Thatcher, G. R. Lyon, J. Rumsey & N. Krasnegor (Eds.), *Developmental neuroimaging: mapping the development of brain and behavior* (p. 297-305). San Diego: Academic Press.

Luu, P., Tucker, D. M., & Pribram, K. (1995). Social and emotional self-regulation. *Structure and functions of the human prefrontal cortex. Annals of the New York Academy of Sciences, 769*, 213-239.

MacLean, P. (1990). *Triune brain in evolution: role in paleocerebral functions*. New York: Plenum Press.

Mahler, M. (1982). *O processo de separação-individuação*. Porto Alegre: Artes Médicas.

Marcus, G. (2004). *The birth of the mind: how a tiny number of genes creates the complexities of human thought*. New York: Basic Books.

Marijuán, P. C. (Ed.) (2001). *Cajal and Consciousness: scientific approaches to consciousness on the Centennial of Ramón y Cajal's "Textura"*. New York: The New York Academy of Sciences.

Maslow, A. H. (1993). *The farther reaches of human nature*. New York: Arkana.

Matthis, I. (Ed.) (2004). *Dialogues on sexuality, gender and psychoanalysis*. London: Karnac Books.

Mattson, M. P. (2003). *Neurobiology of aggression: understanding and preventing violence*. Totowa: Humana Press.

McCann, S. M., Sternberg, E. M. et al (1998). *Neuroimmunomodulation*. New York: New York Academy of Sciences.

McEwen, B., & Lasley, E. (2003). *O fim do estresse como nós o conhecemos*. Rio de Janeiro: Nova Fronteira.

McTaggart, L. (2003). *The field: the quest for the secret force of the universe*. New York: Quill.

Mead, G. H. (1967). *Mind, self and society from the standpoint of a social behaviorist*. Chicago: The University of Chicago Press.

Meaney, M. J., Cacioppo, J. T., Berntson, G. G., et al. (Eds.) (2002). *Foundations in social neuroscience*. Massachusets: The MIT Press.

Meaney, M. J., Weaver, I. C. G., Cervoni, N., Champagne, F. A., D'Alessio, A. C., Sharma, S., Seckl, J. R., et al. (2004). Epigenetic programming by maternal behavior. *Nature Neuroscience, 7*, 847-854.

Meaney, M. J., Weaver, I. C. G., & Szyf, M. (2006). Maternal care effects on the hippocampal transcriptome and anxiety-mediated behaviors in the offspring that are reversible in adulthood. *Proceedings of the National Academy of Sciences of the United States of America, 103*(9), 3480-3485.

Mello, H. H. de S. (1987). *O manuscrito perdido de Freud*. Campinas: Editora Escuta.

Meltzer, D. (1994). Does Money-Kierle's concept of misconception have any unique descriptive power? In D. Meltzer, *Sincerity and other works*. London: Karnac Books.

Melzack, R. (1973). *The puzzle of pain*. New York: Basic Books.

Mesulam, M. M. (2000). *Principles of behavioral and cognitive neurology*. Oxford: Oxford University Press.

Metzinger, T. (Ed.) (1995). *Conscious experience*. USA: Imprint Academic.

Metzinger, T. (2000). *Neural correlates of consciousness: empirical and conceptual questions*. Cambridge: The MIT Press.

Miller, J. H., & Page, S. E. (2007). *Complex adaptive systems: an introduction to computational models of social life*. Princeton: Princeton University Press.

Referências

Milner, P. M. (1999). *The autonomous brain: a neural theory of attention and learning*. New Jersey: Lawrence Erlbaum Associates.

Money-Kierle, R. (1951). *Psychoanalysis and politics: a contribution to the psychology of politics and morals*. London: G. Duckworth.

Money-Kierle, R. (1961). *Man's picture of his world*. New York: International University Press.

Money-Kierle, R. (1978). *The collected papers of Roger Money-Kierle*. Perthshire: Clunie Press.

Monod, J. (1971). *O acaso e a necessidade*. Rio de Janeiro: Vozes.

Morin, E. (1985). *O problema epistemológico da complexidade*. Portugal: Europa América.

Morin, E. (1987). *Método I – A natureza da natureza*. Portugal: Europa América.

Morin, E. (1995). *Introdução ao pensamento complexo*. Portugal: Instituto Piaget.

Morin, E. (1999). *Método II – A vida da vida*. Portugal: Europa América.

Morin, E. (1996). *Método III – O conhecimento do conhecimento*. Portugal: Europa América.

Morin, E. (2000). *Os sete saberes necessários à educação do futuro*. São Paulo: Cortez.

Morin, E. (2002). *Método IV – As ideias: habitat, vida, costumes, organização*. Portugal: Europa América.

Morin, E. (2003). *Método V – A humanidade da humanidade: a identidade humana*. Portugal: Europa América.

Morin, E. (2003). *Educar para a era planetária*. São Paulo: Cortez.

Morin, E. (2005). *Método VI – A ética*. Portugal: Europa América.

Nemeroff, C. B., & Cols. (August 1996). *CRF, the HPA axis and depression: role of early life events*. Abstracts for the 27th ISPNE Congress, Cascais.

Nicolescu, B. (2003). *Manifesto da transdisciplinaridade*. São Paulo: Triom.

Niedenthal, P. M., & Kitayama, S. (Eds.) (1994). *The heart's eye: emotional influence in perception and attention*. San Diego: Academic Press.

Nunn, C. (1996). *Awareness*. London: Routledge.

Ogden, T. (1996). *Os sujeitos da psicanálise*. São Paulo: Casa do Psicólogo.

Panksepp, J. (1998). *Affective neuroscience: the foundations of human and animal emotions*. New York: Oxford University Press.

Panksepp, J. (Org.) (2004). *A textbook of biological psychiatry*. New Jersey: Wiley-Liss.

Panksepp, J., & Harro, J. (2004). Future of neuropeptides in biological psychiatry and emotional psychopharmacology: goals and strategies. In J. Panksepp (Org.), *Textbook of biological psychiatry* (pp. 627-660). New Jersey: Wiley-Liss.

Panksepp, J. (2005a). On the embodied neural nature of core emotional affects. *Journal of Consciousness Studies*, Tucson, *12*(8-10), 158-184.

Panksepp, J. (2005b). Affective consciousness: core emotional feelings in animals and humans. *Cognition and Consciousness*, *14*(1), 30–80.

Panksepp, J. (2005c). On the primal nature of affective consciousness: what are the relations between emotional awareness and affective experience? *Neuro-Psychoanalysis*, *7*(1), 40–55.

Panksepp, J. (2010). *The archaeology of mind, neural origins of human emotions*. New York: W. W. Norton & Company.

Pashler, H. (1998). *The psychology of attention*. Cambridge: The MIT Press.

Passingham, R. (1995). *The frontal lobes and voluntary action*. New York: Oxford University Press.

Petitot, J., Varela, F., Pachoud, B., & Roy, J.-M. (1999). *Naturalizing phenomenology: issues in contemporary phenomenology and cognitive science.* Stanford: Stanford University Press.

Pico, R. M. (2001). *Consciousness in four dimensions: biological relativity and the origins of thought.* New York: McGraw-Hill.

Pinker, S. (1994). *The language instinct.* London: Allan Lane.

Pinker, S. (2002). *The blank slate: the modern denial of human nature.* London: Allan Lane.

Pinker, S. (2008). *A matéria do pensamento: a língua como janela para a natureza humana.* São Paulo: Companhia das Letras.

Plotkin, H. (1998). *Evolution in mind: an introduction to evolutionary psychology.* Harvard: Harvard University Press.

Plotsky, P. M., & Meaney, M. J. (1996). *Neonatal rearing conditions alter HPA axis function, central CRF mRNA, CSF levels, and behavior:* reversal by SSRI treatment. Abstract for the 26th ISPNE Congress, Munich.

Popper, K. R. (1982). *Post scriptum a la lógica de investigación científica. Teoría cuántica y el cisma en física.* Madrid: Tecnos.

Pribram, K. (1960). The intrinsic systems of the forebrains. In J. Field (Ed.), *Handbook of physiology: neurophysiology* (vol. 2). Palo Alto: Stanford University.

Pribram, K. (1969a). *Brain and behaviour.* Hammondsworth: Penguin Books.

Pribram, K. (Ed.) (1969b). *On the biology of learning.* New York: Harcourt Brace and World.

Pribram, K. (1991). *Brain and perception: holonomy and structure in figural processing.* Hillsdale: Lawrence Erlbaum Associates.

Pribram, K., & Broadbent, D. (Eds.) (1970). *Biology of memory.* New York: Academic Press.

Pribram, K., & Broadbent, D. (1971). *Languages of the brain: experimental paradoxes and principles in neuropsychology*. Englewood Cliffs: Prentice Hall.

Pribram, K., & Luria, A. R. (Eds.) (1973). *Psychophysiology of the frontal lobes*. New York: Academic Press.

Pribram, K., & Gill, M. (1976). *Freud's "Project" re-assessed: preface to contemporary cognitive theory and neuropsychology*. New York: Basic Books.

Pribram, K. (Ed.) (1998). *Brain and values: is a biological science of values possible?* Mahwah: Lawrence Erlbaum Associates.

Prinz, J. J. (2004). *Gut reactions: a perceptual theory of emotion*. Oxford: Oxford University Press.

Prochiantz, A. (1991). *A construção do cérebro*. Portugal: Terramar.

Ramachandram, V. S., & Blakeslee, S. (1998). *Phantoms in the brain: probing the mysteries of the human mind*. New York: William Morrow & Company.

Reich, W. (1974). *La función del orgasmo*. Buenos Aires: Paidós.

Reich, W. (1978). *O combate sexual da juventude*. Lisboa: Antídoto.

Reich, W. (1979). *Análise do caráter*. São Paulo: Martins Fontes.

Reich, W. (1982). *O assassinato de Cristo*. São Paulo: Martins Fontes.

Reich, W. (1988). *Psicologia de massas do fascismo*. São Paulo: Martins Fontes.

Reich, W. (2003). *O éter, Deus e o Diabo/ A superposição cósmica*. São Paulo: Martins Fontes.

Ricard, M., Thuan, T. X. (2001). *The quantum and the lotus*. New York: Three Rivers Press.

Ricard, M. (2006). *Happiness: a guide to develop life's most important skill*. New York: Little Brown & Company.

Richards, J. E. (Ed.) (1998). *Cognitive neuroscience of attention: a developmental perspective*. London: Lawrence Erlbaum Associates.

Referências

Ritto, A. C. (2005). *Organizações caórdicas: modelagem de organizações inovadoras.* Rio de Janeiro: Ciência Moderna.

Robson, J. A. (1999). *Consciousness.* New York: Scientific American Library.

Rock, I. (1984). *Perception.* New York: Scientific American Library.

Rock, I. (1988). *The perceptual world.* New York: W. H. Freeman.

Sacks, O. (1998). *Vendo vozes.* São Paulo: Companhia das Letras.

Sacks, O. (2006). *Um antropólogo em Marte.* São Paulo: Companhia de Bolso.

Sacks, O. (2007). *Alucinações musicais: relatos sobre a música e o cérebro.* São Paulo: Companhia das Letras.

Sacks, O. (2010). *O olhar da mente.* São Paulo: Companhia das Letras.

Sammartín, J. (2002). *La mente de los violentos.* Barcelona: Ariel.

Sapolsky, R. M. (2004). *Memórias de um primata: a vida pouco convencional de um neurocientista entre os babuínos.* São Paulo: Companhia das Letras.

Schacter, D. (2001). *The seven sins of memory: how the mind forgets and remembers.* Boston: Houghton Mifflin Company.

Schacter, D. (Ed.) (1995). *Memory distortion: how minds, brains, and societies reconstruct the past.* Cambridge: Harvard University Press.

Schacter, D., & Scarry, E. (Eds.) (2000). *Memory, brain, and belief.* Cambridge: Harvard University Press.

Schore, A. (2003a). *Affect regulation and the repair of the self.* New York: W. W. Norton & Company.

Schore, A. (2003b). *Affect disregulation and disorders of the self.* New York: W. W. Norton & Company.

Scott, A. (1995). *The controversial new science of consciousness: stairway to the mind.* New York: Copernicus.

Scott, A. (2007). *The nonlinear universe: chaos, emergence, life*. Berlin: Springer-Verlag.

Sheldrake, R. (1994a). *Caos, criatividade e o retorno do passado: triálogos nas fronteiras do Ocidente*. São Paulo: Pensamento.

Sheldrake, R. (1994b). *The rebirh of nature: the greening of science and god*. London: Rider.

Sheldrake, R. (1995). *A new science of life: the hypothesis of morphic resonance*. Rochester: Inner Traditions.

Sheldrake, R. (1996). *A presença do passado: ressonância mórfica*. Lisboa: Instituto Piaget.

Sheldrake, R. (1999a). *Seis experimentos que podem mudar o mundo*. São Paulo: Cultrix.

Sheldrake, R. (1999b). *Cães sabem quando seus donos estão chegando*. Rio de Janeiro: Objetiva.

Sheldrake, R. (2004). *A sensação de estar sendo observado*. São Paulo: Cultrix.

Smith, C. (1996). *Elements of molecular neurobiology*. Chichester: John Wiley and Sons.

Sokal, A., & Bricmont, J. (1999). *Imposturas intelectuais: o abuso da ciência pelos filósofos pós-modernos*. Rio de Janeiro: Record.

Stern, D. (2004). *The present moment in psychotherapy and everyday life*. New York: W. W. Norton & Company.

Stern, D. (s. d.). *Bebê-mãe: primeira relação humana*. Lisboa: Edições Salamandra.

Stoff, D. M., & Maun, J. J. (Eds.) (1997). *The neurobiology of suicide from the bench to the clinic*. New York: The New York Academy of Sciences.

Theorell, T. (2001). *Everyday biological stress mechanisms*. Basel: Karger.

Thom, R. (1977). *Stabilité structurelle et morphogénèse*. Paris: InterEditions.

Thompson, W. I. (Org.) (2001). *Gaia: uma teoria do conhecimento*. São Paulo: Gaia.

Trevarthen, C., Aitken, K., Papoudi, D., & Robart, J. (Orgs.) (1998). *Children with autism: diagnosis and interventions to meet their needs*. London: Jessica Kingsley Publishers.

Trocmé-Fabre, H. (2005). *A árvore do saber-aprender*. São Paulo: Triom.

Trocmé-Fabre, H. (2006). *Nascemos para aprender*. São Paulo: Triom.

Trocmé-Fabre, H. (2010). *Reinventar o ofício de aprender*. São Paulo: Triom.

Unerwood, G. (1996). *Implicit learning*. Oxford: Oxford University Press.

Varela, F., & Maturana, H. (1997). *De máquinas e seres vivos. Autopoiese: a organização do ser vivo*. Porto Alegre: Artes Médicas.

Varela, F., & Maturana, H. (2001). *A árvore do conhecimento: as bases biológicas da compreensão humana*. São Paulo: Palas Athena.

Varela, F., & Shear, J. (1999). First-person methodologies: what, why, how? *Journal of Consciousness Studies*, 6(2), 1-14.

Varela, F., & Shear, J. (Eds.) (1999). *First-person approaches to the studies of consciousness*. Exeter: Imprint Academic.

Varela, F., Thompson, E., & Rosch, E. (2001). *A mente corpórea: ciência cognitiva e experiência humana*. Lisboa: Instituto Piaget.

Vaughan, S. C. (1997). *Talking cure*. New York: Owl Books.

Vesterby, V. (2008). *Origins of self-organization emergence and cause*. Litchfield Park: ISCE Publishing.

Vygotsky, L. (1987). *Pensamento e linguagem*. São Paulo: Martins Fontes.

Vygotsky, L. (1999). *A formação social da mente*. São Paulo: Martins Fontes.

Vygotsky, L. (2003). *Psicologia pedagógica*. Porto Alegre: Artmed.

Wallon, H. (s. d.). *Evolução psicológica da criança*. Rio de Janeiro: Andes.

Wallon, H. (1973). *Les origines du caractère chez l'enfant. Les préludes du sentiment de personnalité*. Paris: PUF.

Wallon, H. (1975). *Psicologia e educação da infância*. Lisboa: Estampa.

Wallon, H. (1989). *Origens do pensamento na criança*. São Paulo: Manole.

Wallon, H. (1995). *As origens do caráter na criança*. São Paulo: Nova Alexandria.

Watts, D. F. (1996). At the intersection of emotion and consciousness. Part I: A review of Panksepp's "Affective neuroscience". *Journal of Consciousness Studies*, 6(6-7), p. 191-200.

Watts, D. F. (1998). *Emotion, cognitive neuroscience and consciousness studies: is emotion really the "easy problem"?* Disponível em: <http: www.consciousness.arizona.edu/conference/index.html>.

Watts, D. F. (1999). At the intersection of emotion and consciousness: affective neuroscience and the extended reticular thalamic activating system. In S. Hameroff, A. Kaszniak & D. Chalmers (Eds.), *Toward a science of consciousness III: The First Tucson Discussions and Debates*. New York: The MIT Press.

Watts, D. F. (2001). Affective neuroscience, periaquaductal gray, and the extended reticular thalamic activating system. *Emotions, Qualia and Consciousness. Proceedings from the International Ischia Conference on Emotion and Consciousness* (p. 290-323). New Jersey: World Scientific Press.

Watts, D. F. (2003). Psychotherapy in an age of neuroscience: new opportunities in the renaissance of affective neuroscience. In J. Corrigal & H. Wilkinson, *Revollutionary connections: psychotherapy and neuroscience* (p. 85-107). London: Karnac Books.

Watts, D. F. (2007a). Towards a neuroscience of empathy: integrating cognitive and affective perspectives. *Neuropsychoanalysis*, 9(2), 119-140.

Watts, D. F. (2007b). Affirmative-action for emotion in cognitive neuroscience in the study of empathy: response to commentaries. *Neuropsychoanalysis*, *9*(2), 161-172.

Watts, D. F. (2008). Implications of affective neuroscience for drive theory in psychoanalytic metapsychology: implications for our understanding of romantic love. Commentary. *Neuropsychoanalysis*, *10*(2), 173-178.

Watts, D. F., & Panksepp, J. (2004). The ego is first and foremost a body ego: a critical review of Antonio Damasio's *Looking for Spinosa*. Critical issues in the conceptualization of emotion and feeling. *Neuropsychoanalysis*, *5*(1), 201-215.

Watts, D. F., & Panksepp, J. (2009). An evolutionarily conserved mechanism to terminate protracted separation distress. A review of aminergic, peptidergic and neural network perspectives. *Neuropsychoanalysis*, *11*(1), 7-51.

Widlöcher, D. (Ed.) (2002). *Infantile sexuality and attachment*. New York: Other Press.

Wilber, K. (2000). *Uma teoria de tudo*. São Paulo: Pensamento.

Winnicott, D. W. (1964). *The child, the family and the outside world*. Harmondsworth: Penguin Books.

Winnicott, D. W. (1965). *The family and individual development*. London: Tavistock.

Winnicott, D. W. (1978a). *Da pediatria à psicanálise*. Rio de Janeiro: Francisco Alves.

Winnicott, D. W. (1978b). *Playing and reality*. London: Tavistock.

Winnicott, D. W. (1986). *Holding and interpretation. Fragment of an analysis*. London: Hogarth.

Winnicott, D. W. (1988). *Os bebês e suas mães*. São Paulo: Martins Fontes.

Winnicott, D. W. (1989). *Tudo começa em casa*. São Paulo: Martins Fontes.

Winnicott, D. W. (1990a). *O gesto espontâneo*. São Paulo: Martins Fontes.

Winnicott, D. W. (1990b). *Natureza humana*. Porto Alegre: Artes Médicas.

Winnicott, D. W. (1993). *Conversando sobre crianças*. São Paulo: Martins Fontes.

Winnicott, D. W. (1994). *Explorações psicanalíticas*. Porto Alegre: Artes Médicas.

Woodcock, A., & Davis, M. (1986). *Teoría de las catástrofes*. Madrid: Ediciones Cátedra.

Wright, R. (1994). *The moral animal. Why we are the way we are: the new science of evolutionary psychology*. New York: Pantheon Books.

Yates, F. A. (1974). *The art of memory*. Chicago: The University of Chicago Press.

Yehuda, R. (Ed.) (2002). *Treating trauma: survivors with PTSD*. Washington: American Psychiatric Publishing.

Yehuda, R. (Ed.) (2005). *Risk factors for posttraumatic stress disorder*. Washington: American Psychiatric Publishing.

Yehuda, R., & McFarlane, A. C. (Eds.) (1997). *Psychobiology of posttraumatic stress disorder*. New York: The New York Academy of Sciences.

Breve currículo do autor

Yusaku Soussumi é brasileiro, da cidade de Cerqueira Cesar, no interior do estado de São Paulo, onde nasceu em 12 de setembro de 1937.

Médico neuropsicanalista, no início da carreira especializou-se em oftalmologia. Passou depois rapidamente pela psiquiatria e pelas abordagens terapêuticas corporais para se concentrar na psicanálise, com o objetivo de atender seu interesse mais genuíno na área médica: minorar o sofrimento humano de mais vária origem e natureza.

De linha evolucionista pós-darwiniana, estudioso, desde os tempos do colégio, de biologia, neurologia, neurociência, filosofia e antropologia, entende que a miséria humana só pode ser compreendida a partir de uma abordagem transdisciplinar do indivíduo, a única capaz de dar conta de sua complexidade como unidade biopsicossocioespiritual e de considerá-lo em sua relação consigo próprio, com o outro e com o meio cultural *lato sensu* no qual está inserido.

Mantendo seu objetivo, começou a dedicar-se, já nos primeiros anos de faculdade, a um trabalho de promoção humana e social, no qual tem, hoje, uma experiência acumulada de cinquenta anos. A partir dela e dos achados investigatórios fruto da clínica psicanalítica e da pesquisa científica, desenvolveu a *teoria dos registros básicos de memória e a pedagogia do vínculo afetivo*, que encontram aplicação prática no trabalho de desenvolvimento humano e social realizado pelo Instituto Rukha, que fundou e hoje coordena.

É membro fundador e vice-presidente do Conselho do Instituto Rukha desde sua criação, em 2005; membro fundador e presidente do Centro de Estudos e Investigação em Neuropsicanálise (CEINP), desde 2000; membro efetivo da Sociedade Brasileira de Psicanálise de São Paulo (SBPSP); docente do Instituto de Educação Durval Marcondes, da Sociedade Brasileira de Psicanálise de São Paulo; membro honorário da Sociedade Psicanalítica de Mato Grosso do Sul, e membro efetivo da Federação Brasileira de Psicanálise (FEBRAPSI).

Impresso por :

gráfica e editora
Tel.:11 2769-9056